AF523794

S. FISCHER

Martin Seel

Spiele der Sprache

S. FISCHER

Aus Verantwortung für die Umwelt hat sich der S. Fischer Verlag zu einer nachhaltigen Buchproduktion verpflichtet. Der bewusste Umgang mit unseren Ressourcen, der Schutz unseres Klimas und der Natur gehören zu unseren obersten Unternehmenszielen.

Gemeinsam mit unseren Partnern und Lieferanten setzen wir uns für eine klimaneutrale Buchproduktion ein, die den Erwerb von Klimazertifikaten zur Kompensation des CO_2-Ausstoßes einschließt.

Weitere Informationen finden Sie unter: www.klimaneutralerverlag.de

Originalausgabe
Erschienen bei S. FISCHER

2023 S. Fischer Verlag GmbH, Hedderichstraße 114,
D-60596 Frankfurt am Main

Satz: Pinkuin Satz und Datentechnik, Berlin
Druck und Bindung: GGP Media GmbH, Pößneck
Printed in Germany
ISBN 978-3-10-397331-0

Inhalt

Auftakt

Spiele der Sprache sind Spiele mit ihr.

Wir spielen ihr Spiel, indem wir unseres spielen.

So ist das mit Spielen. Man kann sie nicht spielen, ohne im Spiel zu sein. Man kann sie nicht spielen, ohne von ihnen bewegt zu werden. Man kann sie nicht spielen, ohne sich aufs Spiel zu setzen.

Sprache ist kein Gesellschaftsspiel wie jedes andere. Wir haben keine Wahl: Dieses eine Spiel müssen wir spielen.

Spiele der Sprache spielt man nicht allein, selbst wenn man sie alleine spielt.

Erst eine Vielzahl von Sätzen und Satzarten verleiht einem Satz einen Sinn.

Die Spiele der Sprache sind Spiele der Sprachen. Allein eine Sprache wäre noch keine.

In den Spielen der Sprache geht es darum, wie die Welt uns etwas angeht. Ginge sie uns nur in einem Sinn etwas an, ginge sie uns gar nichts an.

Die Spiele der Sprache sind das Spiel, das uns zu Lebewesen macht, die in ihrem Denken und Handeln einen Spielraum zu ihrem Denken und Handeln haben.

Der Einsatz in diesem Spiel sind Sätze – solche, die wahr oder falsch, angebracht oder daneben, stimmig oder störend sind. Wer sich auf die in Sätzen enthaltenen Gedanken versteht, weiß sich Gedanken über eigene und fremde Gedanken zu machen. Der Einsatz in diesem Spiel sind Sätze über Sätze.

Satz und Gegensatz gehören zusammen.

Mit sich einstimmig kann nur denken, wer auf vielerlei Stimmen hört. Rationalität ist keine Partitur für einen Solopart, sondern für einen gemischten Chor.

Die gleichen Sätze können Verschiedenes und verschiedene das Gleiche sagen.

Sprachen lassen sich nicht übersetzen – die meisten in ihnen gebildeten Sätze aber schon.

Nachbilden oder Neuerfinden: Übersetzen ist entweder ein Handwerk oder eine Kunst (oder eine Kombination von beidem). Freiheiten müssen sich beide Arten des Übersetzens nehmen.

Viele Sätze einer Sprache lassen sich an der Stelle ihrer Verwendung ohne Verlust ersetzen – viele andere jedoch nicht.

Sobald es auf die genaue Anordnung genau dieser Wörter in einem Satz ankommt, ist kein einziger Satz durch einen anderen vollständig ersetzbar.

In der Natur geht alles seinen gesetzlichen Gang, in der Sprache hingegen nicht, weswegen sie ihren Angehörigen die Freiheit lässt, ihrem Tun und Lassen einen unbestimmten Verlauf zu geben.

Unsere Sätze binden uns und geben uns frei.

Das Füllhorn der Sprache ist zugleich eine Büchse der Pandora. Die Übel, die dieser entspringen, sind eine Mitgift der Wonnen, die jenes enthält.

Spiele um Macht und Spiele um Wahrheit – beides hält die Sprache bereit.

In Spielen der Sprache kann man vielerlei gewinnen und verlieren: Wortgefechte, Argumente, Einsicht, Klarheit, Zweifel, Zuspruch, Ruhm, Wahlen, Macht, Menschen, Herzen, Nähe zum Getriebe der Welt und Abstand zu ihm.

Spiele der Sprache sind keine Gewinnspiele; der Gewinn besteht darin, sie so oder anders spielen zu können.

Die Spiele der Sprache orchestrieren unser Kennen und Können noch dort, wo ihre Worte stummgestellt bleiben.

Die Spiele der Sprache sind keine Spiele mit Worten allein. Gesten, Rhythmen und Klänge nehmen am Spiel der Sprache teil. Zum Dank hierfür erteilt das Regime der Sprache ihren nonverbalen Mitstreiterinnen außerhalb und innerhalb der Künste den Segen für ein vom Sagen unabhängiges Dasein.

Die Musik der Sprache ist eine andere als das Sprechen der Musik.

Spiele der Sprache sind nichts Exotisches. Ihre alltäglichen Kapriolen sind der Nährboden auch ihrer wissenschaftlichen und künstlerischen Früchte.

Wer über die Sprache spricht, spricht von der Welt, von der sie spricht.

Wer über die Spiele der Sprache spricht, hat Lizenz, ihre Spiele zum Sprechen zu bringen.

Ein Buch über Spiele der Sprache darf ein Spiel mit ihr sein.

Vorwort

»Immer ein Glück für den Dichter, und ein Unglück für den Weltweisen, daß die ersten Erfinder der Sprache nicht Philosophen und die ersten Ausbilder meistens Dichter gewesen sind. Und eben so ein Glück für den Prosaisten, und ein Unglück für den Weltweisen, daß das Reich einer lebendigen Sprache, Demokratie ist; das Volk regiert, und duldet keine Tyrannen: der Sprachgebrauch herrscht und ist schwer zu bändigen.«

Diese Sätze schreibt der vierundzwanzigjährige Johann Gottfried Herder im Jahr 1768 in seinen Fragmenten *Über die neuere deutsche Literatur*. Es sind drei Gestalten, die Herder hier auftreten lässt. Der Dichter spricht eine vieldeutige und ungezügelte Sprache, die sich nicht an die Regeln der Grammatiker hält. In der Rolle des »Weltweisen« verlangt der Philosoph eine jederzeit klare und eindeutige Sprache. Zwischen ihnen steht der »Prosaist« als Vertreter der Umgangssprache, dessen Rede sich aus beiden Quellen der Sprache speist, obwohl weder die überschäumenden Energien der Dichtung noch der asketische Diskurs der Wissenschaft seine Sache sind. Die Praxis einer »lebendigen Sprache« und ihres »schwer zu bändigenden« Gebrauchs, das führt Herder vor Augen, vollzieht sich in einem Spannungsfeld gegensätzlicher Pole. Keiner dieser Pole allein macht die Grundform und den Grundbegriff menschlicher

Sprachen aus. Dies anzunehmen, wäre »Tyrannei« in praktischer wie auch in theoretischer Hinsicht. Im »Reich« der Sprache sollte nicht Hierarchie, sondern »Demokratie« herrschen – und im Bereich ihrer Theorie nicht minder.

Ein Teil der Sprachphilosophie späterer Tage ist wissentlich oder unwissentlich der von Herder gelegten Spur gefolgt. Auch Wilhelm von Humboldt, Ludwig Wittgenstein, Theodor W. Adorno, Maurice Merleau-Ponty, Paul Ricœur, Jacques Derrida, Charles Taylor und Albrecht Wellmer – um vorerst nur diese zu nennen – begnügen sich nicht mit einem einseitigen Begriff der Sprache. Sie alle stehen in Opposition zu einer Opposition, die das Nachdenken über Sprache noch heute weithin beherrscht. Mit ihr wird versucht, zunächst einen »eigentlichen« Bereich der Rede freizulegen und zu analysieren, um anschließend, sofern es überhaupt für nötig erachtet wird, ihre »uneigentlichen« Verwendungen in den Blick zu nehmen. Eine in Herders Sinn »demokratische« Theorie der Sprache widersetzt sich diesem Vorgehen. Denn was das menschliche Sprechen ausmacht, wird durch eine Trennung ihrer vermeintlich eigentlichen und ihrer vermeintlich uneigentlichen Gebrauchsweisen von vornherein verfehlt. Die Spiele der Sprache fügen sich einer solchen Anordnung nicht. Ihr Sinn und ihre Bedeutung sind nur aus der Fülle ihrer Gestalten zu verstehen.

»Sprachspiele« nennt Wittgenstein die Vielfalt der Tätigkeiten, die Menschen unter Verwendung von Wörtern und Sätzen ausüben. Diese Verwendungen der Sprache gibt es nur im Plural, weswegen eine theoretische Orientierung an einer oder einigen purifizierten Formen ihres Gebrauchs nach Wittgensteins Auffassung verfehlt ist. Wittgenstein und seine antifundamentalistischen Vorläufer wie Nachfolger ebnen den Weg zu einer systematischen Behandlung der Diversität des sprachlichen Lebens. Auf dieser Linie lässt sich Herders Geste in einen vollblütigen Begriff des sprachlichen Geschehens und Tuns überführen.

Das ist es, was ich in diesem Buch vorhabe. Ich werde die Landschaft der Sprachphilosophie – und der menschlichen Lebensform, wie sie sich von ihr her zeigt – ein wenig anders als üblich bereisen. Eine egalitäre Theorie der Sprache darf weder die hermeneutischen noch die analytischen, weder die romantischen noch die pragmatistischen, weder die phänomenologischen noch die dekonstruktiven Denkarten beiseite lassen. Sie muss ihnen allen Gehör schenken, weil keine dieser Behandlungsarten allein den Dimensionen einer »lebendigen Sprache« gerecht wird. So wie diese Dimensionen auch dort miteinander korrespondieren, wo eine von ihnen im Vordergrund steht, so überlagern sich die Einsichten der überlieferten Philosophien der Sprache auch da, wo sie in einem strikten Gegensatz zueinander zu stehen scheinen. Eine Korrektur ihrer wechselseitigen Blindheiten kann nur im Dialog mit ihnen gelingen, da sie – offen oder verdeckt – immer bereits einen Dialog miteinander unterhalten. Ein Versuch über die »Spiele der Sprache« nimmt an diesen Dialogen teil. Er spielt sein Spiel mit den der Sprache gewidmeten Sprachspielen, das, wenn es gut geht, vergegenwärtigen kann, was das sprachliche Leben bewegt und wie alle, die es führen, von ihm bewegt werden.

Das Buch hat drei Teile.

Der erste berichtet von einigen Episoden aus der Geschichte der Sprachphilosophie. Diese Erzählungen rufen die im 18. Jahrhundert intensivierten und seitdem andauernden Debatten über die Stellung der Sprache innerhalb der menschlichen Welt in Erinnerung, die den Hintergrund für alles Weitere bereitstellen. Jede dieser Kurzgeschichten mündet in eine theoretische Moral, die ich mir für den Rest des Buchs zu eigen machen werde.

Der zweite Teil argumentiert, Wittgenstein beim Wort nehmend, für einen von Anfang an nicht hierarchischen Begriff der Sprache. Dies führt zu einer Theorie der wechselseitigen Abhängigkeit heterogener Sprachfunktionen, die es so bei Wittgenstein nicht gibt.

Der dritte Teil improvisiert über die bis dahin gesammelten, im »Auftakt« bereits angeklungenen Motive, um zu verdeutlichen, was es heißt, die Sprache aus der Mitte der mit ihr eröffneten Weltbezüge zu verstehen – und gibt am Ende zu erkennen, worin sich eine »demokratische« Theorie ihrer Verfassung mit dem Einstehen für eine demokratische Verfassung der Lebensverhältnisse berührt.

Erzählung, Argumentation, Improvisation: Das sind schon drei der – nicht säuberlich zu trennenden – Möglichkeiten, das Spiel der Sprache zu spielen. Doch es sind beileibe nicht alle, denn »das Reich einer lebendigen Sprache« ist ein Land mit offenen Grenzen, in dem man nie an ein Ende gelangt.

Das Buch geht auf eine Serie von Vorlesungen zurück, die ich in den Sommersemestern 2014–2020 an der Goethe-Universität Frankfurt gehalten habe. Hervorgegangen ist es aus der Suche nach einer Form, die der Sprache ein Mitspracherecht bei ihrer Betrachtung gestattet. Vor allem fünf Sätze waren es, über die ich seither nachgedacht habe: die beiden von Herder, zwei weitere von Wittgenstein und einer von Raymond Chandler.

Die Diskussionen mit den Studierenden haben mich zuverlässig merken lassen, wo ich nicht weiterwusste. Thomas Assheuer, Eva Backhaus, Karin Bovisi, Angela Keppler, Christoph Menke, Jochen Schuff und Franz Schwarzbauer haben mich durch ihre Lektüren verschiedener Fassungen des Manuskripts mit Einspruch und Zuspruch bei Laune gehalten. Mein Lektor Alexander Roesler hat wie immer geduldig ausgeharrt, bis alles spruchreif schien. Ihnen allen möchte ich herzlich danken.

I. Vorgeschichten

Das 20. Jahrhundert galt für eine Weile als das Jahrhundert der Sprachphilosophie, worüber fast in Vergessenheit geriet, dass es ein solches Jahrhundert, wenn auch in bescheidenerem Maß, schon zuvor gegeben hatte, in dem das Nachdenken über die Sprache eine Fahrt aufnahm, die nicht mehr aufzuhalten war. Im 18. Jahrhundert entwickelte sich in Europa eine an wechselseitigen Bezugnahmen und Polemiken reiche Debatte über die Rolle der Sprache innerhalb der Entwicklung der Menschheit. Zu ihren Protagonisten gehörten Giambattista Vico, William Warburton, Pierre Louis Moreau de Maupertuis, Johann Peter Süßmilch, Jean-Jacques Rousseau, Etienne Bonnot de Condillac, Moses Mendelssohn, Johann Georg Hamann und Johann Gottfried Herder, bevor die Romantiker ein weiteres Kapitel aufschlugen und Wilhelm von Humboldt auf den Plan trat, bis gegen Ende des 19. Jahrhunderts mit Charles Sanders Peirce und Gottlob Frege eine neue Epoche anbrach.[1] Die älteren dieser Autoren fragten sich, wie es dazu kam, dass sich in allen menschlichen Gemeinschaften Sprachkulturen entwickelt haben – und was es bedeutet, dass Formen der Sprache ihr Denken und Handeln in Geschichte und Gegenwart so weitreichend prägen. Die Impulse dieser Überlegungen

1 Zur neuzeitlichen Vorgeschichte dieser Vorgeschichten: Apel (1980).

wirken überall nach, wo sie in späterer Zeit aufgenommen oder verworfen wurden. Ich werde einige Stationen dieser Debatten beleuchten, um nachzuzeichnen, wohin diese aus meiner Sicht führen. Diese Schlaglichter auf die Geschichte der modernen Sprachphilosophie – mehr als Schlaglichter sollen es nicht sein – verfolgen zentrale Episoden dieser Geschichte jeweils bis zu einem Punkt, an dem absehbar wird, was sich hieraus für eine »demokratische« Theorie der Sprache ergibt. Zugleich steuern sie auf einen großen Abwesenden zu, der erst spät seinen Auftritt haben wird.

1. Ursprünge

Das schönste Dokument der neu erblühten sprachphilosophischen Leidenschaft im 18. Jahrhundert ist Herders *Abhandlung über den Ursprung der Sprache*, geschrieben 1770 und erschienen 1772. Der Autor beantwortet darin die 1769 gestellte Preisfrage der Königlichen Akademie der Wissenschaften zu Berlin, ob – und falls ja, auf welchem Weg – die Menschen kraft ihrer natürlichen Anlagen die Sprache erfinden konnten. Mit großer Verve wirbt Herder dafür, die Sprache als eine durch und durch menschliche Hervorbringung aufzufassen: Es liegt in der Natur des Menschen, sich Sprachen zu erfinden und diese stets fortentwickeln zu müssen. Wie seine Vorläufer nimmt Herder die damals virulenten Gedankenexperimente über die Entstehung der Sprache zum Anlass, deren Rolle innerhalb menschlicher Lebensformen zu umreißen. Er nimmt Stellung zu allen seinerzeit verhandelten Alternativen – ob die Sprache göttlichen oder menschlichen Ursprungs sei, ob ihre Erfindung dialogisch oder monologisch vonstatten ging, ob sie durch die Ausbildung von Konventionen oder auf dem Weg der Nachahmung des Bezeichneten entstand, ob sie ihren Anfang in pragmatischen Regelungen oder im poetischen Ausdruck hatte.

Eine lebendigere Abhandlung über die Sprache ist nie geschrieben worden. Obwohl Herder die Obsession seiner Zeitgenossen in Sachen Sprachursprung teilt, teilt er zugleich mächtig gegen seine Mitstreiter aus. Die poetische Gerechtigkeit, die er der Ausdruckskraft der Sprache mit seinem dramatischen Stil angedeihen lässt, geht mit einer gehörigen Ungerechtigkeit gegenüber seinen Widersachern einher. So wütet Herder gegen die konventionalistische Sprachauffassung Condillacs, dem er vorwirft, sich in einem heillosen Zirkel verrannt zu haben, weil er die Entstehung der Sprache auf eine Verabredung »im gegenseitigen Kommerz« (US 709) der Menschen zurückführe. »Kurz, es entstanden Worte, weil Worte da waren, ehe sie da waren.« (US 710) Aber so muss Condillac gar nicht gelesen werden. Der Prozess der Sprachentstehung, den dieser in seinem *Versuch über den Ursprung der menschlichen Erkenntnis* aus dem Jahr 1746 skizziert, kann als ein intersubjektives Sicheinspielen signifikativer Lautgestalten aufgefasst werden, worauf Condillacs Betonung eines aus »Gewöhnung« entstehenden »Gebrauchs« dieser Zeichen verweist, der sich »unmerklich« vollzogen habe. (Condillac 2006, 174–177, 216f.) Ein derartiges Übereinkommen setzt keine durch Verabredung zustande gekommene »Übereinkunft« voraus. So gesehen, wäre die »Erfindung« der Sprache keine willkürliche Setzung, sondern ein unwillkürliches Finden.

Der Einwand, den Herder gegen Condillac vorbringt, findet sich fast wortgleich bereits in Rousseaus Essay *Über den Ursprung der Ungleichheit unter den Menschen* von

1755 (Rousseau 1971, 155). Während jedoch Condillac, wie Herder sagt, »die Tiere zu Menschen« machte, weil er ihnen bereits Sprachfähigkeit verlieh, bevor sie der Sprache fähig sein konnten, wird Rousseau dafür abgemahnt, dass er »die Menschen zu Tieren machte«, weil er ihnen die Fähigkeit zur Spracherfindung abspricht. (US 711) Tatsächlich aber verhält sich Rousseau lediglich skeptisch gegenüber der Möglichkeit, aus einem »gewaltigen Abstand« das Entstehen einer spezifisch menschlichen Sprache aufklären zu können. (Rousseau 1971, 153, 161) Wenig pfleglich – wir befinden uns in der Epoche des Sturm und Drang – behandelt Herder auch Süßmilchs 1766 veröffentlichten *Versuch eines Beweises, daß die erste Sprache ihren Ursprung nicht vom Menschen, sondern allein vom Schöpfer erhalten habe.* Mit überzeugenden Argumenten weist er Süßmilchs Annahme eines göttlichen Ursprungs der Schriftsprache zurück (US 702 ff.); zugleich wirft er ihm den Glauben an eine Arbitrarität sprachlicher Zeichen vor (US 743). Dies hindert Herder jedoch nicht daran, Süßmilchs These eines inneren Zusammenhangs von Vernunft und Sprache recht ungeniert zu übernehmen – einen Gedanken, der die von Aristoteles bis zu Thomas Hobbes und John Locke vorherrschende instrumentalistische Sprachauffassung verabschiedet. (US 725 ff.; Süßmilch 1766, 4 f., 33 ff.) Diese Auffassung hat bei Condillac ebenso deutliche Spuren hinterlassen wie bei Maupertuis, was sich bereits am Titel seines 1756 erschienenen Essays erkennen lässt: *Abhandlung über die verschiedenen Mittel, deren sich die Menschen bedient haben, um ihre Vorstellungen auszudrücken* (Maupertuis 1988). Sprache als ein Mittel, dessen sich die Menschen bedienen, um ihren vorsprachlichen Gedanken zum Ausdruck zu bringen: Schon für die allerersten Schritte der Sprachentstehung verwirft Herder diese Auffassung mit einer entschiedenen Geste.

Gegen seine Hauptgegner, Konventionalisten wie Hobbes, Locke und Condillac, mit Abstrichen auch Maupertuis und Süßmilch, die in den Wörtern der Sprache willkürliche Bezeichnungen sehen, legt sich Herder auf einen mimetischen Sprachursprung fest. Unter der Führung des Gehörs lässt er die Sprache aus Akten einer sondierenden Nachahmung der sinnlichen Erscheinungen der Welt entstehen. (US 704f., 740ff.) »Da sang und tönte also die ganze Natur vor.« (US 741) Nicht ein rudimentärer Dialog unter Menschen, sondern ein nachbildender »Dialog« mit der akustisch und anderweitig sinnlich beredten Natur steht für Herder am Anfang der Sprachentwicklung. Die synästhetischen Anmutungen der Natur werden umgewandelt zu einem »anerkennenden« Erkennen (US 722, 726) ihrer Merkmale, festgehalten durch zunächst »innerliche Merkworte« (US 724f.). Sprache soll nicht aus willkürlichen sozialen »Regeln« (US 753), sondern als ein sinnliches und besinnendes Aufnehmen von Eindrücken entstanden sein. Nicht umsonst ist »Besonnenheit« bei Herder ein Deckwort für »Vernunft« (US 719ff.). »O die Gesetze der Natur sind mächtiger als alle Konventionen, die die schlaue Politik schließet und der weise Philosoph aufzählen will.« (US 787) Gott oder die Natur, argumentiert Herder, haben dem Menschen das Potenzial zur Erfindung der Sprache verliehen, das im herausgreifenden Aufmerken auf Lautgestalten der Natur zum ersten Mal aktualisiert wurde. »Am wenigsten ists Einverständnis, willkürliche Konvention der Gesellschaft; der Wilde, der Einsame im Walde hätte Sprache für sich selbst erfinden müssen, hätte er sie auch nie geredet.« (US 725) – »Vernunft und Sprache taten gemeinschaftlich einen furchtsamen Schritt, und die Natur kam ihnen auf halbem Wege entgegen – durchs Gehör. Sie tönte das Merkmal nicht bloß vor, sondern tief in die Seele hinein! Es klang! Die Seele haschte – da hat sie ein *tönendes* Wort!« (US 734)

Herder konzipiert die Entstehung der Sprache monologisch: An ihrem Ursprung steht ein »inwendig sprechender Mensch« (US 731), der noch gar nicht in der üblichen Weise spricht. Trotz dieser solitären Genese ist die Sprache auch für Herder wesentlich intersubjektives Medium. Das soziale Phänomen der Sprache aber will er aus der *individuellen* Befähigung des Gattungswesens Mensch zum sprachlichen Denken und Handeln erklären. Für Herder ist Sprache erst im zweiten Schritt ihrer Entstehung eine stimmliche *Artikulation* relevanter Aspekte der Welt. Vor der stimmlichen Kommunikation kommt die mimetische Konzentration. Für einen rabiaten Antikonventionalisten ist das nur konsequent. Diese Konsequenz allerdings hat ihren Preis. Gegen die Annahme einer willkürlichen Gestalt sprachlicher Zeichen schreibt Herder dem Vokabular der frühen menschlichen Sprachen einen durchweg onomatopoetischen Charakter zu, der sich erst nach und nach abgeschwächt habe. Aus der Beobachtung, dass sich vielen Wörtern der gegenwärtigen Sprachen – insbesondere in ihrem poetischen Gebrauch – eine lautmalerische oder bildliche Bedeutung abgewinnen lässt, folgert Herder, dies müsse die ursprüngliche Art ihrer Bedeutungshaftigkeit gewesen sein. Herder übersieht dabei, dass auch und gerade arbiträren Zeichen ein mimetischer Charakter zukommen oder an ihnen entdeckt werden kann. Dass »Blitz« und »Donner« willkürliche Zeichen sind, hindert ihre Verwender nicht daran, ihre lautmalerischen Qualitäten zu vernehmen. Sprachliche Konventionen schließen mimetische Konnotationen keineswegs aus. Nicht ohne Grund kam die Frage, welches Vermögen der Sprache, das nachbildende oder das aus beliebiger Konvention gebildete, für ihre Verfassung grundlegend sei, schon in Platons Dialog *Kratylos* zu keiner eindeutigen Entscheidung. Herder hingegen schließt sich der Vorstellung an, Sprache sei zunächst »Poesie« gewesen und erst später zur »Prosa« geworden. »Was so viele Alten sagen und so viel Neuere ohne Sinn nachgesagt, nimmt hieraus sein sinnliches Leben: ›daß nemlich *Poesie älter gewesen als Prosa*!‹ – Denn was war diese erste Sprache als eine Sammlung von Elementen der Poesie? Eine Nachahmung der tönenden, handelnden, sich regenden Natur!« (US 740)

Im 18. und 19. Jahrhundert ist dies ein wirkmächtiger Topos. In seinen *Prinzipien einer neuen Wissenschaft über die gemeinsame Natur der Völker* von 1744 möchte Vico »die Irrtümer der Philologen« zu Fall bringen, »daß die Sprache der Prosaiker die eigentliche, die der Dichter die uneigentliche sei; und daß man zunächst in Prosa, später in Versen gesprochen habe«. Es geht ihm um den Nachweis, »daß die poetische Ausdrucksweise durch eine Notwendigkeit der menschlichen Natur vor der prosaischen entstand.« (Vico 2009, 195, 230) »Poesie ist die Muttersprache des menschlichen Geschlechts«, heißt es 1762 in Hamanns Schrift *Aesthetica in nuce*, verbunden mit dem Zusatz: »So ist es uns schlechterdings unmöglich, die Poesie der Heyden zu übertreffen.« (Hamann 1968, 81 u. 111) Ähnlich argumentiert Rousseau im selben Jahr in seinem *Essay über den Ursprung der Sprachen, worin auch über Melodie und musikalische Nachahmung gesprochen wird*. Die anfängliche Sprache wird als eine aus den »Leidenschaften« ihrer Sprecher entsprungene und an Bildern reiche »Sprache von Dichtern« charakterisiert, deren »Stammwörter […] von lautmalerischen Nachahmungen geprägt« waren. (Rousseau 1989, 104 f. u. 107) Dieser, wie Herder es in seiner Ursprungsschrift nennt, »Metapherngeist« der noch »wilden Sprachen« (US 752) ist noch 100 Jahre später ein zentrales Motiv in der erkenntniskritischen Abhandlung *Ueber Wahrheit und Lüge im außermoralischen Sinne* des jungen Nietzsche (auch wenn dieser, anders als Herder, gerade die Willkürlichkeit sprachlicher Prägungen betont). Bei ihm stehen »kühne Wortmetaphern« (US 754) am Beginn aller Rede. Der »Sprachbildner«, heißt es bei Nietzsche, »bezeichnet nur die Relationen der Dinge zu den Menschen und nimmt zu deren Ausdrucke die kühnsten Metaphern zu Hülfe.« (Nietzsche 1980, 879)

Sprache, sagen diese Stimmen, war ursprünglich poetische Rede, bevor sie von einer weitaus nüchterneren, weil regelgeleiteten, grammatisch und logisch begradigten und darum zunehmend abstrakten prosaischen Rede verdrängt oder an die Seite gedrängt wurde. So sieht es auch Herder in seinen früheren Fragmenten *Über die neuere deutsche Literatur*. »Es ist allerdings wahr, was *alle* alte Schriftsteller *einmütig* behaupten, und was in den neuen Büchern wenig angewandt ist, daß die Poesie, *lange vorher, ehe es Prose gab*, zu ihrer *größten* Höhe gestiegen sei, daß diese Prose darauf die Dichtkunst verdrungen, und diese *nie* wieder ihre vorige Höhe erreichen können.« (NL 185) Der poetischen Phase der Sprachentwicklung geht in Herders Erzählung »von den Lebensaltern einer Sprache« (NL 181) eine noch frühere, »kindliche« Stufe voraus, in der »Gesang« und »Geberde« die vorrangigen Ausdrucksformen waren, bevor es auf der nächsten Stufe zu einem Sprechen kam, das »bildervoll« und »reich an Metaphern« war. (NL 183) »Und dieses jugendliche Sprachalter, war bloß das *poetische*: man sang im gemeinen Leben, und der Dichter *erhöhete* nur *seine Akzente* in einem für das Ohr gewählten Rhythmus: die Sprache war sinnlich, und reich an kühnen Bildern: sie war noch ein Ausdruck der Leidenschaft, sie war noch in den Verbindungen ungefesselt: der Periode fiel aus einander, wie er wollte – Seht! Das ist die poetische Sprache, der poetische Periode.« (NL 183)

Auch dies ist eine Gegenerzählung gegen die Entstehungsgeschichten, wie sie von den Konventionalisten vorgebracht werden. In Erzählungen und Gegenerzählungen dieser Art spitzt sich die Ursprungsfrage im 18. Jahrhundert auf eine dramatische, in den Augen ihrer Proponenten nach einer Entscheidung verlangenden Weise zu. Entweder ist es »Poesie« oder es ist »Prosa«, mit der die Sprachentwicklung beginnt. Entweder sind Expression und Nachahmung oder aber Willkür und Konvention die Quellen der »Erfindung« der Sprache. Entweder die poetologische oder die pragmatistische Erklärung gibt die richtige Antwort auf die Ursprungsfrage. Dabei ist allen beteiligten Autoren bewusst, wie sehr sie sich auf einem Feld der Spekulation befinden. Gleich im zweiten Stück der ersten Sammlung seiner *Fragmente* zitiert Herder den Beginn von Moses Mendelssohns Rezension der Abhandlung *Ueber den Einfluss der Sprachen in die Meinungen und der Meinungen in die Sprachen* von Johann David Michaelis, des Preisträgers der Königlichen Akademie der Wissenschaften im Jahr 1759: »Warum mag es doch so schwer sein, über den Ursprung der Sprachen mit einiger Gründlichkeit zu philosophieren? Ich weiß wohl, daß sich von geschehenen Dingen, davon wir keine urkundliche Nachricht haben, selten mehr als Mutmaßungen herausbringen lassen. Allein warum will den Weltweisen auch keine Mutmaßung, keine Hypothese glücken? Wenn sie uns nicht sagen können, wie die Sprachen wirklich entstanden, warum erklären sie uns nicht wenigstens, wie sie haben entstehen *können*? – Sollte es nicht daher kommen, weil uns die Sprachen so natürlich geworden, daß wir nicht ohne dieselben denken können?« (NL 179;

Mendelssohn 1991, 105) Innerhalb der Sprache, auf einem Entwicklungsstand, in der sie zur zweiten Natur geworden ist, würde das heißen, ist ein Außerhalb der Sprache, in der doch der Keim zu ihrer Entstehung bereits angelegt sein müsste, nicht länger zu greifen und zu begreifen. Aber Mendelssohn und Herder geben die Hoffnung nicht auf. Denn, so heißt es weiter bei Herder, weiterhin Mendelssohn zitierend: »Dieses mag uns so lange zur Entschuldigung dienen, bis ein glückliches Genie die Entschuldigungen unnöthig macht.« Bescheiden merkt Herder an: »Ich bin nicht dieses glückliche Genie, sondern setze [...] diese Entschuldigungen zum voraus, weil ich ihrer nötig habe.« (NL 179) Nicht auszuschließen freilich ist, dass sich Herder mit seiner wenige Jahre später verfassten Ursprungsschrift, die ihm ebenfalls den Preis der Berliner Akademie einbrachte, an der Rolle dieses Genies hat versuchen wollen.

Das Genie in dieser Sache jedoch trat in anderer Gestalt auf die Bühne: nicht in der Rolle desjenigen, der endlich eine schlüssige Antwort auf die Frage nach dem Ursprung der Sprache gibt, sondern in der Rolle dessen, der sich dem Wettstreit um des Rätsels Lösung verweigert, indem er den gordischen Knoten der Debatten des 18. Jahrhunderts entschlossen durchschlägt. Gestützt auf seine 1795 begonnenen Studien zur Eigenart und Vielfalt menschlicher Sprachen geht Wilhelm von Humboldt – um ihn handelt es sich – in seinem 1836 posthum erschienenen Werk *Über die Kawi-Sprache auf der Insel Java* zu der Suche nach einem Ursprung der Sprache auf Distanz. In der umfangreichen theoretischen Einleitung unter dem Titel *Über die Verschiedenheit des menschlichen Sprachbaues und ihren Einfluss auf die geistige Entwicklung des Menschengeschlechts* spielen Ursprungsfragen kaum noch eine Rolle. Humboldt weist nicht nur Herders Auffassung eines solitären Ursprungs der Sprache zurück, sondern alle Versuche, die Verfassung der menschlichen Sprache im Rückgang auf das Ursprungsgeschehen ihrer »Erfindung« ausfindig zu machen. »Die Sprache entspringt zwar aus der Tiefe der Menschheit«, aber als eine »in ihrem Wesen unerklärliche«, weil »unwillkürliche Emanation des Geistes« (VS 386). Ihre Entstehung muss als ein emergenter Prozess gedacht werden, der nicht nach dem Muster einer tätigen »Erfindung« aufgefasst werden darf. »Die Erscheinung der geistigen Kraft des Menschen in ihrer verschiedenartigen« – für Humboldt wesentlich sprachlichen – »Gestaltung bindet sich nicht an Fortschritte der Zeit und an Sammlung des Gegebenen. Ihr Ursprung ist ebenso wenig zu erklären, als ihre Wirkung zu berechnen, und das Höchste in dieser Gattung ist nicht gerade das Späteste in der Erscheinung. Will man daher den Bildungen der Natur nachspähen, so muss man ihr nicht Ideen unterschieben, sondern sie nehmen, wie sie sich zeigt.« (VS 388)

Die Sprache zu »nehmen, wie sie sich« in ihren unterschiedlichen Ausprägungen »zeigt«: Das ist die Therapie, die Humboldt der Ursprungssucht seiner Vorgänger angedeihen lässt. Er verordnet der Sprachphilosophie ein Verfahren der Immanenz. Die historisch *gegebenen* Sprachen sollten ihr erster Gegenstand sein. Eine Philosophie der Sprache, die dieses Vorgehen beherzigt, erkundet ihren Gegenstand von innen: durch die Vergegenwärtigung dessen, was es heißt, Sprecherin oder Sprecher historisch entstandener »natürlicher« Sprachen zu sein. Nur so, und nicht durch Ausflüchte dahin, wo vermutlich alles begann, kann sie einer Antwort darauf näher kommen, in welchem Sinn und in welchem Maß die menschlichen Weltverhältnisse sprachliche Verhältnisse sind. Rückblickend ist jedoch leicht zu erkennen, dass es im Grunde diese Verhältnisse waren, die schon die Ursprungstheoretiker aller couleur mit ihren Gedankenexperimenten beleuchtet haben. Im Gewand der Ursprungsdebatte ging es auch ihnen weniger um den tatsächlichen historischen Anfang als vielmehr darum, den Zustand und die Rolle entwickelter Sprachen in *ihren* Gesellschaften zu ermitteln. Auch für sie gilt, wie Humboldt anmerkt, »dass wir uns [...] mit unserem Sprachstudium durchaus in eine geschichtliche Mitte versetzt befinden«. (VS 419) Denn eine Philosophie der Sprache – bei Humboldt, Herder und all den anderen, die bislang zu Wort gekommen sind – versucht aufzuklären, was Sprache für ihre Angehörigen ist und also: wie diejenigen, die in einer oder einigen von ihnen zu Hause sind, in ihnen zu Hause und in der Fremde sind.

In späteren Zeiten hat sich die von philosophischer Seite reflexiv betriebene Erkundung der Innenperspektive des sprachlichen Lebens von einer empirischen Erforschung der Sprachentstehung geschieden, die im überzeugendsten Fall der »kooperativen Infrastruktur der menschlichen Kommunikation« gewidmet ist. (Tomasello 2009, 18) Die seither gewonnenen Erkenntnisse darüber, wie phylogenetisch alles angefangen haben könnte und ontogenetisch der Weg in die Sprache stets von neuem beginnt, stellen gerade deshalb eine Quelle der Inspiration für philosophische Theorien der Sprache bereit, weil es ein anderer Weg ist, der hierbei begangen wird. Empirische Untersuchungen zur Sprachentstehung verfolgen auch dann eine eigene Agenda, wenn sie von philosophischen Hypothesen ihren Ausgang nehmen. Philosophien der Sprache nämlich haben es stets mit den sprachlichen Verhältnissen zu tun, in denen sie sich selbst bewegen. So gelesen, erweist sich die hier im Zeitraffer vorgestellte theoretische Debatte über den Ursprung der Sprache im 18. Jahrhundert als Ursprung einer Überwindung der Frage, wie es mit ihr seinen Anfang genommen hat.

Humboldts Zeitgenosse Hegel hat es ähnlich gesehen. In seinen *Vorlesungen über die Ästhetik* streift er noch einmal die Vorstellung »einer ursprünglichen Poesie [...], welche *vor* der Ausbildung der gewöhnlichen und kunstreichen Prosa liegt«. Von dieser aber gelte es die »dichterische Auffassung und Sprache« zu unterscheiden, »die sich inmitten eines schon vollständig fertigen prosaischen Lebenszustandes und Ausdrucks entwickelt.« (Hegel 1970a III, 242) Auf dieses Inmitten kommt es auch aus seiner Sicht an. Wie es sich mit den Kräften der »Poesie« und der »Prosa« innerhalb der Sprache verhält, kann nur im Blick auf ihren historisch ausdifferenzierten – und allein in diesem Sinn »fertigen« – Zustand verstanden werden. In einem solchen Zustand, sagt Hegel an derselben Stelle, »weiß« die Poesie »von dem Gebiet, von welchem sie sich loslösen muß, um sich auf den freien Boden der Kunst zu stellen, und bildet sich im bewußten Unterschiede dem Prosaischen gegenüber aus.« Aus einem hypothetischen Unterschied in der *Entstehung* der Sprache ist ein theoretischer Unterschied im *Bestehen* menschlicher Sprache geworden.

2. *Poesie und Prosa*

Die erste Vorgeschichte zieht die zweite unmittelbar nach sich. Humboldts Therapie nämlich erlaubt es, die Geschichte der neueren Sprachphilosophie noch einmal anders zu schreiben: nicht als Erzählung einer *historischen*, sondern einer *systematischen* Kontroverse darüber, was die Sprache der Menschen ausmacht; nicht als Erzählung darüber, wie es zur Sprache kam, sondern darüber, wie es ist, Sprache zu haben. In einer systematischen Betrachtung kommt es gar nicht länger auf eine *zeitliche*, sondern auf eine *begriffliche* Priorität entweder der »Poesie« oder der »Prosa« an. In dieser Lesart geht es darum, welche Formen der Rede das Kraftzentrum menschlicher Sprachen bilden. Im Zentrum steht jetzt nicht mehr der historische Beginn, sondern der begriffliche »Anfang« der Sprache – nicht ihr zeitlicher, sondern ihr sachlicher Grund.[2]

Diesen Perspektivenwechsel verdeutlicht keine Quelle besser als jene Passage in Herders *Fragmenten*, der ich das Motto dieses Buchs entnommen habe: »Immer ein Glück für den Dichter, und ein Unglück für den Weltweisen, daß die ersten Erfinder der Sprache nicht Philosophen und die ersten Ausbilder meistens Dichter gewesen sind. Und eben so ein Glück für den Prosaisten, und ein Unglück für den Weltweisen, daß das Reich einer lebendigen Sprache, Demokratie ist; das Volk regiert, und duldet keine Tyrannen: der Sprachgebrauch herrscht und ist schwer zu bändigen.« (NL 644) Herder spielt auch hier noch mit dem Topos eines poetischen Ursprungs der Sprache, aber nur, um ihn hinter sich zu lassen. Denn nun geht es um die Spannweite einer entwickelten Sprache: um ihre grundlegenden Dimensionen, die *zusammen* den Begriff und die beste Praxis einer »lebendigen« Sprache ausmachen. Mit programmatischer Geste sagt Herder deshalb: »Ich habe zeigen wollen, daß eine

2 Darum ist es einigermaßen voreilig, wenn Foucault in *Die Ordnung des Diskurses* bemerkt: »[E]s sei nur daran erinnert, daß die Suche nach der ursprünglichen Sprache, die bis ins 18. Jahrhundert hinein ein durchaus anerkanntes Thema war, in der zweiten Hälfte des 19. Jahrhunderts jeden Diskurs nicht bloß zum Irrtum, sondern zu einem Hirngespinst, zu einer Träumerei, zu einer sprachwissenschaftlichen Monstrosität werden ließ.« (Foucault 1974a, 23)

Sprache, wie sie die höchste Dichtkunst, und die strengste Philosophie fordert, zween Endpunkte sein, und mitten inne den Platz zu allen Gattungen habe, die ich unter den Namen einer behaglichen, bequemen Sprache setze.« (NL 643) Dichtkunst und Philosophie – als Beispiele der Letzteren erwähnt werden Baumgarten und Kant – bezeichnen zwei einander gegenüberstehende Pole, die den Möglichkeitsraum der Sprache vermessen. Sie gleichzusetzen, den einen durch den anderen zu ersetzen oder den einen über den anderen zu stellen, wäre ausgesprochen fatal. Denn die »Schönheit« der Dichtung und die »Vollkommenheit« der Wissenschaftssprache sind zwei selbständige, nicht aufeinander reduzierbare Arten sprachlichen Gelingens. »So wie Schönheit und Vollkommenheit nicht einerlei ist: so ist auch die schönste und vollkommenste Sprache nicht zu einer Zeit möglich; die mittlere Größe, ist unstreitig der beste Platz, weil man von da aus auf beiden Seiten auslenken kann.« (NL 643) Die Umgangssprache, die bei Herder auf den Namen der »Prose« hört, »ist uns die einzig natürliche Sprache, und das seit undenklichen Zeiten gewesen.« (NL 187) Sie bildet den mittleren Bereich zwischen dichterischer und wissenschaftlicher Rede. Sie bildet den Nährboden der beiden Extremformen des Sprachlichen und zugleich die Arena, auf der ihre Kräfte eine abgemilderte Wirkung entfalten. »Man sehe die meisten Vorschläge zur Bildung der Sprache, und sie fallen in ein Äußerstes, statt das Mittel zu halten. Einige entwerfen einen Plan zur philosophischen Sprache; andere wollen sie allein auf die dichterische Seite lenken. Daß, wenn beide etwas wirken, beide einander die Stange halten, macht das Glück unserer Sprachverbesserung.« (NL 187)

So sehr Herder hier als Sprachkritiker in praktischer Absicht auftritt, so sehr enthalten diese Passagen eine Kritik an zu kurz greifenden Theorien der Sprache. Nicht entweder die dichterische oder die philosophische Rede machen das aus, was Sprache eigentlich ist oder sein kann. Beide dieser »Endpunkte« sind paradigmatische Fälle der Sprachverwendung. Beide aber sind, was sie sind, allein in Relation zueinander und zu der alltäglichen Rede. Dichterische und wissenschaftliche Rede überschreiten beide die Gepflogenheiten der Umgangssprache, die ihrerseits nur eine »behagliche Sprache« sein, bleiben oder werden kann, wenn sie beständig Impulse von der disziplinierten philosophischen und der überbordenden dichterischen Rede empfängt. Nur mit Rücksicht auf diesen triangulären Prozess kann ein angemessener Begriff der Sprache gewonnen werden. Nur eine in diesem Sinn »demokratische« Theorie, darauf zielen Herders programmatische Thesen, wird der Verfassung menschlicher Sprachen gerecht.

Humboldt hat es ähnlich gesehen: »Die Poesie eines Volkes hat nicht den höchsten Gipfel erreicht, wenn sie nicht in ihrer Vielseitigkeit und in der freien Geschmeidigkeit ihres Schwunges zugleich die Möglichkeit einer entsprechenden Entwicklung in der Prosa begründet. Da der menschliche Geist, in Kraft und Freiheit gedacht, zu der Gestaltung von beidem gelangen muss, so erkennt man die eine an der andren, wie man dem Bruchstück eines Bildwerks ansieht, ob es Teil einer Gruppe gewesen ist.« (VS 586) Gebundene »Poesie« und wissenschaftliche »Prosa« sind für Humboldt Teil einer »Gruppe,« die nicht auseinandergerissen werden darf, wenn das Bild der Sprache gezeichnet werden soll. Bei ihm stehen diese Begriffe für die beiden Pole, zwischen denen sich die Vielfalt sprachlicher Ausdrucksformen aufspannt. Der Bereich der Umgangssprache, den Herder als denjenigen der »Prosa« bezeichnet, erscheint auch hier als der mittlere Bereich, in dem sich die Vektoren der beiden

Extreme mischen. (VS 584–603) Hegel, der seinen Herder kannte, verwendet die Begriffe ähnlich; die lyrische »Poesie« bildet den einen Pol, die Prosa des »reinen Gedankens« den anderen; zwischen beiden bewegt sich die ebenfalls »Prosa« genannte Sprache der alltäglichen Rede. (Hegel 1970a III, 240–245, 280 f.) Um die Sprengkraft dieser Überlegungen zu sichern, werde ich mir für den Rest dieser Geschichte Humboldts Terminologie zu eigen machen. Ich taufe Herders Pole auf die Namen einerseits der »Poesie« und andererseits der »Prosa«. Dabei verwende ich diese Begriffe in einem über ihre übliche Bedeutung hinausgehenden Sinn. So verstanden, steht »Poesie« für eine im weitesten Sinn literarische, »Prosa« hingegen für eine im weitesten Sinn diskursive Rede. Von diesen beiden Polen her, argumentieren Herder, Humboldt und auch Hegel, lässt sich ein integratives, differenziertes und von irreführenden Hierarchien befreites Verständnis der Sprache gewinnen, das der Vielfalt, Koexistenz und Konkurrenz ihrer Ausdrucksformen gerecht zu werden vermag. Sie treten dabei das Erbe der *Rhetorik* und *Poetik* des Aristoteles an, der kein normatives Gefälle zwischen diesen Formen der Rede vorsieht; zugleich überführen sie die Komplementarität des »oberen« und des »unteren« Erkenntnisvermögens in Baumgartens *Aesthetica* in eine Theorie der Sprache, die für diese Kennzeichnungen keine Verwendung mehr hat.

Das so verstandene Widerspiel von »Poesie« und »Prosa« ist geeignet, den Ertrag der Debatte über den Ursprung der Sprache zu bergen. Herders und Humboldts Sicht auf die Sprache bricht mit der Vorstellung, sprachliches Handeln habe seine Basis *entweder* in poetischen *oder* in prosaischen Formen der Rede. Eine stereoskopische Betrachtung beider Dimensionen verweigert sich dieser Alternative. Weder allein oder vorwiegend die poetische, noch allein oder vorwiegend die prosaische Rede machen das Herzstück des sprachgebundenen Denkens und Handelns aus. Poesie und Prosa sind zwei gleichermaßen konstitutive Formen der Sprache; gäbe es die eine nicht, könnte es die andere nicht geben – und schon gar nicht das Stimmengewirr der alltäglichen Kommunikation.

Diese Auffassung ist alles andere als selbstverständlich. Denn eine Geschichte der neueren Sprachphilosophie lässt sich als die eines Konflikts zweier Traditionslinien schreiben, die eben diese Auffassung bestreiten. Für die eine ist die prosaische Bedeutung von Sätzen der paradigmatische Fall der Sprachverwendung; poetische Rede verhält sich hierzu in logischer Hinsicht parasitär. Für die andere hingegen ist die poetische Rede der paradigmatische Fall; Prosa erscheint als eine Minusform der Poesie. Für die Prosa-Partei ist Sprache ein System arbiträrer Zeichen, deren Bedeutung auf Bedingungen ihrer korrekten Verwendung beruht. Diese stellt die wörtliche Bedeutung von Ausdrücken und Sätzen sicher, von deren Verständnis alle übertragenen und anderweitig poetischen Gebrauchsweisen abhängig sind. Für die Poesie-Partei ist Sprache Medium einer mimetisch-expressiven Artikulation von Weltbezügen. Das Repertoire konventionell geregelter Bezeichnungen und Bezugnahmen ist eine Verfallsform des originären Flusses der Rede. Prosa, so sieht es diese Partei, ist ausgetrocknete Poesie. Poesie, so sieht es die andere, ist Prosa, die über die Stränge schlägt.

So gravierend die Differenzen zwischen diesen Parteien sind, sie teilen ein methodisches Prinzip. Anders als Herder und Humboldt glauben beide, dass man in der Sprachphilosophie entweder die eine oder die andere Richtung einschlagen muss. Erst die Prosa, dann die Poesie – oder eben umgekehrt. Theorien der Bedeutung und des Verstehens müssen zunächst ihre *paradigmatische* Dimension analysieren und können sich erst dann ihren – begrifflich und funktional gesehen – zweitrangigen Bereichen widmen. In diesem hierarchischen Aufbau gleichen sich die Denkweisen der beiden Parteien. Sie beginnen mit einem grundlegenden Begriff der Sprache, der das Fundament einer Behandlung ihrer übrigen Formen bereitstellen soll. Mit einer derartigen fundamentalistischen Anlage unterscheiden sie sich beide von dem egalitären Verfahren der dritten, von Herder und Humboldt begründeten »demokratischen« Partei.

Zu der Prosa-Partei zählen so unterschiedliche Autoren wie Hobbes, Locke, Condillac, Frege, Michael Dummett, Donald Davidson, John L. Austin, John R. Searle, Jürgen Habermas, Robert B. Brandom und viele andere mehr. Sie alle nehmen an, dass es elementare Formen der Sprache gibt, die als grundlegend für alles weitere sprachliche Meinen und Verstehen ausgewiesen werden. Diese Annahme ist insbesondere bei denjenigen Autoren leitend, die im Fahrwasser der analytischen Philosophie – oder von ihr inspiriert – das Projekt einer systematischen Bedeutungstheorie verfolgen. Ein bestimmter Bereich der Sprache und ihres möglichst eindeutigen Gebrauchs wird methodisch isoliert und zu ihrer primären Dimension erklärt. Bei Frege sind es die Wahrheitsbedingungen von Aussagesätzen, die diese Basis bereitstellen. Bei Dummett ist es die berechtigte Behauptbarkeit von Aussagen, die den Zugang zu der Analyse sprachlicher Bedeutungen schafft. Das Modell des Behauptens steht auch Pate für Brandoms pragmatistische Überbietung einer Wahrheitssemantik in der Nachfolge Freges. Die Tätigkeit des Behauptens im diskursiven Spiel des Gebens und Einforderns von Gründen ist für Brandom der schlechthin paradigmatische Fall des Sprachgebrauchs.

Bei Austin und Searle sind es Standardformen von Sprechakten, die das Grundgerüst aller Arten der Kommunikation bereitstellen. Unverblümter noch zeichnet Habermas die »verständigungsorientierte«, an verschiedenen Geltungsansprüchen orientierte Kommunikation als den »Originalmodus« der Sprachverwendung aus. Anders als Dummett, Searle oder Habermas dagegen ist Davidson der Ansicht, dass sprachliche Konventionen hierbei keine tragende Rolle spielen. Gegen die Gebrauchstheoretiker besteht er darauf, dass die Verständlichkeit der Kommunikation durch den Wahrheitsbezug von Sätzen verbürgt wird, die propositionalen Einstellungen aller Art Ausdruck geben.[3] So divergent und untereinander kontrovers die genannten Theorien auch sind, ihnen allen geht es um eine theoretische Freilegung der buchstäblichen Bedeutungen sprachlicher Einheiten, deren Kenntnis sie für die Basis des sprachlichen Denkens, Meinens und Verstehens halten. Darin liegt das Credo der Prosa-Partei. Um zu verstehen, was Sprache ist, muss ein *eigentlicher*, unverstellter Bereich ihrer Bedeutung ausgemacht und analysiert werden, bevor ihre zahlreichen *uneigentlichen* Vorkommnisse theoretisch untersucht werden können.

Nicht dieses Vorgehen ist es, was der Poesie-Partei gegen den Strich geht. Wogegen sie opponiert, ist vielmehr die *Besetzung* der Position der vermeintlich eigentlichen im Unterschied zu den vermeintlich uneigentlichen Dimensionen der Sprache. Die methodische Bevorzugung der eindeutigen und buchstäblichen, weder bildhaften, figürlichen noch fiktionalen Rede halten ihre Vertreter für eine fatale Fixierung. Denn, so nehmen sie an, es ist gerade die poeti-

3 Der Reihe nach: Frege (1976); Dummett (1982); Brandom (1994); Austin (1979); Searle (1971); Habermas (1981); Davidson (1986a).

sche Rede, an der das eigentliche Potenzial der Sprache zu erkennen ist.

Dieser Partei können, wenn auch teilweise mit Abstrichen, Autoren wie Vico, Hamann, Friedrich Schlegel, Novalis, Nietzsche und Walter Benjamin zugerechnet werden. Bei Hamann steht die Poesie Modell für den vollen Reichtum der Sprache im Kontrast zu ihrer diskursiven Begradigung. »Die Reinigkeit einer Sprache entzieht ihrem Reichtum; eine gar zu gefesselte Richtigkeit, ihrer Stärke und Mannheit.« (Hamann 2014, 22) Auch Schlegel protestiert gegen eine theoretische Marginalisierung der Poesie. Eine »philosophische Theorie der Poesie«, schreibt er, muss mit der »Herrschaft des Verstandes« brechen. Ihr primärer Gegenstand sei »die eigentlich philosophische Poesie, welche nicht nur den Verstand, sondern die Vernunft interessiert.« Dieses Interesse aber hebt die Differenzen der verschiedenen Gattungen nicht auf. »Die vielen und trefflichen Kunstwerke, deren Zweck ein philosophisches Interesse ist, bilden nicht etwa eine bloße Nebenart der schönen Poesie, sondern eine ganz eigene große Hauptgattung, welche sich wieder in zwei Hauptgattungen spaltet.« (Schlegel 1972a, 107, 112, 109) Entsprechend lässt er in seinem *Gespräch über die Poesie* eine der Figuren sagen: »Philosophie und Poesie, die höchsten Kräfte des Menschen, [...] greifen nun ineinander, um sich in ewiger Wechselwirkung gegenseitig zu beleben und zu bilden.« (Schlegel 1972b, 295) Wo aber eine Wechselwirkung vor sich geht, ist zugleich mit einer Differenz der beteiligten Kräfte zu rechnen. Schlegels Erweiterung des herkömmlichen Begriffs der Poesie zu einer in den Künsten und in der Philosophie gleichermaßen virulenten Energie schafft Platz für einen Widerstreit heterogener Darbietungsweisen, die den bei Herder und Humboldt vorgesehenen Wechselwirkungen nahe kommt – aber eben nur nahe. An anderer Stelle werden die Spuren einer homöostatischen Beziehung beider Gattungen wieder verwischt: »Denn das ist der Anfang aller Poesie, den Gang und die Gesetze der vernünftig denkenden Vernunft aufzuheben und uns wieder in die schöne Verwirrung der Phantasie, in das ursprüngliche Chaos der menschlichen Natur zu versetzen, für das ich kein schöneres Symbol bis jetzt kenne, als das bunte Gewimmel der alten Götter.« (Schlegel 1970b, 305)

Extremer noch formuliert Novalis: »Es ist eigentlich um das Sprechen und Schreiben eine närrische Sache; das rechte Gespräch ist ein bloßes Wortspiel. Der lächerliche Irrtum ist nur zu bewundern, daß die Leute meinen – sie sprächen um der Dinge willen. Gerade das Eigentümliche der Sprache, daß sie sich bloß um sich selbst bekümmert, weiß keiner. Darum ist sie ein so wunderbares und fruchtbares Geheimnis, – daß wenn einer bloß spricht, um zu sprechen, er gerade die herrlichsten, originellsten Wahrheiten ausspricht.« (Novalis 2008, 450) Auf diese Sätze hat sich Martin Heidegger in seinem Band *Unterwegs zur Sprache* zustimmend bezogen. (UzS 241) In Novalis' Geist unterscheidet er »beliebig Gesprochenes« von »rein« Gesprochenem. »Rein Gesprochenes ist das Gedicht.« (UzS 16) Allein an ihren reinen Formen zeigt sich die wahre Verfassung der Sprache und das Verhältnis der Sprechenden zu ihr. »Eigentliche Dichtung ist niemals eine höhere Weise (Melos) der Alltagssprache. Vielmehr ist umgekehrt das alltägliche Reden ein vergessenes und darum vernutztes Gedicht.« (UzS 31) Die Prosa der alltäglichen Sprachverwendung erweist sich als ein Abfallprodukt ihres poetischen Optimums. Ebenfalls unter Bezug auf Novalis erklärt Eugenio Coseriu die poetische Sprache zum »Ort der Entfaltung der funktionellen Vollkommenheit der Sprache«. Das Vermögen der Sprache zeige sich unverkürzt allein in ihren künstlerischen Ausprägungen. »Wenn das so ist, dann kann die dichterische Sprache nicht eine Modalität des Sprachgebrauchs unter anderen sein, dann kann sie nicht mit anderen Modalitäten wie der Alltagssprache oder der wissenschaftlichen Sprache koordiniert werden. Sie muß dann vielmehr als Sprache schlechthin angesehen werden, denn nur in ihr findet man die volle Entfaltung der sprachlichen Möglichkeiten.« (Coseriu 2007, 147 f.) Eine klarere Stellungnahme zugunsten der Poesie-Partei dürfte kaum zu finden sein. Das Argument einer aus »Vollständigkeit« entspringenden »Vollkommenheit« aber setzt eine Bestimmung der *verschiedenen* Funktionen voraus, die in Dichtung und Literatur zusammenkommen sollen. Eine davon ist eben jene wahrheits- und rechtfertigungsbezogene Darstellungsfunktion der Sprache, von der die Gegenseite behauptet, dass *sie* die schlechthin grundlegende ist.

Weniger eindeutig sind die Mutmaßungen, mit denen sich Benjamin den aufkommenden Tendenzen der Sprachphilosophie im 20. Jahrhundert entgegengestellt hat. Im Geist Hamanns und der Romantiker – und ihnen an kalkulierter Dunkelheit in nichts nachstehend – führt er die Aufschlusskraft der Sprache auf ein »mimetisches Verhalten« zurück. Humboldt wirft er vor, er habe die »magische Seite der Sprache« übersehen. (Benjamin 1985, 26) In seinem Versuch *Über die Sprache überhaupt und die Sprache des Menschen* von 1916 kritisiert Benjamin die »bürgerliche Auffassung der Sprache, deren Unhaltbarkeit und Leere« er nachweisen möchte. »Sie besagt: Das Mittel der Mitteilung ist das Wort, ihr Gegenstand die Sache, ihr Adressat der Mensch.« (Benjamin 1977a, 144) Die alternative Version, die Benjamin verfolgt, geht von einer intimen Beziehung von Wort und Gegenstand aus. »Das menschliche Wort ist der Name der Dinge. Damit kann die Vorstellung nicht mehr aufkommen, die der bürgerlichen Ansicht der Sprache entspricht, daß das Wort zur Sache sich zufällig verhalte, daß es ein durch irgendwelche Konventionen gesetztes Zeichen der Dinge (oder ihrer Erkenntnis) sei. Die Sprache gibt niemals *bloße* Zeichen.« Vielmehr, so Benjamin, »beruht der Name, den der Mensch der Sache gibt, darauf, wie sie sich ihm mitteilt.« (Benjamin 1977a, 150) Zentral für diese Annahme ist der Gedanke einer Korrespondenz zwischen einer Sprache der Dinge und der Sprache des Menschen. »Die Sprache teilt das sprachliche Wesen der Dinge mit. Dessen klarste Erscheinung ist aber die Sprache selbst.« (Benjamin 1977a 142) In Benjamins *Lehre vom Ähnlichen* von 1933 heißt es deshalb vom Menschen: »Ja, vielleicht gibt es keine seiner höheren Funktionen, die nicht entscheidend durch mimetisches Vermögen mitbestimmt ist.« Damit aber stellt sich die Aufgabe, diese Seite der Sprache namhaft zu machen. »Wenn nun aber die Sprache, wie es für Einsichtige auf der Hand liegt, nicht ein verabredetes System von Zeichen ist, so wird man ja in dem Versuch sich ihr zu nähern immer wieder auf den Gedanken zurückgreifen müssen, wie sie in ihrer rohesten, primitivsten Form in der onomatopoetischen Erklärungsart vorliegen. Die Frage ist: kann diese ausgebildet und schärferer Einsicht angepaßt werden?« (Benjamin 1977b, 204 u. 207)

Hierauf findet sich in Benjamins Entwürfen keine eindeutige Antwort. Wohl aber geben sie Hinweise darauf, dass eine Zurückführung sprachlicher Bedeutungen auf einen mimetischen Ursprung oder Gehalt nicht gelingen kann. Denn in der *Lehre vom Ähnlichen* heißt es zugleich: »Diese, wenn man will, magische Seite der Sprache wie der Schrift läuft nicht beziehungslos neben der anderen, semiotischen, einher.« (Benjamin 1977b, 208) Es braucht also die Zeichenhaftigkeit von Sprache, an und in der sich ihre nicht lediglich designative Bedeutsamkeit entfalten kann. Entsprechend hatte Benjamin in *Über die Sprache überhaupt* angemerkt: »Andererseits ist gewiß, daß die Sprache der Kunst sich nur in tiefster Beziehung zur Lehre von den Zeichen verstehen lässt. Ohne diese bleibt überhaupt jede Sprachphilosophie gänzlich fragmentarisch, weil die Beziehung zwischen Sprache und Zeichen [...] ursprünglich und fundamental ist.« (Benjamin 1977a, 156) Das Fragment *Über das mimetische Vermögen* von 1933 sekundiert: »Die Schrift ist so, neben der Sprache, ein Archiv unsinnlicher Ähnlichkeiten, unsinnlicher Korrespondenzen geworden. Diese Seite der Sprache wie der Schrift läuft aber nicht beziehungslos neben der anderen, der semiotischen einher. Alles Mimetische der Sprache kann vielmehr, der Flamme ähnlich, nur an einer Art von Träger in Erscheinung treten. Dieser Träger ist das Semiotische.« (Benjamin 1977c, 213) Wenn aber der mimetische Ausdruck lediglich eine »Seite« der Sprache ist, die eines »Trägers« etablierter sprachlicher Codes bedarf, ist die Annahme, die poetische Rede stelle das *Grundparadigma* sprachlicher Bedeutsamkeit bereit, nicht länger zu halten.

Dies gilt für jeden Versuch, nicht die Prosa, sondern die Poesie zum eigentlichen Kraftzentrum sprachlichen Lebens zu erklären. Eine Theorie der poetischen Rede kann nicht allein stehen. Sie lässt sich nicht methodisch isolieren, wie dies, wenn man der Gegenpartei Glauben schenkt, für die prosaische Rede immerhin möglich erscheint. Sie kann nicht als Alternative zu den systematischen Bedeutungstheorien ausgearbeitet werden, wie sie die theoretischen Prosaisten in vielen Varianten entwickelt haben. Was die Sympathisanten eines Primats der Poesie gegenüber der Prosa miteinander verbindet, ist keine tragfähige Satzung, sondern lediglich ihre Opposition gegen das Programm der

Prosa-Partei. Gerade deswegen aber kommt den widerständigen Strömungen in der Geschichte der neueren Sprachphilosophie eine erhebliche Bedeutung zu. Ohne den Einspruch ihrer Proponenten müsste es so aussehen, als gäbe es keine Alternative zu der von den Prosaisten etablierten Ordnung der Dinge. Es ist dieser Einspruch, der einen dritten Weg eröffnet. Ihm liegt das Motiv zugrunde, dass auch eine Theorie der prosaischen Rede nicht allein stehen kann – jenes Motiv, das es Herder erlaubt, eine »demokratische« Theorie der Sprache ins Spiel zu bringen. Damit ist eine Weichenstellung vorgenommen, die historisch zu einer Auflösung der Poesie-Gruppierung als einer unabhängigen Bewegung führt. Aus drei Parteien werden zwei: Die vermeintlich selbständige Poesie-Partei hat ein Fortleben allein in der demokratischen Partei.

Die philosophischen Positionen der Mitglieder dieser revisionistischen Partei fallen noch einmal heterogener aus als diejenigen der beiden anderen. Sie alle aber teilen eine sprachphilosophische Grundeinstellung, auf die es hier allein ankommt. Sie halten dafür, dass der Gedanke einer Priorität entweder der Prosa oder der Poesie irreführend ist. Stattdessen nehmen sie an, dass eine wechselseitige Abhängigkeit beider Dimensionen der Sprache ihre Bedeutungshaftigkeit ausmacht. Da nicht zu sehen ist, wie ein Primat der Poesie gegenüber der Prosa ernsthaft zu vertreten ist, verlaufen die entscheidenden Konfliktlinien zwischen (eher) hierarchischen und (eher) egalitären Konzeptionen der Sprache. Im Zentrum steht die Frage, ob und in welchem Sinn ein funktionaler, logischer und methodischer Primat der Prosa gegenüber der Poesie besteht. Ein funktionaler Primat besteht, wenn die prosaische Rede die wesentlichen *Verfahren* der Kommunikation bereitstellt. Ein logischer Primat besteht, wenn der *Begriff* der Poesie den der Prosa voraussetzt. Ein methodischer Primat besteht, wenn eine Analyse der Prosa am *Anfang* einer Theorie der Sprache zu stehen hat. Die Vertreter der Prosa-Partei bejahen diese dreifache Hierarchie, die Mitglieder der egalitaristischen Gruppierung bestreiten sie.

Bipolare Grundunterscheidungen finden sich in der dritten Partei nicht nur bei Herder und Humboldt, sondern überall. Für Schleiermacher sind »das Logische und das Musikalische zwei Richtungen, die der Sprache gemeinsam angehören«. John Dewey stellt »Poetisches im Unterschied zum Prosaischen, ästhetische Kunst im Unterschied zur Wissenschaft, Ausdruck im Unterschied zur Aussage« einander gegenüber. Ernst Cassirer unterscheidet zwischen »logischem« und »analogischem« Denken, Susanne K. Langer entwickelt eine Differenz von »diskursiver« und »präsentativer« Symbolisierung. Maurice Merleau-Ponty unterscheidet zwischen »gesprochener« und »sprechender«, Hans-Georg Gadamer zwischen »logischer« und »rhetorischer«, Hans Blumenberg zwischen »eindeutiger« und »vieldeutiger« sowie »wahrscheinlicher« und »unwahrscheinlicher,« Roland Barthes zwischen »akratischer« und »enkratischer« Sprache, Werner Hamacher zwischen »delotischer« versus »kritischer« Rede. Paul Ricœur interpretiert die Rollen von Poesie und Prosa als Differenz der »mimetischen Künste und derjenigen des überzeugenden Beweises«, Gottfried Gabriel als Gegensatz von »Prägnanz« und »Präzision«. Adorno stellt einer auf ihr »signifikatives« Vermögen fixierten Sprachauffassung »das Undisziplinierte der Gebärde« gegenüber. Bei Albrecht Wellmer wird daraus eine Spannung zwischen argumentativer und rhetorischer Wahrheit, bei Richard Rorty eine Kluft zwischen »schönem« und »erhabenem« Philosophieren. Giorgio Agamben lässt die »Idee der Sprache«, an Aristoteles denkend, »weder

Poesie noch Prosa, sondern deren Mitte« sein. An Herder denkend, diagnostiziert Christoph Menke eine sprachliche »Gegnerschaft von Bestimmungskraft und Kräftespiel«. Petra Gehring plädiert für eine »Gleichrangigkeit dessen, was wir als (dezidiert) ›sprachlich‹ vom (bloß oder ursprünglich) ›Körperlichen‹ zu trennen pflegen«.[4]

Die hier zusammengestellten Unterscheidungspaare lassen sich nicht auf nur einen Nenner bringen. Manche verhalten sich mehr oder weniger parallel zueinander, andere heben ganz unterschiedliche Spannungsfelder der sprachlichen Artikulation hervor. Allein ihre unkommentierte Auflistung aber stellt Indizien dafür bereit, dass es weder zwingend noch aussichtsreich ist, sprachliche Bedeutung und sprachliches Verstehen von einem einzigen Modell aus zu entwickeln. Charles Taylor, seit einigen Dekaden der Nestor der demokratischen Partei, führt gleich ein ganzes Bündel von Begriffspaaren ins Feld, um die Frontstellung zwischen den beiden herkömmlichen Sprachparteien aufzubrechen. In seinem Werk *The Language Animal* sind dies unter anderem »Wörtlichkeit« und »Figürlichkeit«, »Prosa« und »Poesie«, »Behaupten« und »Porträtieren«, »willkürliche« und »ikonische« Zeichen. Mit ihrer Hilfe werden die »designativ-instrumentellen« Theorien, für die Hobbes, Locke, Condillac und etliche Autoren in der Tradition der analytischen Philosophie Pate stehen, im Namen der »enaktiven« und »kratylistischen« Seite der Sprache in eine »konstitutiv-expressive« Theorie eingebettet. Unter Berufung auf Herder und Humboldt

4 Der Reihe nach: Schleiermacher (1977), 399; Dewey (1980), 101; Cassirer (1956); Langer (1984); Merleau-Ponty (1966), 232; Gadamer (1975), 409; Blumenberg (1966), 148 u. 154f.; Barthes (2006); Hamacher (2018), 17–20; Ricœur (1986), 19; Gabriel (2019); Adorno (1970), 63; Wellmer (2004), Kap. II.8; Rorty (2000); Agamben (2003), 24; Menke (2008), 87; Gehring (2019), 187.

soll das enge Paradigma der Prosaisten in ein reiches Verständnis von Sprache überführt werden, wie es der Untertitel der Originalausgabe verspricht: *The Full Shape of the Human Linguistic Capacity*. »Wir müssen allerdings von neuem betonen, daß sprachliches Bewußtsein nicht auf jene Facette der semantischen Dimension beschränkt ist, wo die Logik des Bezeichnens vorherrscht. Mit anderen Worten: Es ist nicht auf die Menge von Sprachspielen beschränkt, bei denen es auf die genau zutreffende Beschreibung unabhängiger Gegenstände ankommt. Das ist eine Facette der Sprache, die sich viel zu oft in den Vordergrund drängt, und die Aufmerksamkeit der Sprachtheoretiker monopolisiert.« (ST 496) Mit dieser Monopolisierung zu brechen bedeutet, den gegenläufigen Polen des sprachlichen Verkehrs ihren Lauf zu lassen: »The traffic is more likely to be two-way.« (Taylor 1985, 289)

Das ist ganz in Herders Sinn gesagt. In seinen *Fragmenten* wendet sich dieser gegen Johann Georg Sulzer, in dessen »Inbegriff der Wissenschaften« aus dem Jahr 1759 (Sulzer 2014) ihm »vielleicht kein Artikel ärmer« erscheint »als der über die Sprache«. »Er fordert zur Vollkommenheit einer Sprache [...] ›einen hinlänglichen Vorrat von Wörtern und Redensarten, wodurch jeder Begriff deutlich und bestimmt ausgedruckt wird.‹« (NL 188) Die Konsequenz dieser Forderung wäre in Herders Augen einmal mehr sprachpolitische Tyrannei: »Nun! und wenn die Sprache einen *überflüssigen* Vorrat hat? So muß der Überfluß fort! – Vollkommen für den Philosophen, aber schlecht für den Dichter, der von diesem Überfluß leben muß, der nicht Begriffe *deutlich* und *bestimmt*, sondern Begriffe und Empfindungen *rührend* und *reich* ausdrücken will. Wenn dieser neue Plato eine Republik errichtet, wo Synonyme, und uneigentliche Wörter verbannt werden: lebet wohl, ihr Dichter! ihr müßt von selbst Abschied nehmen.« (NL 188) Eine solche Ausbürgerung wäre aber auch sprachphilosophisch verhängnisvoll: »Auf die Art gehe man das ganze Stück von der Sprache durch, und man findet in allen Vorschlägen den nehmlichen Fehler, daß er dem *Schönen* der Sprache immer zu nahe tritt. Ja wären wir ganz Geist: so sprächen wir bloß *Begriffe*, und Richtigkeit wäre das einzige Augenmerk; aber in einer *sinnlichen* Sprache müssen *uneigentliche* Wörter, *Synonymen, Inversionen, Idiotismen* sein.« (NL 189)

»Idiotismen«, im Sprachgebrauch des 18. Jahrhunderts, sind idiomatische Besonderheiten des Ausdrucks, die von den standardisierten sprachlichen Codes abweichen. An Herders Insistieren auf der Notwendigkeit dieser Sonderbarkeiten hätte Jacques Derrida seinen Gefallen gehabt. Provoziert durch seine Abhandlung »Signature évènement contexte« flammte in den siebziger Jahren des vorigen Jahrhunderts die Auseinandersetzung zwischen denen, die den Primat einer gezügelten Prosa verteidigen und denen, die ihn bestreiten, auf eine spektakuläre Weise wieder auf. Nach der englischen Übersetzung dieses Texts im Jahr 1977, der Replik von Searle und einer Erwiderung von Derrida im gleichen Jahr ergab sich eine lang anhaltende Kontroverse zwischen eher dekonstruktiv und eher analytisch orientierten Kombattanten, an der sich – zur Unterstützung Searles – auch Habermas beteiligte.[5] Derrida hatte Austin für die Annahme kritisiert, zwischen Sprachverwendungen, wie sie unter »normalen Umständen« ausgeführt werden, und solchen, die sich »parasitär« zu ihnen verhalten, säuberlich unterscheiden zu können. Searle hatte die sprachtheoretische Berechtigung – und Alternativlosigkeit – dieses Vorgehens vehement verteidigt. Wie zu Zeiten

---

5 Derrida (2001a); Searle (1977); Derrida (2001b); Habermas (1985).

des Sturm und Drang ging es hoch her; an Gesten, Finten und Polemiken herrschte auf beiden Seiten kein Mangel. Es waren aber vor allem Searle und Habermas, die sich von Derridas rhetorischen Schachzügen in die Irre führen ließen. Sie hatten Derrida so verstanden, als vertrete er eine direkte Gegenposition zu der von ihnen favorisierten Auffassung. Durch seine Leugnung des Primats der buchstäblichen, eindeutigen und nicht fiktionalen Rede erschien er ihnen als ein Wiedergänger der verblichenen Poesie-Partei. Was Derrida jedoch kritisiert, ist einmal mehr die hierarchische Anordnung, der die Prosa-Partei verpflichtet ist. Er lehnt es ab, die Sprache entweder von einer ihrer prosaischen oder ihrer poetischen Dimensionen her zu verstehen. Derrida vertritt wie Herder, Humboldt und ihre Nachfahren eine Theorie der Interdependenz der Begriffe »prosaischer« und »poetischer« Rede: Der Begriff der einen kann nur zusammen mit – und im Kontrast zu – dem der anderen erläutert werden. Gegen Austin und Searle plädiert Derrida für ein Verständnis von Sprache, die der »relativen Spezifität« unterschiedlicher Arten und Formen des Sprechens und Schreibens gerecht werden könnte. Es gelte, »eine differentielle Typologie von Iterationsformen zu konstruieren, unter der Voraussetzung, daß dieses Vorhaben durchführbar sei und einem erschöpfenden Programm stattgeben könne, eine Frage, die ich auf später verschiebe.« (Derrida 2001a, 41 u. 40) Zu einer Antwort auf diese Frage, geschweige denn einer Ausführung des von Derrida annoncierten »Programms« ist es bei ihm und seinen Gefolgsleuten jedoch nicht gekommen. Dieser konstruktive Part blieb – und bleibt – den couragierteren Mitgliedern der demokratischen Partei überlassen.

Ich habe diese Partei »demokratisch«, »egalitaristisch« und »revisionistisch« genannt, weil sie sich gegen die fundamentalistischen und hierarchischen Konzeptionen vor allem der theoretischen Prosaisten wendet. Ihre alternative Denkrichtung geht weder mit dem angelsächsisch dominierten *mainstream* der Sprachphilosophie des 20. Jahrhunderts konform noch ist sie bloß eine Unterströmung oder gar ein marginaler Nebenlauf dieses Flusses. Sie bildet, wenn man auf ihre Entwicklung zurückblickt, einen Hauptstrom eigenen Rechts. Er führt ins Offene des sprachlichen Geschehens, um dieses inmitten seiner Gezeiten zu erkunden. Auf dem Weg in dieses gelobte Land können die Meere der Sprache, *The Seas of Language*, wie Dummett eines seiner Bücher genannt hat, nicht geteilt, sie müssen in alle Himmelsrichtungen durchfahren werden.

3. *Sprache und Denken*

Nicht alle Konflikte in der jüngeren Sprachphilosophie verlaufen entlang der gerade nachgezeichneten Linien. Viele ihrer Kontroversen spielen sich innerhalb der zuletzt vorgestellten Parteien ab. Dabei kommt es immer wieder zu Bündnissen über die Parteigrenzen hinweg. Ein derartiger, wenn auch mit unsichtbarer Tinte geschriebener Pakt lässt sich im Blick auf das Verhältnis von Sprache und Denken entziffern. Gegen Widerstände im eigenen Haus arbeiten nicht wenige Angehörige der fundamentalistischen Partei zusammen mit ihren revisionistischen Kontrahenten an einer Überwindung des traditionellen Verständnisses dieser Beziehung.

Nach der platonischen Suchbewegung hatte sich eine vergleichsweise einfache Auffassung weitgehend durchgesetzt:

Sprache ist ein Instrument der Mitteilung vorsprachlicher Gedanken. So heißt es bei Aristoteles: »Nun sind die (sprachlichen) Äußerungen unserer Stimme Symbole für das, was (beim Sprechen) unserer Seele widerfährt, und unsere schriftlichen Äußerungen sind wiederum Symbole für die (sprachlichen) Äußerungen unserer Stimme. Und wie nicht alle Menschen dieselben Buchstaben schreiben, so sprechen sie auch nicht alle dieselbe Sprache. Die seelischen Widerfahrnisse aber, für welche dieses Gesprochene und Geschriebene an erster Stelle ein Zeichen ist, sind bei allen Menschen dieselben; und überdies sind auch schon die Dinge, von denen diese seelischen Widerfahrnisse Abbildungen sind, für alle dieselben.« (Aristoteles 2015, 16a) Sprache ist demnach ein Medium, das es erlaubt, geistige Zustände durch lautliche oder schriftliche Zeichen zu repräsentieren. Sie dient der Übermittlung von Gehalten, die unabhängig von ihrer sprachlichen Einkleidung bestehen. Sie ist kein Medium des Denkens, sondern lediglich ein Vehikel der Kommunikation. Noch 2000 Jahre später, in seinem *Versuch über den menschlichen Verstand* aus dem Jahr 1790, gibt Locke eine fast gleich lautende Bestimmung: »Der Zweck der Wörter besteht also darin, sinnlich wahrnehmbare Kennzeichen von Ideen zu sein; die Ideen, für die sie stehen, machen ihre eigentliche und unmittelbare Bedeutung aus.« Derartige Ideen oder Gedanken einer Person sind, wie Locke sagt, in ihrer »Brust verschlossen, für andere unsichtbar und verborgen; sie können auch nicht durch sich selbst kundgegeben werden.« (Locke 1981, 4f.) Diese Kundgabe erlaubt allein die Sprache und trägt daher entscheidend zum Entstehen und Gedeihen menschlicher Gesellschaften bei. »Die Aufgaben der Sprache in unserem mündlichen Verkehr mit anderen sind vornehmlich folgende drei: erstens die Gedanken oder Ideen des einen dem anderen bekannt zu geben, zweitens, dies so leicht und schnell wie möglich zu tun, drittens, dadurch Erkenntnis der Dinge zu vermitteln.« (Locke 1981, 139) Darum können Aristoteles wie Locke nicht umhin, die Prozesse und Produkte des Denkens am Leitfaden der Sprache zu untersuchen. Aber die »gemäß einer Übereinkunft« (Aristoteles 2015, 16a) und damit »willkürlich« (Locke 1981, 6) entstandenen Konventionen der Sprache sollen lediglich Wiedergaben eines ihnen vorausliegenden Geschehens »seelischer Widerfahrnisse« sein, das sich ohne Zutun der Sprache ereignet.

Dieses Bild gerät im 18. Jahrhundert zunehmend ins Wanken. Ein spektakuläres Zeugnis stammt wiederum von Herder. Dieses Mal wird kein gordischer Knoten durchschlagen, sondern ein »ewiger Kreisel« angehalten, der sich um den Primat entweder des Denkens gegenüber dem Sprechen oder des Sprechens gegenüber dem Denken dreht: »Ohne Sprache hat der Mensch keine Vernunft, und ohne Vernunft keine Sprache.« (US 727) Schon Rousseau war dieser Auffassung nahe gekommen: »Übrigens können Allgemeinbegriffe nur mit Hilfe der Worte in unseren Geist eingehen. Der Verstand begreift sie nur durch Sätze.« – »Man muss Sätze formen, man muß sprechen, um Allgemeinbegriffe zu haben, denn sobald die Einbildungskraft innehält, kommt der Geist nur mit Hilfe der Rede weiter.« (Rousseau 1971, 157 u. 159) In einer frühen Aufzeichnung im Winter 1795/96 hat sich Humboldt diese Hinweise in deutlicher Anlehnung an Herder zurechtgelegt. »Das Wesen des Denkens besteht im Reflektieren, d. h. im Unterscheiden des Denkenden von dem Gedachten. [...] Um zu reflektieren, muß der Geist in seiner fortschreitenden Tätigkeit einen Augenblick stillstehn, das eben Vorgestellte in eine Einheit dessen fassen, und auf diese Weise, als Gegenstand, sich selbst entgegenstellen.« Die Fähigkeit zu überlegen hängt davon ab, Gedanken zu bilden, die im Prozess des Denkens festgehalten werden können. Diese Bildung und ihre lautliche oder schriftliche Artikulation sind eins, denn nur in einer so oder so fixierten Gestalt kann der Gedanke zum Gegenstand des Denkens werden – und damit überhaupt Gedanke sein. »Kein Denken, auch das reinste nicht, kann anders, als mit Hülfe der allgemeinen Formen unserer Sinnlichkeit geschehen; nur in ihnen können wir es auffassen und gleichsam festhalten. [...] Die sinnliche Bezeichnung der Einheiten nun, zu welchen Portionen des Denkens vereinigt werden, um als Teile eines größeren Ganzen, als Objekte dem Subjekte gegenübergestellt zu werden, heißen im weitesten Verstande des Wortes: Sprache.« Diese noch tastenden Überlegungen Humboldts münden in eine kaum verhohlene Paraphrase des Anfangs von Herders Ursprungsschrift: »Die Sprache beginnt daher unmittelbar und sogleich mit dem ersten Akt der Reflexion, und so wie der Mensch aus der Dumpfheit der Begierde, in welcher das Subjekt das Objekt verschlingt, zum Selbstbewußtsein erwacht, so ist auch das Wort da – gleichsam der erste Anstoß, den sich der Mensch selbst gibt, plötzlich stillzustehen, sich umzusehen und zu orientieren.« (Humboldt 1973, 3)

»*Schon als Tier, hat der Mensch Sprache.*« (US 697) Dieser erste Satz in Herders Ursprungsschrift gibt ihrem Autor Anlass, in wenigen Schritten die Wortsprache der Menschen von der Ausdrucksfähigkeit abzugrenzen, die sie mit vielen der anderen Tiere teilen. »Unterschiede zu bestimmen, war diese Sprache nicht da. [...] Sie sollte tönen, aber nicht schildern.« (US 700) Um auf *Unterschiede* nicht allein wahrnehmend und expressiv reagieren, sondern diese »schildernd«, beschreibend und anderweitig bestimmend festhalten zu können, bedarf es der *Unterscheidungen*, wie sie von der menschlichen Sprache bereitgestellt werden. Diese sind nicht lediglich ein Mittel der Kundgabe innerer Regungen. Vielmehr geben sie dem menschlichen Denken allererst seine spezifische Form – eine Form, die konstitutiv für das in und mit ihr Gedachte ist. Sprache ist daher, wie Herder bereits in der Einleitung zur ersten Sammlung seiner *Fragmente* sagt, »weit mehr als Werkzeug: [...] durch die Sprache lernen wir *bestimmt* denken, und bei bestimmten, und lebhaften Gedanken suchen wir *deutliche* und *lebendige* Worte: unsre Wärterinnen, die unsre Zunge bilden, sind unsre erste Lehrer der Logik.« (NL 177)

In der Kawi-Einleitung kommt Humboldt seinerseits auf den Vergleich zwischen menschlichen und tierischen Ausdrucksformen zurück. »Der Mensch ist nicht so bedürftig, und zur Hülfsleistung hätten unartikulierte Laute gereicht. Die Sprache ist auch in ihren Anfängen durchaus menschlich und dehnt sich absichtslos auf alle Gegenstände zufälliger sinnlicher Wahrnehmung und innerer Bearbeitung aus. [...] Denn der Mensch, als Thiergattung, ist ein singendes Geschöpf, aber Gedanken mit Tönen verbindend.« (VS 435) Hier, wie manchmal bei Humboldt, klingt noch die traditionelle Vorstellung an, so als müssten Gedanken mit sinnlichen Zeichen erst »verbunden« werden, damit Hervorbringungen des Denkens gesichert und kommuniziert werden können. Seine gelegentlich schlingernden Formulierungen aber dürfen nicht darüber hinwegtäuschen, dass Gedanken auch für ihn an die Form sprachlicher Zeichen gebunden sind. In *diesem* Verbundensein liegt ihr Sein; nur so sind sie gegeben; und gegeben sind sie allein in der *wechselseitigen* Verwendung der sprachlichen Formen. Nur hier, im kommunikativen Austausch, kann es dazu kommen, dass »Portionen des Denkens [...] als Objekte dem Subjekte gegenübergestellt werden«. (Humboldt 1973, 3) Es ist ein und dieselbe Fähigkeit, die es erlaubt, zu den eigenen Gedanken und zu denen anderer »reflektierend« Stellung zu nehmen. »Verstehen und Sprechen sind nur verschiedenartige Wirkungen der nämlichen Sprachkraft. Die gemeinsame Rede ist nie mit dem Übergeben eines Stoffes vergleichbar.« (VS 430) Weit entschiedener als Herder arbeitet Humboldt die intersubjektive Verfassung sprachlicher Bedeutungen heraus. »Die Hervorbringung der Sprache ist ein inneres Bedürfnis der Menschheit, nicht bloss ein äusserliches zur Unterhaltung gemeinschaftlichen Verkehrs, sondern ein in ihrer Natur selbst liegendes, zur Entwicklung seiner geistigen Kräfte und zur Gewinnung einer Weltanschauung, zu welcher der Mensch nur gelangen kann, indem er sein Denken an dem gemeinschaftlichen Denken mit Anderen zur Klarheit und Bestimmtheit bringt, unentbehrliches.« (VS 390) Im Vorbeigehen weist Humboldt daher Herders Postulat eines solitären Sprachursprungs zurück. »In der Erscheinung entwickelt sich [...] die Sprache nur gesellschaftlich, und der Mensch versteht sich selbst nur, indem er die Verstehbarkeit seiner Worte an Andren versuchend geprüft hat. Denn die Objektivität wird gesteigert, wenn das selbstgebildete Wort aus fremdem Munde wiedertönt.« (VS 429) Auf diesem Weg gelangt Humboldt zu seiner eigenen Fassung der These einer Interdependenz von Vernunft und Sprache. »Die Intellektualität und die Sprache gestatten und befördern einander gegenseitig zusagende Formen. Die Sprache ist gleichsam die äußerliche Erscheinung des Geistes der Völker; ihre Sprache ist ihr Geist und ihr Geist ist ihre Sprache, man kann sich beide nie identisch genug denken.« (VS 414 f.)

In der Betonung dieses engen Zusammenhangs sind sich die Angehörigen der demokratischen Partei weitgehend einig. Ob sie der hermeneutischen oder der phänomenologischen Tradition zuzurechnen sind, sie alle könnten einen Grundsatz aus Merleau-Pontys *Phänomenologie der Wahrnehmung* unterschreiben: »Das Denken ist nichts ›Innerliches‹, das außerhalb der Welt und außerhalb der Worte existierte.« (PM 217) Innerhalb der analytischen – oder stark von ihr beeinflussten – Philosophie sehen das viele Mitglieder der Gegenpartei nicht anders. Auch von Frege bis Brandom herrscht ein gehöriges Maß an Einigkeit über einen engen Zusammenhang zwischen Sprache und Denken sowie über die intersubjektive Konstitution sprachlicher Bedeutungen. Hierin liegt eine durchaus bemerkenswerte Koalition zwischen beiden Parteien. Deswegen ist es irreführend, wenn Taylor viele der Nachfahren Freges pauschal als Kinder und Kindeskinder von Hobbes, Locke und Condillac behandelt. (ST, bes. Kap. 4) Damit vergibt er die Möglichkeit, die Kraft des argumentativen Gegners für eine Stärkung der eigenen Position fruchtbar zu machen.

Davidson, beispielsweise, ist einer der entschiedensten Protagonisten der theoretischen Prosa-Partei. Ebenso entschieden aber vertritt auch er die These einer Interdependenz von Sprache und Vernunft. »Was macht ein Tier (oder, wenn man möchte, sonst etwas) rational?«, fragt er. Seine Antwort deckt sich mit derjenigen der sprachphilosophischen Avantgarde im 18. Jahrhundert. Rational sind diejenigen Tiere, die sich anhand begrifflicher Bestimmtheit zu orientieren vermögen. »Der Unterschied liegt im Vorhandensein propositionaler Einstellungen wie Glauben, Wünschen, Beabsichtigen und Scham.« – »Daß ein Tier vernünftig ist, heißt eben, daß es propositionale Einstellungen hat, egal, wie konfus, widersprüchlich, ungereimt, unberechtigt oder irrig diese Einstellungen sein mögen.« (Davidson 2004a, 167 f.) So sehr die Gabe der Rationalität zugleich die Mitgift der Irrationalität enthält, beide entspringen der Fähigkeit, grundsätzlich zwischen zutreffenden und irrigen Überzeugungen zu unterscheiden – Überzeugungen, wie sie in der Form begrifflicher Bestimmtheit gegeben sind und dadurch zum Gegenstand einer »reflektierenden« Stellungnahme werden können. Diese an Sprache gebundene Unterscheidungsfähigkeit ist auch für Davidson nur im Rahmen eines in der intersubjektiven Begegnung sich aufspannenden »Dreiecks« der Kommunikation gegeben, innerhalb dessen sich Interagierende mit ihren Äußerungen erfolgreich aufeinander und auf die ihnen zugängliche Welt beziehen. Auf diese Weise gelangen sie zu einem geteilten Reservoir weitgehend, aber keineswegs durchgehend wahrer Überzeugungen, auf deren Boden sie auch im Dissens füreinander verständlich bleiben. Das Faktum des wechselseitigen Verstehens ist für Davidson zugleich ein Beleg dafür, dass sprachfähige Wesen einer Erkenntnis der objektiven Realität fähig sind. (Davidson 2004b) »Die Schlußfolgerung, die sich aus diesen Überlegungen ergibt, ist die, daß Vernunft ein soziales Merkmal ist. Nur wer kommuniziert, hat es.« (Davidson 2004a, 185)

»Die Sprache ist das bildende Organ des Gedanken«, schreibt Humboldt an einer berühmten Stelle der Kawi-Einleitung. (VS 426) Dieselbe Metapher findet sich bei Davidson. Ohne Bezug auf Humboldt bringt er sie ins Spiel, um eine andere Metapher für die Stellung der Sprache im geistigen Haushalt des Menschen zu dekonstruieren. *Seeing Through Language* ist die Abhandlung betitelt, in der er ein gestern wie heute wirkmächtiges Bild der Sprache auseinander nimmt: dasjenige ihrer Funktion als eines dazwischengeschobenen Elements, dank dessen sich der Geist auf die Welt bezieht. »Die Sprache«, hält Davidson dagegen, »ist kein Medium, durch das wir hindurchschauen;

sie vermittelt nicht zwischen uns und der Welt.« (Davidson 2008a, 211) Hier der Geist, dort die Welt, dazwischen das mehr oder weniger transparente Medium der Sprache: Dieses Bild führt in die Irre. Es suggeriert, dass Geist und Welt getrennte Sphären sind, die durch ein Drittes erst in Verbindung gebracht werden müssen. Geist aber, der nicht von der Welt, und Welt, die dem Geist nicht offen stünde, sind leere Begriffe. Um dies zu verdeutlichen, empfiehlt Davidson einen Vergleich mit den Sinnen. Wie wir nicht *durch* unsere Augen, Ohren und Finger sehen, hören und fühlen, sondern *mit* ihnen, so ist auch die Sprache nichts, was zwischen uns und der Welt stünde. Sie gehört zu der Art, in der wir als erkennende und handelnde Wesen Welt *haben*. Sie ist – wie bei Humboldt – ein »Organ« des besonderen Weltzugangs der rationalen Tiere. »Daß man Augen und Ohren hat, läßt sich in gültiger Weise mit dem Besitz der Sprache vergleichen: Alle drei sind Organe, mit deren Hilfe wir in unmittelbaren Kontakt mit unserer Umwelt kommen. Sie sind keine Zwischeninstanzen, Monitore, Medien oder Fensterscheiben.« (Davidson 2008a, 212)[6]

Davidson verbindet diese Überlegungen mit einer überzeugenden Kritik an einer anderen Metapher, die von ihren philosophischen, linguistischen, kognitionswissenschaftlichen und evolutionsbiologischen Verwendern allerdings gar nicht als Metapher, sondern als buchstäbliche Kennzeichnung verstanden wird: diejenige einer den natürlichen Sprachen vorausliegenden »Sprache des Denkens«. Dieser von ihrer sinnlichen Präsenz in Laut und Schrift entblößte Begriff der Sprache, das sogenannte »Mentalese« – genannt werden die Proponenten Jerry Fodor (1975), Noam Chom-

6 Das bedeutet nicht, dass jede Theorie zu verwerfen wäre, in der die Sprache als ein »Medium« firmiert. Entscheidend ist allein, ob die Sprache als *conditio sine qua non* der menschlichen Arten der Rationalität anerkannt wird.

sky (1980) und Steven Pinker (1995) –, stellt für Davidson einen Rückfall in eine instrumentalistische Auffassung dar. Da hilft es nichts, dass Chomsky und Pinker diese vermeintlich vorsprachliche Sprache ebenfalls als ein – evolutionär implantiertes – »Organ« des Denkens bezeichnen. »Was mir gefällt«, kommentiert Davidson, »ist der Vergleich mit den Sinnesorganen und daher die Implikation, daß die Sprache nichts ist, was zwischen uns und die Realität gerät. Aber durch das Postulat einer Sprache des Geistes wird die attraktive Seite dieses Bildes verdorben. Wenn die Sprache des Geistes einen Teil von uns ausmacht, dann ist unsere gesprochene Sprache eben doch eine Zwischeninstanz, die zwischen dem Denken und dem Gegenstand des Denkens vermitteln soll.« (Davidson 2008a, 216)

Der Sache nach betrifft dieser Einwand auch die intentionalistische Semantik von Paul Grice und die ebenfalls intentionalistische Grundlegung, die Searle seiner Sprechakttheorie verliehen hat. Zwar fallen diese Theorien deutlich differenzierter aus als ihre instrumentalistischen Vorgänger, nicht zuletzt deshalb, weil sie klarer als Hobbes und Locke der transformativen Rolle sprachlicher Konventionen gerecht werden: dem Umstand, dass sie entsprechend sozialisierten Subjekten vieles zu denken, meinen und wollen geben, das anders nicht in ihren geistigen Horizont gelangen könnte. Die Konstruktion ihrer Theorien aber bleibt denjenigen der klassischen, zweistufig angelegten Auffassung des Verhältnisses von Denken und Sprechen analog. Bei Grice ist es ein vorgelagertes Meinen von Sprecherinnen, die sich der Sprache in der Absicht bedienen, andern das Gemeinte zu erkennen zu geben. (Grice 1979a u. 1979b) Bei Searle ist es eine ebenfalls vorgelagerte Fähigkeit der intentionalen Repräsentation, die es erlaubt, die entsprechenden Gehalte sprachlich zu kommunizieren. »On the present account, representing is prior to communication and representing intentions are prior to communicating intentions.« Sprechakte und ihre Bedeutung haben daher für Searle eine »abgeleitete« Form der Intentionalität; »these features must derive from some fundamental features of the mind.« (Searle 1983, 166; vgl. vii, 5, 27)

Diesen Fundamentalismus teilt Davidson nicht. Sprache und Denken, hält er dagegen, sind genetisch und begrifflich interdependent. So sehr der Mensch angeborene Fähigkeiten hat, die ihm das Erlernen von Sprache ermöglichen, was ihm dabei von Natur aus mitgegeben ist, ist – wie schon bei Herder – keine »Sprache des Denkens«. Die Annahme eines solchen Geistes hinter der verbalen Sprache ergibt keinen verständlichen Sinn. Denn sie versetzt die Sprache erneut in die dubiose Rolle einer Mittlerin zwischen dem Geist und der Welt. Nach Davidsons Auffassung dagegen »kann weder das Denken noch die Sprache zuerst kommen, denn jedes der beiden Elemente setzt das andere voraus. Damit werden wir nicht vor ein Prioritäten-Rätsel gestellt, denn die Fähigkeiten des Sprechens, Wahrnehmens und Denkens entwickeln sich nach und nach im Zusammenspiel. Wir nehmen die Welt durch die Sprache wahr, das heißt: dadurch, daß wir Sprache haben.« (Davidson 2008a, 228)

Kein Primat des Denkens gegenüber der Sprache, keine Abkünftigkeit der Sprache gegenüber dem Denken: Was dieses Verhältnis betrifft, ist Davidson Egalitarist, nicht anders als Frege, Dummett, Habermas, Brandom und andere mehr. Es herrscht ein Flügelstreit im Lager der Prosaisten. Er spielt der demokratischen Partei in die Karten, die den inneren Zusammenhang von Sprache und Denken seit langem in ihrem Grundsatzprogramm verankert hat. Diese Übereinstimmung mit einigen der Leitfiguren der Gegenpartei jedoch hebt die grundsätzliche Differenz zwischen beiden Lagern nicht auf. Sie besteht weiterhin darin, dass die einen mit einem engen Grundbegriff sprachlicher Bedeutung auskommen wollen, die anderen hingegen nicht. Trotz dieses Grundkonflikts herrscht zwischen den Koalitionären ein erhebliches Maß an Einigkeit in einer weiteren Hinsicht: Die Interrelation von Sprache und Denken muss ihrerseits differenziert betrachtet werden. Humboldts Bemerkung, man könne sich das Verhältnis von Geist und Sprache »nie identisch genug denken«, sollte nicht für bare Münze genommen werden. Denn man kann es sich auch *zu* identisch denken.

Das wäre der Fall, würde man sich das geistige Leben als ein in beständiger innerer oder äußerer Rede vollzogenes Geschehen vorstellen: wie einen von permanenten Untertiteln begleiteten Film oder eine mit durchlaufenden Obertiteln versehene Opernaufführung. »Denken«, in allgemeiner Bedeutung, ist aber weit mehr als das sprachliche Entwickeln, Festhalten, Prüfen und Kommunizieren expliziter Gedanken. *Identisch* sind Geist und sprachliches Denken allein dort, wo in innerer oder äußerer Rede gedankliche Inhalte in den unterschiedlichen Modi des Behauptens, Aufforderns, Wünschens, Fragens sowie in unterschiedlichen Genres des Argumentierens, Erzählens, Berichtens, Dichtens, Predigens, Flirtens, Fluchens, Klagens, Klatschens usf. formuliert und verstanden werden. Die mit dem sprachgebundenen Denken gegebenen Möglichkeiten eines mehr oder weniger rationalen Tuns und Lassens jedoch reichen weit darüber hinaus. Das Beherrschen einer Sprache eröffnet einen weiten Spielraum von Arten des Denkens und Handelns, Erlebens und Imaginierens, die oft nicht an sprachliche Vollzüge gebunden oder auf solche zu reduzieren sind. Intelligente Handlungen wie Malen, Basteln, eine Sportart ausüben, Autofahren, Staubsaugen, Kochen, Tanzen, Musizieren oder Komponieren sind geistige Vollzüge, die mit sprachlichen Aktualisierungen alles andere als identisch sind. Weder ist das Produkt dieser und vieler anderer Tätigkeiten ein mündliches oder schriftliches Reden noch müssen sie notwendigerweise – geschweige denn durchgängig – von Akten der inneren oder äußeren Rede begleitet werden (wie sehr dies auch bei der Anleitung zu derartigen Praktiken der Fall sein mag). Diese und weitere Tätigkeitsbereiche ergeben sich in ihren anspruchsvolleren Formen allein innerhalb einer sprachlich erschlossenen Welt, in der die entsprechend eingeübten Handlungsweisen wissentlich und willentlich ausgeführt werden können. Um zu wissen, was sie tun, müssen die Handelnden die Gründe, von denen sie sich leiten lassen, nicht jederzeit sprachlich vor sich haben oder vor sich bringen. Es genügt, sie im Zweifelsfall vor sich bringen zu können. Um einigermaßen überlegt zu handeln, muss man in vielen Fällen nicht überlegen. Bei weitem nicht alles Können ist Resultat eines vergangenen oder aktuellen Denkens. Der Umgang mit Gebrauchsdingen, die selbstverständlich »zuhanden« sind, wie es bei Heidegger in *Sein und Zeit* heißt, Tätigkeiten, die zur Routine geworden sind, bedürfen, soweit sie es sind, keiner überlegenden Begleitung. Die Bestimmtheit praktischen Wissens und Wollens und mit ihr ein erfolgreiches Handeln kommt oft ohne ausführliches Räsonieren aus. Um mit Bedacht zu handeln, muss man nicht groß – und manchmal gar nicht – gedacht haben. Vieles, worauf wir uns verstehen, versteht sich ohne Worte.

Nicht einmal das theoretische Denken aber ist ein durchgehend verbales, Wort an Wort, Satz an Satz, Gedanke an Gedanke reihendes Geschehen. Im 50. Aphorismus seiner *Minima Moralia* sagt Adorno deshalb: »Erkannt wird vielmehr in einem Geflecht von Vorurteilen, Anschauungen, Innervationen, Selbstkorrekturen, Vorausnahmen und Übertreibungen, kurz in der dichten, fundierten, aber keineswegs an allen Stellen transparenten Erfahrung.« (MM 100) Sosehr die *Produkte* theoretischer Erkenntnis nur in einer sprachlichen Gestalt gegeben sind, der – je subjektive – *Prozess* dieses Denkens stellt eine häufig mäandrierende, von Affekten, Assoziationen, Imaginationen und Eingebungen beeinflusste oder getragene Bewegung dar, die sich weder auf ein rein sprachliches Tun zurückrechnen lässt noch auf einer geraden Linie ineinandergreifender Schlussfolgerungen verläuft. Selbst theoretische Begründungen setzen ein Ergründen voraus, das oft erst sukzessive die Form sprachlicher Festlegungen gewinnt.

Andererseits sind »Anschauung« und »Erfahrung« immer bereits begrifflich imprägniert. Auf dem Stand der Befähigung zum Sprechen sind Episoden und Prozesse der Wahrnehmung keine Vorgänge, die sich jenseits – vor oder unterhalb – des Netzwerks sprachlicher Unterscheidungen vollziehen. Wahrnehmungen sind kein bloßer Input, der geistig – mit begrifflichen Mitteln – erst zu verarbeiten wäre. Sie sind Leistungen einer Aufnahme von Aspekten des Wirklichen, die sich im Kontext jeweiliger Praktiken immer auch von Hinsichten leiten lässt, die ihr das Vokabular einer Sprache bereitstellt. Es ist diese Verwobenheit von Erfahrung und Begriff, die Herder mit seinem Leitwort der »Besonnenheit« hervorhebt. Die Sprache macht ihre Verwenderinnen empfänglich für – und irritierbar durch – den Eingriff des Wirklichen in den Haushalt ihrer Überzeugungen. Die Rezeptivität der Wahrnehmung wie auch des Empfindens und Fühlens zehrt von den konstruktiven Vorgaben des Unterscheidungsgefüges der Sprache ebenso wie dieses von jener. Sprache lässt uns Differenzen und

Nuancen vernehmen, verspüren und verstehen, die anders nicht auffällig würden. Zugleich lässt sie uns Phänomene und Bezüge gewahren, die in ihrer Fülle begrifflich nicht oder nicht zureichend erfasst, sondern nur hinweisend vergegenwärtigt werden können.

In diesem Sinn hat John McDowell für die Auffassung einer »Unbegrenztheit des Begrifflichen« argumentiert. (McDowell 1994 u. 2009a; Seel 2014a) Während Davidson der Wahrnehmung lediglich einen kausalen Einfluss auf die Bildung von Überzeugungen zubilligt, sieht McDowell Anschauung und Begriff als unauflöslich miteinander verwoben an (worin eine weitere Spielart eines – dieses Mal erkenntnistheoretischen – Egalitarismus liegt). Wahrnehmung und begriffliches Vermögen – Rezeptivität und Spontaneität, in Kants Worten – stehen sich demnach nicht in einem hierarchischen Verhältnis gegenüber, sondern interagieren *all the way up* und *all the way down.* (Backhaus 2022, 220 f.) Begriffe zu beherrschen bedeutet, in Situationen der Wahrnehmungen zugleich von ihnen beherrscht zu werden. Diese Deutung erlaubt es, die vermeintliche Kluft zwischen Geist und Welt sowie Denken und Sprache aus der Welt zu schaffen, ohne in einen Idealismus ihrer Identität zu verfallen. Von begriffsrealistischen Anwandlungen, wie sie sich bei Brandom finden (Seel 2014b), hält sich McDowell weitgehend fern (Lauer 2014; Liptow 2014). Er betont vielmehr die grundsätzliche Offenheit einer sprachlichen und durch Sprache geprägten Kultur für die Mannigfaltigkeit und den Widerstand des Wirklichen.

Ungeachtet der hier fortbestehenden Differenzen bleibt die Koalition in Sachen einer Interdependenz von Sprache und Denken weitgehend stabil. Wie Herder, Humboldt oder Hegel gestehen auch Davidson oder McDowell den nicht menschlichen Tieren bemerkenswerte geistige Fähigkeiten zu. Sie verfügen über unterschiedliche Arten und Grade eines phänomenalen und intentionalen Bewusstseins, des Fühlens und Strebens. Jedoch, so schränkt Hegel ein, »[w]eil der Trieb aber nicht gewußter Zweck ist, so weiß das Tier seine Zwecke noch nicht als Zwecke.« (Hegel 1970b II, 473.) Insofern, schreibt McDowell, »können wir sagen, daß wir etwas besitzen, was Tiere ebenfalls besitzen, nämlich die Empfindsamkeit der Wahrnehmung für unsere Umgebung. Wir haben diese jedoch in einer besonderen Form.« (McDowell 2001, 89) Die niederschwellige Intentionalität (oder auch in einem weiten Sinn Rationalität), die Menschen mit den anderen Tieren teilen, steht bei ihnen im Rahmen einer höherschwelligen, begrifflich instrumentierten Weise des Gewahrens und Gewärtigens, Strebens und Vermeidens, die ihre Form des Lebens im Ganzen durchzieht. Die menschlichen Tiere verfügen eben nicht allein über die Fähigkeit, vieles zu *unterscheiden* (worin andere Spezies ihnen in Teilbereichen oft weit überlegen sind), sie verfügen über ein reiches, im Ganzen unübersehbares, ihre einzelnen Elemente konturierendes Netzwerk von *Unterscheidungen*, das es ihnen erlaubt, in weite Bereiche der Gegenwart, Vergangenheit und Zukunft auszugreifen. Zugleich aber greift ihre Sprache auf vielfältige Weise in ihre Lebensverhältnisse ein – in ihre Art zu fühlen, zu denken und zu handeln nicht weniger als in ihre Art, sich als Teil einer sozialen und politischen Gemeinschaft zu verstehen. Deshalb kann Herder sagen: »[M]it dem Menschen ändert sich die Szene ganz.« (US 714)

»Ganz« ändert sich die Szene deshalb, weil sich in ihr zugleich das leibliche Ausdrucksverhalten und Ausdrucksverstehen wandelt. Auch es erhält eine andere Form. Es spielt sich – wie das Erkennen und Handeln selbst dort, wo es nicht sprachlich ausagiert wird – innerhalb einer

Atmosphäre der sprachlichen Artikulationsfähigkeit ab: einer Atmosphäre möglicher Diskriminierungen und damit Selbst- und Fremdzuschreibungen, die auch dem gestischen, mimischen und stimmlichen Ausdrucksrepertoire eine komplexe Kontur verleiht. Diese ist dem Fluss der mündlichen und schriftlichen Rede, ihrem Bau, ihrem Rhythmus, ihrer Gestik, ihren Klangfarben inkorporiert. Die Sinnlichkeit und Materialität der in unterschiedlichen Verbindungen und Graden verbalen wie nonverbalen Ausdrucksformen geben ihnen eine charakteristische Physiognomie, die auch dort, wo sie nicht eigens auffällig wird, mit dem korrespondiert, was jeweils zum Ausdruck kommt und verstanden wird. Sprache, in allen ihren Formen, bewegt und berührt, weil sie an das leibliche und geistige Bewegtsein ihrer Verwenderinnen rührt. Insofern reicht die »Körperkraft der Sprache«, wie Petra Gehring es nennt, in alle Bereiche ihres Gebrauchs hinein. (Gehring 2019) Menschen, beispielsweise, können lachen. Das ist eine ihrer leiblichen Reaktionen auf Umstände, die sie augenblicklich oder gar nicht auf eine verstandesmäßige Reihe bringen können. Diese können sehr unterschiedlich ausfallen. Menschen können nicht einfach nur lachen, sie können lachen, lächeln, grinsen oder schmunzeln, sie können mitlachen, verlachen oder hohnlachen, sie können süffisant, herablassend, mitleidig oder mitleidsvoll lächeln – wie sie vor Leid oder Freude weinen, vor Scham erröten und vor Schuld oder Schreck erbleichen können. Auch hier tut sich eine Welt von kulturell geprägten Unterschieden auf, die ihre begriffliche Übersetzbarkeit und erst recht Ersetzbarkeit übersteigen. Der Sinn für die Besonderheit des Besonderen ist ein begrifflicher Sinn: Nur begriffsfähige Wesen können an dem begrifflich Uneinholbaren Gefallen finden, vor ihm erstaunen oder erschrecken.

Das Spiel der Sprache beginnt mit dem verbalen Unterscheidenkönnen, aber es endet dort nicht. Das in seiner Verbindung mit dem Vernehmen und Handeln durch Sprache ermöglichte Denken ist nicht notwendigerweise sprachliches Denken: nicht notwendigerweise wortsprachlich, nicht notwendigerweise körpersprachlich und nicht einmal notwendigerweise überhaupt sprachlich. Sprache bringt ein Denken hervor und ist konstitutiv für es, das ohne Sprache nicht hätte entstehen können und nicht bestehen kann. Denken reicht weit über Sprache hinaus, aber Sprache reicht in viele Dimensionen des über sie hinausgehenden Denkens hinein. Die Sprache – die Fähigkeit zu sprechen – schenkt ihren Benutzern ein Vermögen des nicht sprachlichen Denkens, wie es nur denjenigen gegeben ist, die sprachlich denken können. Der menschliche Geist ist, was er ist, weil er sprachlich ist – obwohl er keineswegs nur Sprache ist.

4. Teil und Ganzes

Humboldt spitzt diese Moral auf seine Weise zu: »Der Mensch lebt mit den Gegenständen hauptsächlich, ja, da Empfinden und Handlen in ihm von seinen Vorstellungen abhängen, sogar ausschließlich so, wie die Sprache sie ihm zuführt. Durch denselben Akt, vermöge dessen er die Sprache aus sich herausspinnt, spinnt er sich in dieselbe ein, und jede zieht um das Volk, welchem sie angehört, einen Kreis, aus dem es nur insofern hinauszugehen möglich ist, als man zugleich in den Kreis einer andren hinübertritt.« (VS 434) Mit der Sprache »ändert sich die Szene ganz«, weil sie das Ganze der menschlichen »Lebensform« (Humboldt 1963b, 85) und ihrer durchlässigen »Kreise« durchwirkt. Der Begriff der Lebensform steht hier sowohl für die tragende Rolle, die der Sprache in allen menschlichen Kulturen zukommt als auch für die verschiedenartigen Ausprägungen, die sie in besonderen Kulturen erfährt. »Könnte ich nun hier alle Enden zusammen nehmen«, hatte schon Herder bemerkt, »und mit Einmal das Gewebe sichtbar machen, was menschliche Natur heißt: durchaus ein Gewebe zur Sprache« – ein Gewebe, das je nach den natürlichen und gesellschaftlichen Verhältnissen menschlicher Gemeinschaften einer eigenen Entwicklung unterliegt. (US 750; vgl. 783 u. 791) Humboldt nimmt diese Metaphorik auf: »Man kann die Sprache mit einem ungeheuren Gewebe vergleichen, in dem jeder Teil mit dem andren und alle mit dem Ganzen in mehr oder weniger deutlich erkennbarem Zusammenhang stehen.« (VS 446)

Vom Wort zur Lebensform: Auch so lässt sich die Geschichte der jüngeren Sprachphilosophie erzählen. Sie zeigt sich dann als eine theoretische Bewegung, die das Nachdenken über die Bedeutung einzelner Wörter und Wortarten im Blick auf immer größere Zusammenhänge des sprachlichen und von Sprache beeinflussten Lebens überschreitet. Auch hier gibt Humboldt die Richtung vor: »Man kann sich unmöglich die Entstehung der Sprache als von der Bezeichnung der Gegenstände durch Wörter beginnend und von da zur Zusammenfügung übergehend denken. In der Wirklichkeit wird die Rede nicht aus ihr vorangegangenen Wörtern zusammengesetzt, sondern die Wörter gehen umgekehrt aus dem Ganzen der Rede hervor.« (VS 448)

Diese Ausweitung vollzieht sich in signifikanten Stufen. Für die traditionelle Sprachphilosophie war das Wort die kleinste bedeutungstragende Einheit. Wörter sind demnach Namen für Gegenstände; sie stehen für das mit ihnen Benannte. Ihre Bedeutung ist derjenigen von Sätzen vorgeordnet. Deren Sinn ergibt sich erst aus einer Verbindung der Bedeutung der in ihnen enthaltenen Ausdrücke. Frege kehrt diese Rangordnung um. Nun gilt der Satz – und enger noch der Aussagesatz – als die kleinste bedeutungstragende Einheit. Die Valenz von Wörtern – seien es Eigennamen, Begriffsworte oder logische Partikel – ergibt sich aus der Art ihres Beitrags zum Gehalt vollständiger Sätze. Wörter sind Funktionen der Bildung sinnvoller – und im Fall der Aussage: wahrer oder falscher – Sätze. Der nächste Schritt erfolgt durch Versionen einer pragmatistischen Erweiterung einer Bedeutungstheorie à la Frege. Der Frege'sche Vorrang der Satzbedeutung gegenüber der Wortbedeutung wird ergänzt durch die These einer Abhängigkeit der Satzbedeutung von der Äußerungsbedeutung – davon, was man im Gebrauch entsprechender Sätze in paradigmatischen Situationen *tun* kann. Als grundlegende Einheiten einer Theorie sprachlicher Bedeutung gelten nicht länger isolierte Sätze, sondern Sprechakte unterschiedlicher Art. Bei Peirce, in Heideggers *Sein und Zeit* sowie bei Austin, Searle, Taylor, Habermas oder Brandom rücken zugleich die voraussetzungsreichen Handlungszusammenhänge in den Fokus, innerhalb derer sprachliche Vollzüge ihre Bedeutsamkeit und sprachliche Formate ihre jeweilige Bedeutung gewinnen. Flankiert wird dieses Hinausgehen über mehr oder weniger kleinteilige Grundbausteine des sprachlichen Sinns durch strukturalistische und poststrukturalistische Analysen der differenziellen Verfassung sprachlicher Zeichen und der Pluralität ihrer Verwendungsweisen. Demnach haben sprachliche Einheiten eine Bedeutung nicht je für sich, sondern allein im Kontrast zu anderen solcher Einheiten; ihre Bedeutung ist eine Resultante ihrer Stellung innerhalb eines

Gefüges derartiger Abgrenzungen. Bei Ferdinand de Saussure und Derrida erscheint Sprache darum als ein Differenzierungsgeschehen, das niemals zum Stillstand kommt. In der hermeneutischen und phänomenologischen Tradition schließlich kommt mit dieser Prozessualität das mit Sprache verwobene »Ganze« menschlicher Lebenswirklichkeiten in den Blick. In *Sein und Zeit* heißt es: »Die befindliche Verständlichkeit des In-der-Welt-seins *spricht sich als Rede aus.* Das Bedeutungsganze der Verständlichkeit *kommt zu Wort.* Den Bedeutungen wachsen Worte zu. Nicht aber werden Wörterdinge mit Bedeutungen versehen.« (SZ 161) Unter Bezug auf Humboldt nimmt Hans-Georg Gadamer dies in *Wahrheit und Methode* auf: »Die ursprüngliche Menschlichkeit der Sprache bedeutet [...] zugleich die ursprüngliche Sprachlichkeit des menschlichen In-der-Welt-Seins.« (WM 419) Merleau-Ponty ergänzt: »Wir leben [...] in einer Welt, in der die Sprache instituiert ist.« (PW 218)

Dies sind zunehmend energische Schritte auf dem Weg zu einer holistischen Auffassung sprachlicher Ausdruckshaftigkeit und Ausdrucksfähigkeit. Sie versteht das Leben der Sprache von den Relationen her, in denen ihre vielfältigen – kleineren oder größeren – Elemente zueinander stehen. Die Elemente, um die es jeweils geht – Wörter, Sätze, Sprechhandlungen, Konversationen oder Texte –, können, so sagen holistische Theorien, nicht je für sich erläutert werden. Sie müssen aus den Beziehungen heraus verstanden werden, die sie untereinander unterhalten. Dieses für die jeweiligen Elemente maßgebliche Verhältnis wird so verstanden, dass sich darin ein »Ganzes« von Verweisungszusammenhängen bildet und umbildet. In diesen muss bewandert sein, wem der Sinn der Glieder dieses Ganzen zugänglich sein soll. (Bertram 2006; Bertram et. al. 2008)

Holisten unterschiedlicher Couleur wenden sich gegen

ein atomistisches Bild der Sprache, das sie aus theoretisch isolierbaren, einzelne Gegenstände oder Sachverhalte repräsentierenden Bausteinen aufgebaut sieht. In ihren Augen wird damit die für das menschliche Weltverhältnis konstitutive Rolle der Sprache im Ansatz verfehlt. Ein plausibler Holismus jedoch nimmt den Teilen sprachlicher Strukturen und Vollzüge nichts von ihrem Gewicht. Im Gegenteil: Er gibt ihnen erst das Gewicht, das ihnen an den Stellen ihres Vorkommens zukommt. Aus der Differenz zwischen Lauten und Markierungen, Wortarten, Satzarten, Äußerungsarten und Textsorten ergeben sich die Sinneinheiten und Funktionen der Rede. Nur innerhalb dieser dynamischen Struktur öffnet sich das weite Feld begrifflicher Unterscheidungen. *Ein* Begriff macht noch keine Unterscheidung; erst viele lassen ein durch Unterscheidungen bestimmendes Denken zu. Den Begriff »Baum« beherrscht nur, wer Bäume von Büschen und weiteren Gewächsen, Gewächse von anorganischen Objekten, Artefakten, Bildern von Bäumen zu unterscheiden weiß. Und so für alle Begriffe: Sie stehen nicht allein, auch wenn es niemals endgültig feststeht, von welchen und wie vielen anderen Begriffen sie abgegrenzt sein oder abgegrenzt werden müssen, um eine eindeutige – oder erkennbar mehrdeutige – Bedeutung zu haben oder zu erhalten. In derartigen Netzwerken mit offenen Enden muss sich einigermaßen auskennen, wer auch nur eine Überzeugung mit begrifflicher Bestimmtheit zu gewinnen vermag. Wer dies aber vermag, hat längst weit mehr als nur eine Überzeugung, da eine jede zu gedanklicher Bestimmtheit nur gelangen kann, wenn sie ausdrücklich und unausdrücklich in Verbindung und Abgrenzung zu anderen steht.

Diese wechselseitige Determination sprachlicher Elemente ist alles andere als ein formales Glasperlenspiel. Denn die verwendeten *Unterscheidungen* machen einen

Unterschied nur, wenn sie *Unterscheidbares* erschließen: Gegenstände, Gegenstandsbereiche sowie Perspektiven auf diese. Ihre Verwendung operiert stets inmitten einer Welt von einander einschließenden oder ausschließenden Möglichkeiten und Relevanzen des Denkens und Handelns. Sprachwissen, das Sichverstehen auf eine oder mehrere Sprachen, und Weltwissen, das – wie immer begrenzte – theoretische und praktische Sichauskennen in Bezirken historisch gewachsener Wirklichkeiten, kommen und gehören zusammen. Das ist die zeitlich und räumlich weit gespannte, von Bekanntem und Unbekanntem durchwirkte »Szene«, die sich mit sprachlichen und sprachgebundenen Praktiken auftut.

Auf die eine oder andere Weise holistisch aber argumentieren nicht allein Herder, Humboldt, Merleau-Ponty, Taylor, Derrida oder McDowell, sondern auch Autoren wie Davidson, Habermas oder Brandom. Sie alle vertreten einen sprachabhängigen Holismus des Geistigen, der die Orientierungsfähigkeit der menschlichen Tiere ausmacht. Bei Davidson ist es die Verschränkung propositionaler Überzeugungen und Einstellungen, die das Weltverhältnis menschlicher Lebensformen kennzeichnet. Einen Gedanken zu haben, bedeutet demnach, unübersehbar viele zu haben; eine propositionale Einstellung zu haben, bedeutet, weit mehr als nur eine zu haben. Die Bestimmtheit und Unterschiedenheit, der Zusammenhang und die Differenz dieser Standpunkte ist allein mit der Bestimmtheit und Unterschiedenheit sprachlicher Ausdrucksformen gegeben. Deren Sachhaltigkeit und Verständlichkeit bringt das Spektrum potenziell rationaler Verhaltensweisen hervor. Davidsons Holismus betont daher »das Ausmaß, in dem verschiedene Aspekte des Geistes voneinander abhängen. Es gibt […] keine Überzeugungen ohne viele weitere

Überzeugungen, die mit jenen zusammenhängen; es gibt keine Überzeugungen ohne Wünsche, keine Wünsche ohne Überzeugungen, keine Absichten ohne Überzeugungen *und* Wünsche. In begrifflicher Hinsicht gehören die Handlungen zum Gebiet des Mentalen, denn ein Verhalten gilt nur dann als Handlung, wenn es eine Beschreibung gibt, unter der dieses Verhalten ein absichtliches ist und daher als eines erklärt werden kann, das einen Grund hat.« (Davidson 2004c, 216 f.) Begrifflich zu denken und von Begriffen geleitet zu handeln bedeutet, innerhalb dieser Verhältnisse navigieren zu können. Ohne diese Vektoren wären beide, das leidlich rationale Denken wie das leidlich rationale Handeln, jedes Antriebs und jedes Zugriffs auf eine mit anderen geteilte Welt beraubt.

Das Ganze, das den Teilen des sprachlichen Lebens ihren Wert verleiht, darf jedoch nicht verdinglicht werden. Dieses Ganze ist kein Gegenstand, den man vor sich bringen könnte; seine Teile sind keine Puzzlestücke, die in ein überschaubares Gesamtbild passen. Auch eine theoretische Betrachtung der welthaltigen Vernetzung sprachlicher Strukturen vermag diese nur von innen heraus zu erläutern. Diesem Vorhaben ist auch die Philosophie Brandoms gewidmet. Unter beiläufigem Hinweis auf Herder (Brandom 2001, 18) entwickelt er einen semantischen Holismus, der bei den Folgerungsbeziehungen zwischen Sätzen innerhalb diskursiver Praktiken ansetzt. Einzelne Begriffe und Gedanken gewinnen demnach eine Bedeutung allein durch die Art ihrer Beziehung zu anderen. »Gemäß der inferentialistischen Auffassung vom begrifflichen Gehalt ist es nicht möglich, überhaupt *irgendwelche* Begriffe zu haben, wenn man nicht *viele* hat. Denn der Gehalt eines Begriffs wird durch seine Relationen zu *anderen* Begriffen gegliedert. Begriffe müssen also in Bündeln [packages] kommen (woraus aber noch nicht folgt, daß sie nur in einem großen Bündel daher kommen können).« (Brandom 2001, 28) Mit dieser letzten Bemerkung versucht Brandom, die Vorstellung abzuwehren, dass man die Reichweite der Verknüpfungen von Begriffen und Gedanken vollständig überblicken muss, um ihrer Bedeutung inne zu sein. Bei der Zurückweisung dieses Phantasmas ist die Metaphorik wohlsortierter »Bündel« von Begriffen jedoch wenig hilfreich. Sie suggeriert Demarkationen, die so gerade nicht gegeben sind. Das Wortfeld der Begriffe »Regen« und »Trockenheit« hat keine scharfen Grenzen. Zwar kann man solche Grenzen ziehen, muss dann aber auf weitere Begriffe zurückgreifen, die ihrerseits in Beziehung zu weiteren stehen. Hierbei kommt es auf die Perspektiven und Relevanzen an, in deren Zusammenhang von Regen oder Trockenheit die Rede ist. Da es der kommunikative Umgang ist, in dem Ausdrücke und Überzeugungen ihren Inhalt erhalten, erweist sich auch die Reichweite ihrer Bestimmtheit als eine letztlich praktische Frage. Es liegt niemals ein für alle Mal fest, inwieweit man die Überzeugungen anderer überblicken und gegebenenfalls teilen muss, um eine ihrer Äußerungen zu verstehen. Es kann und darf offen bleiben, bis zu welchem Punkt wir einander verstehen und folgen können – und damit zugleich, inwieweit wir uns selbst im einsamen und gemeinsamen Reden zu verstehen vermögen. Eindeutig abgrenzbare Regionen von Begriffen und Überzeugungen sind hierfür nicht nötig. Jede vermeintliche Grenze, jedes vermeintliche Ende ihrer Verknüpfung kann jederzeit überschritten werden. Die Folgerungen, durch die Begriffe und Überzeugungen miteinander verbunden sind oder verbunden sein können, kennen weder ein Ende noch eine Grenze. Brandoms Metapher verdeckt die Unbestimmtheit, in der sich die in Begriffen und Überzeugungen enthaltenen Implikationen vom Standpunkt der Sprechenden aus verlieren. Dass man keinen einzigen Begriff haben kann, ohne viele zu haben, kann nur heißen: um *einen* zu beherrschen, muss man sich auf *unbestimmt viele* verstehen. Die Beziehungen, die verstanden sein müssen, wenn etwas verstanden werden soll, reichen nicht bis ins Unendliche, sie verlieren sich im Unbestimmten. Sie reichen, mit Kants Unterscheidung bei der Auflösung der »Antinomie der reinen Vernunft« gesagt, nicht *in infinitum*, sondern lediglich *in indefinitum*. (Kant 1968, B 540–551; Seel 2002a)

Zu dieser Konsequenz gelangt an anderer Stelle auch Brandom. Seiner Auffassung nach, heißt es dort, »ist das Besondere und Bemerkenswerte der Sprache gerade die Weise, in der sie uns über unseren Kenntnisstand hinaus veranlaßt, Verpflichtungen einzugehen, ohne daß wir wirklich verstehen, wozu wir uns im einzelnen verpflichten. Das ist es, was es für uns heißt, die Welt zu erfassen: Über sie zu sprechen und etwas über sie auszusagen. Indem wir Worte so benutzen, wie wir sie benutzen, können wir Verpflichtungen eingehen, deren Konsequenzen wir nicht im Ganzen überschauen können.« (Brandom 1999, 1013) Alles, was wir sagen und denken, reicht weiter als das, was wir zu sagen und zu denken vermögen, obwohl diese Reichweiten nur ein weiterer Effekt der Kultur unseres Denkens und Sprechens sind.

Das Ganze der Sprache ist nur dadurch gegeben, dass wir uns im Denken und Sprechen in seinen Verweisungen bewegen. Diese Welthaltigkeit der Sprache und Sprachhaltigkeit der menschlichen Welt ist nur die Kehrseite der in der vorigen Geschichte geschilderten wechselseitigen Abhängigkeit von Sprache und Denken. Sie ist folglich auch eine Kehrseite des dort konstatierten Bündnisses über die Trennlinien der zerstrittenen Parteien der zweiten Geschichte hinweg.

Wie zuvor aber bleibt die entscheidende Differenz intakt. Die eine Partei versucht, das Zusammenspiel vielfältiger sprachlicher Ausdrucksformen von begrenzen Basisformen her zu verstehen, die andere hingegen setzt sich über diese methodischen und systematischen Grenzen hinweg. Diese Gabelung wiederholt sich innerhalb der hier beschriebenen Art eines semantischen Holismus. Bedeutungstheoretische Fundamentalisten wie Davidson und Brandom erläutern die Verweisungen der Sprache allein an dem für grundlegend gehaltenen Bezirk der Sprache. Sie bezahlen dies mit einem auf ihre »prosaischen« Ausdrucksformen beschränkten Bild der Sprache und der ihr innewohnenden Rationalität. Bedeutungstheoretische Egalitaristen wie Merleau-Ponty, Gadamer oder Taylor hingegen vertreten einen ungebremsten, ihre »poetischen« Ausdrucksformen mit einbeziehenden Holismus – und damit eine erheblich erweiterte Konzeption sowohl der Sprache als auch der in ihr angelegten Rationalität.

Dennoch hält Humboldts Bild vom »Gewebe« der Sprache für beide Parteien dramatische Konsequenzen bereit. Noch einmal der oben zitierte Satz: »Man kann die Sprache mit einem ungeheuren Gewebe vergleichen, in dem jeder Teil mit dem andren und alle mit dem Ganzen in mehr oder weniger deutlich erkennbarem Zusammenhang stehen.« Zu sagen, der Zusammenhang *aller* Teile der Sprache sei für ihre Verwenderinnen mit »mehr oder weniger« Deutlichkeit *erkennbar*, ist freilich eine gehörige Übertreibung. Im sprachlichen Vollzug bleiben viele der Bezüge, die ihn tragen und prägen, unerkannt und oft auch unbekannt. Sie sind implizit wirksam, ohne explizit gewusst zu werden. Sie können und brauchen nicht insgesamt bewusst gemacht zu werden. So verhalten sich Sprache und Sprechen zueinander. Sprechende überblicken weder ihr Vokabular noch den Haushalt ihrer Überzeugungen, geschweige denn die Vokabulare und das in ihnen gespeicherte Weltwissen der Sprachen, die sie beherrschen. Deshalb schwächt Humboldt seine Auslegung der Gewebemetapher umgehend ab: »Der Mensch berührt im Sprechen, von welchen Beziehungen man ausgehen mag, immer nur einen abgesonderten Teil dieses Gewebes, tut dies aber instinktartig immer dergestalt, als wären ihm zugleich alle, mit welchen jener einzelne notwendig in Uebereinstimmung stehen muß, im gleichen Augenblick gegenwärtig.« (VS 446) »Instinktartig«, heißt es nun, orientieren sich die Sprechenden im Netzwerk der Sprache, allerdings verbunden mit der Fiktion, *es könnten* alle für das Sprechen relevanten Beziehungen gegenwärtig gehalten werden. Der Konjunktiv, den Humboldt wählt, hält aber fest, dass es sich keineswegs so verhält. Wenn diese Allgegenwärtigkeit aber ohnehin nicht zu erreichen ist, hilft es nichts, sich vorzumachen, es wäre so; der Gedanke einer notwendigen Illusion erübrigt sich. Individuen, die eine Sprache beherrschen, müssen sich nicht einbilden, sie könnten die Sprache beherrschen. Die Gegenwart der Sprache lässt sich nicht einmal annähernd zur vollen Gegenwart bringen.

An dieser Stelle gewinnt das Epitheton »ungeheuer«, mit dem Humboldt sein Bild des Gewebes der Sprache versieht, einen doppelten, ins Unheimliche reichenden Sinn. Angesprochen ist damit nicht allein das sinngebende Koordinatensystem der Sprache, sondern zugleich die Prägungen, die von ihm ausgehen. Wie stehen die sprachfähigen Subjekte in und zu diesem sie übergreifenden Ganzen? Ist es ihr Werk oder sind sie sein Werk? Unterliegen sie ihm oder können sie über es verfügen? Das ist hier die Frage: Wer hat wen in der Hand: die Sprache die Sprechenden oder die Sprechenden die Sprache?

5. Macht und Gegenmacht

Holistische Sprachtheorien müssen hierauf eine Antwort finden. Sie sind dabei mit einer weiteren Polarität konfrontiert, die für die Verfassung menschlicher Sprachen ebenso grundlegend ist wie das in meiner zweiten Geschichte behandelte Verhältnis eines eher »prosaischen« zu einem eher »poetischen« Sprachgebrauch. Zu dieser *bedeutungstheoretischen* gesellt sich eine *vollzugstheoretische* Priorität oder Parität. Diese betrifft das Verhältnis, in dem der sprachliche Vollzug zu den Vorgaben gesprochener Sprachen steht. So wenig Sprachen ohne Sprechende und Sprechende ohne Sprache zu denken sind, ihr Zusammenhang kann unterschiedlich aufgefasst werden. Auch hier kann entweder ein Vorrang oder ein Gleichrang behauptet werden. Wenn ein Vorrang behauptet wird, kann entweder eine Dominanz der Sprache gegenüber dem Sprechen oder des Sprechens gegenüber der Sprache vertreten werden. Es kann aber auch bestritten werden, dass eine grundsätzliche Dominanz der einen über die andere Seite besteht. Erneut stehen zwei hierarchische Deutungen einer egalitären gegenüber. Jede dieser Positionen ist in der jüngeren Geschichte der Sprachphilosophie vertreten worden. Instrumentalistische Theorien älteren und neueren Datums sind auf die Annahme eines prinzipiellen Vorrangs der Intentionalität der Sprechenden gegenüber ihrer sprachlichen Ausformung festgelegt. Einige der hermeneutischen und poststrukturalistischen Theorien behaupten dagegen eine Dominanz der Sprache gegenüber den Sprechenden. Viele der hermeneutischen, phänomenologischen, pragmatistischen, analytischen und postanalytischen Theorien jedoch weisen die von den beiden anderen Parteien repräsentierte Alternative zurück. Sie argumentieren für eine wechselseitige Abhängigkeit der Sprache vom Sprechen und des Sprechens von der Sprache.

Da instrumentalistische Sprachauffassungen durch die in der dritten Geschichte erhobenen Einwände bereits ausgeschieden sind, bleiben wiederum zwei konkurrierende Parteien übrig. Die eine vertritt eine performative Dominanz der Sprache über das Sprechen, die andere bestreitet diese. Wie in den bedeutungstheoretischen, so verläuft die Konfliktlinie auch in den vollzugstheoretischen Kontroversen zwischen einer hierarchischen und einer egalitären Konzeption der Sprache. Der Konflikt aber ist nicht derselbe, wie sich allein daran zeigt, dass wir es mit anderen Gruppierungen zu tun haben als in der zweiten Geschichte. Herder, Humboldt, Merleau-Ponty, Adorno oder Taylor ergreifen zusammen mit Davidson, Habermas, McDowell oder Brandom Partei für einen egalitären Holismus – im Gegensatz zu Heidegger, Gadamer oder Foucault. Außerdem sind die egalitären Holisten anders als in der Debatte um eine hierarchisch oder egalitär konzipierte Semantik über jeden Verdacht erhaben, lediglich eine Minderheitsposition zu verfechten. *Sie* sind hier der *mainstream.*

Eine entschiedene Antwort auf die oben gestellten Fragen gibt Humboldt: Weder dominiert die Sprache das Sprechen noch das Sprechen die Sprache. Statt einseitiger Dominanz herrscht wechselseitige Dynamik. Sprache und Sprechen stehen in einem agonalen Verhältnis zueinander. Die Kräfte der einen Seite setzen die der anderen frei. Diesem Bedingungsverhältnis ist Humboldts Analyse gewidmet. Sie setzt bei der »Einschränkung« ein, der sprachfähige Individuen vonseiten der Sprache ausgesetzt sind. In gegebenen Sprachen sind viele der Formen sprachlicher Artikulation längst vorgeformt und viele Arten der Rede längst vorgebahnt.

Auf diesen Bahnen müssen sich die Sprecher dieser Sprachen bewegen, wenn sie für andere und für sich selbst verständlich sein wollen. Insofern kommt jeder Sprache, wie sie sich historisch herausgebildet hat, eine erhebliche Macht über ihre individuellen Sprecher zu – und es »wird klar, wie gering eigentlich die Kraft des Einzelnen gegen die Macht der Sprache ist.« Im direkten Anschluss aber folgt die Gegenrechnung. »Nur durch die ungemeine Bildsamkeit der letzteren, durch die Möglichkeit, ihre Formen, dem allgemeinen Verständnis unbeschadet, auf sehr verschiedene Weise aufzunehmen, und durch die Gewalt, welche alles lebendig Geistige über das todt Überlieferte ausübt, wird das Gleichgewicht wieder einigermaßen hergestellt.« (VS 438 f.) Durch ihren individuellen Sprachgebrauch haben Individuen und Kollektive einen transformativen Einfluss auf die Sprache, die sie sprechen. »In der Art, wie sich die Sprache in jedem Individuum modificirt, offenbart sich, ihrer im Vorigen dargestellten Macht gegenüber, eine Gewalt des Menschen über sie.« (VS 439) Gerade der »Widerstreit« (VS 438) zwischen diesen beiden Bewegungen macht für Humboldt den »Spielraum« (VS 440) der Sprache aus.

»Macht« steht hier für die Prägung sprachfähiger Subjekte durch die Struktur gegebener Sprachen: durch ihre lautlichen und grammatischen Formen, durch das von ihnen bereitgestellte Vokabular und die mit ihnen verbundenen »Weltansichten«. »Gewalt« steht hier für die Fähigkeit, in der Aktualisierung dieser Strukturen »dynamisch« (VS 439) auf sie einzuwirken. Die »Macht«, die die Sprache über uns hat, und die »Gewalt«, die wir ihr gegenüber haben, sagt Humboldt, gehören zusammen. Die »Gewalt«, von der hier die Rede ist, hat nichts Anrüchiges; wie die »Macht«, der sie Einhalt gebietet, ist sie eine Produktivkraft des sprachlichen Lebens. Wie bei dem Verhältnis von Prosa und Poesie haben wir es mit einer Form sprachlicher Gewaltenteilung zu tun. Allerdings verwendet Humboldt die beiden Begriffe nicht terminologisch; die »Macht« der Sprache firmiert an anderen Stellen als »Gewalt« und vice versa (z. B. VS 392). Stets aber ist es ein fragiles »Gleichgewicht« grundlegender Kräfte, auf das es Humboldt ankommt. Sprachstruktur und sprachliche Praxis, so stellt er es dar, stehen zueinander in einem Verhältnis von *Macht* und *Gegenmacht*. Er versieht diese Diagnose mit einem weitreichenden Hinweis. »In dem auf ihn [den Menschen] ausgeübten Einfluß liegt die Gesetzmäßigkeit der Sprache und ihrer Formen, in der aus ihm kommenden Rückwirkung ein Prinzip der Freiheit.« (VS 440) Humboldts Betrachtung zur Eigendynamik einerseits der Sprache (als eines Systems grammatischer und semantischer Regeln) und andererseits des Sprechens (als Aktualisierung und Modifikation der durch dieses System eröffneten Möglichkeiten der Rede) legt die Spur zu einer anspruchsvollen Theorie der Freiheit individuellen Denkens und Handelns.[7]

Das so beschriebene Machtverhältnis muss richtig verstanden werden. Macht der Sprache gegenüber den Sprechenden, Macht der Sprechenden gegenüber dem Ganzen der Sprache – diese einfache Gegenüberstellung führt in die Irre. Denn Macht *über* die Sprache hat niemand; niemand kann über sie verfügen. Keine Person, die einer Sprache mächtig ist, wie sprachmächtig sie auch sei, hat die Sprache in ihrer Hand. Nur *an der Hand* der Sprache hat sie einen begrenzten Einfluss auf diese – und hat ihn nur zusammen

7 Auch Schleiermacher spricht in seinem 1813 gehaltenen Vortrag *Über die verschiedenen Methoden des Übersetzens* von dem »zwiefachen Verhältnis zur Sprache«, in dem Redende stehen: »in der Gewalt der Sprache« zu sein und diese doch in ihrem »freidenkenden« Gebrauch zu »bilden«. (Schleiermacher 2022, 20 f.)

mit den anderen Angehörigen der Sprachgemeinschaft. Zwar sind Sprachen ein Produkt menschlicher Kulturen, aber die sind kein Produkt der Subjekte, die sich in ihr bewegen. Denn Subjektsein heißt, in der Sprache zu sein – sich durch Sprache zu sich selbst und der Welt verhalten zu können. Dieses Binnenverhältnis ist einmal mehr entscheidend. Innerhalb menschlicher Lebensformen ist die Sprache den Sprechenden ein im Ganzen undurchsichtiger Widerpart ihres Denkens und Handelns. Eben dadurch ist sie eine Bedingung der Möglichkeit individueller Freiheit. Hier wie überall können Personen ihre Unabhängigkeit nur in Abhängigkeit von unverfügbaren Prägungen gewinnen. So auch – und so erst recht – im sprachlichen Verkehr. Die Vorgaben historisch gewachsener Sprachen verleihen ihnen die Fähigkeit selbständigen und eigensinnigen Denkens und Handelns. Das Arsenal der sprachlichen Formen und des ihnen eingegebenen Wissens steht ihnen zum variierenden und transformativen Gebrauch bereit. Dadurch nimmt das Kollektiv ihrer Sprecher Einfluss auf die Sprache, unter deren Einfluss sie stehen.

Bestimmtsein durch Sprache und Bestimmendsein in ihrer Verwendung, so zeigt sich hierbei, sind zwei Seiten einer Medaille. (Seel 2002b). In ihrer wechselseitigen Abhängigkeit liegt die Pointe eines vollzugstheoretischen Egalitarismus. Die Bestimmtheit der menschlichen Rede – ihre Verständlichkeit und Bedeutsamkeit – ist unvermeidlich von Kontexten getragen, die unbestimmt oder unterbestimmt bleiben, weil sprachliche Vollzüge ihre Bestimmtheit erst vor einem derartigen Hintergrund gewinnen. Diese Unbestimmtheit ist jedoch kein Mangel, sondern ein Wahrzeichen der menschlichen Kommunikation. Das ebenso beunruhigende wie bei näherer Betrachtung beruhigende Faktum der Unverfügbarkeit der Sprache verleiht dem einsamen und gemeinsamen Sinnen und Trachten überhaupt erst seine Dringlichkeit und seinen Reiz. Zugespitzt sagt Humboldt deshalb: »Erst im Individuum erhält die Sprache ihre letzte Bestimmtheit. Keiner denkt bei dem Wort gerade und genau das, was der andre, und die noch so kleine Verschiedenheit zittert, wie ein Kreis im Wasser, durch die ganze Sprache fort. Alles Verstehen ist daher immer zugleich ein Nicht-Verstehen, alle Uebereinstimmung in Gedanken und Gefühlen zugleich ein Auseinandergehen.« (VS 439) Würden wir im Denken und Reden nicht auseinandergehen, könnten wir nicht zusammenkommen und hätten uns nichts zu sagen. Fremdheit ist eine Bedingung noch des vertrautesten Umgangs.

In einem Essay über Herder resümiert Taylor lakonisch: »In relation to language, we are both makers and made.« (Taylor 1995, 97) »Tatsächlich«, bemerkt Peirce, »erziehen sich also Menschen und Wörter wechselseitig.« (Peirce 2000, 135) Mit Bezug auf Hegel spricht Brandom von einer »Balance« zwischen der »Autorität« des Gehalts von Begriffen gegenüber ihren Verwendern und der »Verantwortung«, die diese im Gebrauch von Begriffen übernehmen. »One must bind *oneself*, but one must also *bind* oneself«, lautet der entsprechende Slogan (Brandom 2009, 82 u. 64). Urteilsfähigkeit verlangt eine doppelte Bindung: Man legt *sich* auf etwas fest, und man legt sich auf *etwas* fest. Beides, die Festlegung auf eine Überzeugung und die Bindung an die Konsequenzen, die sich aus ihr ergeben, gehört zusammen. In dieser strukturellen Eigenschaft des Gebrauchs von Begriffen sieht auch Brandom die Fähigkeit zu personaler Autonomie verankert. Während aber Brandom diese Wechselwirkung an einem eingeschränkten Modell diskursiver Praktiken verfolgt, geht ihr Habermas mit Blick auf das gesamte Volumen der Sprache nach. In direktem

Anschluss an Humboldt treten dessen gegenläufige Mächte im Gewand einerseits der »Welterschließung« und andererseits der »Geltungsorientierung« auf. (Habermas 1999a, 68 ff.) Obwohl Habermas sich in seiner *Theorie des kommunikativen Handelns* wie die anderen theoretischen Prosaisten auf einen »Originalmodus« der Rede stützt (TkH I, 371, 388, 394; Habermas 1999a, 135), sieht er andererseits eine grundlegende Polarität sprachlicher Mächte vor, die in einem »komplementären Verhältnis« zueinander stehen. (Habermas 1999b, 134). Dieser Strang seiner Theorie kommt dem von Herder und Humboldt entworfenen Bild der Umgangssprache als einem Mittleren zwischen den beiden Extremen der literarischen und wissenschaftlichen Rede erstaunlich nahe. Mit ihm relativiert Habermas – trotz gegenteiliger Bekenntnisse – seine Zugehörigkeit zur Partei der bedeutungstheoretischen Fundamentalisten zugunsten einer Annäherung an das revisionistische *camp*.

»Welterschließung« steht bei Habermas für das »determinierende« Geschehen der Sprache, für den »Hintergrund impliziten Wissens«, der sich in ihren Verwendungen formiert und sie stillschweigend – wie ein im Rücken sprachlicher Bewegungen sich ausdehnender »Kontinent« – konturiert. (TkH I, 449 u. 452) »Geltungsorientierung« steht für die Fähigkeit zur expliziten, auf Gründe gestützten Stellungnahme zu Lebenslagen jedweder Art. Die sprachliche Welterschließung bietet ein Reservoir solcher Gründe an, auf das von Fall zu Fall zurückgegriffen werden kann, jedoch unter dem grundsätzlichen Vorbehalt ihrer Gültigkeit steht. Das in jeweiligen Sprachen ausgebildete Koordinatensystem des Denkens und Handelns perspektiviert das geltungsorientierte Verhalten und sieht sich zugleich durch dieses auf die Probe gestellt. Mit der Geltungsorientierung steht daher – direkt oder indirekt –

zugleich die Angemessenheit des in Sprache historisch und kulturell sedimentierten Weltwissens auf der Probe. Das System der Sprache determiniert weder die Wahrheit noch die Rechtfertigung der Überzeugungen ihrer Verwenderinnen, es gibt ihnen vielmehr Spielräume ihrer reflexiven Befragung frei. »Die welterschließende Funktion der Sprache, die uns alles, was uns in der Welt begegnet, nicht nur nach bestimmten Relevanzen und Hinsichten, sondern auch als Elemente eines Ganzen, als Teile einer kategorial gegliederten Totalität sehen läßt, ist zwar auf Rationalität *bezogen,* aber selbst in gewisser Weise a-rational. Das heißt nicht, daß sie irrational ist.« (Habermas 1999b, 133) Nicht irrational ist die sprachliche Welterschließung, weil sie den Boden dafür bereitet, zwischen rationalen und irrationalen Festlegungen und Verhältnissen überhaupt unterscheiden zu können – ein Bodensatz, wie er sich nur zusammen mit den Einlassungen sprachfähiger Subjekte bildet und umbildet. Das eine ist die Bedingung für das andere. »Selbst eine sprachschöpferische Erneuerung unserer Ansicht von der Welt im ganzen, die uns alte Probleme in einem neuen Licht erscheinen läßt, fällt nicht vom Himmel, ist kein ›Seinsgeschick‹. Denn das welterschließende Sprachwissen muß sich kontinuierlich bewähren.« (Habermas 1999b, 133)

Unter dem Stichwort »Seinsgeschick« wendet sich Habermas gegen das von Heidegger errichtete Gefälle zwischen einem erhabenen Geschehen einer welterschließenden »Wahrheit« und den Niederungen einer bloßen »Richtigkeit« von Aussagen in den Bezirken des alltäglichen Handelns und der Wissenschaften. Im Stil einer Kontrafaktur rückt Habermas dieses hierarchische Verhältnis beider Dimensionen der Sprache zugunsten einer egalitären Auffassung ihrer Interdependenz zurecht. (Seel 2002c) Heideggers These eines Primats der Sprache gegenüber dem Sprechen wird in eine gleichrangige Polarität von sprachlichem Prozess und sprachlicher Praxis überführt. »Das Sein als Geschick, das Wahrheit schickt« und mit ihm die Sprache als »das Haus des Seins«, das dem Denken die wesentlichen Blickrichtungen unbefragbar vorgibt – diese Chiffren in Heideggers *Brief über den »Humanismus«* (BH 336 u. 311) werden ersetzt durch ein Bild der Sprache als Schauplatz einer korrektiven Interaktion zwischen den Vorgaben der Sprache und den Einlassungen der Sprechenden.

Heideggers frühe Reflexionen über die Sprache lassen sich zwar nicht als eine liberale, aber doch als eine moderate Version des Zusammenhangs von sprachlichem Geschehen und sprachgebundenem Handeln lesen. In *Sein und Zeit* haben sprachliche Bedeutungen ihren Ort in einem Netzwerk von Praktiken, innerhalb derer sie ihre Bestimmtheit und Verständlichkeit allererst gewinnen. (SZ § 31–34) Insoweit unterscheidet sich Heideggers Holismus nicht grundlegend von Herders und Humboldts Metaphern der Sprache als eines unverfügbaren Gewebes von Bezügen, von dem alles Sprechen abhängig bleibt. Mit dieser Auslegung begnügt sich Taylor, was es ihm erlaubt, Heidegger in das nach Hamann, Herder und Humboldt benannte Kollektiv der Heroen einer »HHH conception of what is going on in language« aufzunehmen. (Taylor 1985, 255 f.; ST 8) Aus dieser Ahnenreihe aber hat sich Heidegger mit seinem *Brief über den Humanismus* von 1949 sowie mit der Textsammlung *Unterwegs zur Sprache* von 1959 verabschiedet. Humboldt – und der gesamten Sprachphilosophie – wirft er vor, die Sprache zu sehr vom Sprechen her gedacht und sie als ein Machwerk des Menschen missdeutet zu haben. (UzS 14–16; 243–250) Gestützt auf dieses Verdikt tauscht Heidegger den egalitären Holismus Humboldts und seiner Bundesgenossen gegen einen hierarchischen Holismus aus.

Der historisch vorgegebene Möglichkeitsraum des Tuns und Lassens, in dem die Menschen immer schon eingelassen sind – dieses »Sein« wird jetzt in einseitiger Dominanz von den anonymen Prozessen eines »Sprechens« der Sprache her verstanden, der sich das Sprechen zu übereignen habe. »Die Sprache ist als die Welt-bewegende Sage das Verhältnis aller Verhältnisse.« (UzS 215) Das »Haus des Seins« entpuppt sich als ein Gehäuse der Hörigkeit. »Das Denken [...] ist das Denken des Seins. Der Genitiv sagt ein Zwiefaches. Das Denken ist des Seins, insofern das Denken, vom Sein ereignet, dem Sein gehört. Das Denken ist zugleich Denken des Seins, insofern das Denken auf das Sein hört.« (BH 314) Dem »Ereignis« (UzS 259 ff.) der Sprache haben ihre Angehörigen nichts entgegenzusetzen, denn sie »sprechen ihr ständig nur nach« (UzS 179). Das »Befreiende« der Sprache, von dem an einer Stelle auch bei Heidegger die Rede ist (UzS 262), liegt allein darin, sich ihrer Bewegung zu überlassen. »Das Sprachwesen vermögen wir nicht zu umblicken, weil wir, die wir nur sagen können, indem wir die Sage nachsagen, selbst in die Sage gehören.« (UzS 265)

So sehr es zutrifft, dass Sprechende die Verweisungen ihrer Sprache niemals auch nur annähernd überblicken können und so treffend es ist, die Sprache »als Geflecht von Beziehungen« zu verstehen, »darein wir selber schon einbezogen sind« (UzS 242), denn das sind Grundeinsichten eines jeden sprachphilosophischen Holismus: dass »[d]er Mensch spricht, insofern er der Sprache entspricht« (UzS 33), ist nur die halbe Wahrheit. Dass Personen den grammatischen, semantischen und pragmatischen Ordnungen der Sprache zu »entsprechen« vermögen, sich auf sie verstehen, sich in ihnen verständlich machen und verständigen können, befähigt sie zugleich, je auf ihre Weise zu denken und zu sprechen. Ihr Denken und Sprechen geht nicht in einem »alles Vernehmen und Vorstellen schon einbehaltende[n] *Sichsagenlassen*« (UzS 255) auf. Denn zum Sichsagen*lassen* gehört das *Sich*sagenlassen: die Fähigkeit, sich einen eigenen Reim auf die Vorgaben der Sprache und der Sprechenden zu machen. Die eine Kompetenz bedingt die andere. Die Macht der Sprache über die Sprechenden ist die Bedingung der Macht der Sprechenden in *ihrem* Gebrauch der Sprache, die ihrerseits die Bedingung des nicht stillzustellenden Prozesses einer *Sprache* ist.

In einer weniger exaltierten Form ist Gadamer der von Heidegger gelegten Spur gefolgt. In *Wahrheit und Methode* von 1960 lässt er das »Sein« weitgehend sein und versteht Sprache stattdessen als Leitmedium der Prozesse historischer Welterschließung, deren Horizonten – mitsamt ihren Verschiebungen und Verschmelzungen – alles Verstehen unterliegt. Über weite Strecken bleibt es bei einem eindeutigen Vorrang des Geprägtseins durch die in der Sprache sedimentierten »Vorurteile« gegenüber der Fähigkeit zum eigenen Urteil. An einigen Stellen übersetzt Gadamer Heideggers Vokabular der Hörigkeit in nicht minder drastische Bilder. »Der Focus auf Subjektivität ist ein Zerrspiegel. Die Selbstbesinnung des Individuums ist nur ein Flackern im geschlossenen Stromkreis des geschichtlichen Lebens.« (WM 261) Das ehemals der erkennenden und handelnden Spontaneität fähige Subjekt findet sich in einer weitgehend passiven Rolle wieder. »Das Verstehen ist selber nicht so sehr als eine Handlung der Subjektivität zu denken, sondern als Einrücken in ein Überlieferungsgeschehen, in dem sich Vergangenheit und Gegenwart beständig vermitteln.« (WM 274f.) Das in der Sprachkenntnis eingelagerte und in ihrem Rücken sich umwälzende Weltwissen gibt den Sprechenden die Bahnen ihres Denkens und Handelns vor. »Wer versteht, ist immer schon einbezogen in ein Geschehen, durch das sich Sinnvolles geltend macht. [...] Wir sind als Verstehende in ein Wahrheitsgeschehen einbezogen und kommen gleichsam zu spät, wenn wir wissen wollen, was wir glauben sollen«, heißt es im vorletzten Absatz der Erstausgabe des Buchs. (WM 465) Das Geschehen der Sprache bildet eine Vormacht, unter der die Widerstandskraft der Sprechenden nahezu ohnmächtig erscheint. Auf dieser Linie steht Gadamers vollzugstheoretischer Holismus seiner hierarchischen Fassung bei Heidegger kaum etwas nach. Der letzte Absatz allerdings schiebt die nicht unerhebliche Einschränkung nach, dass »der Wille zur Erkenntnis darauf gerichtet sein muß, dem Bann unserer Vorurteile zu entgehen«. (WM 465) Der »Wahrheit des Spiels«, von der auf derselben Seite die Rede ist, kommt eben doch nicht das alleinige Recht im Spiel um die Wahrheit zu.

In dem Nachwort, das Gadamer der dritten Auflage von *Wahrheit und Methode* von 1972 beigegeben hat, findet sich daher nicht zufällig – wenn auch auf lediglich zwei Seiten (WM 525f.) – ein bedeutungstheoretischer Exkurs, der in seiner Konsequenz die hierarchische Anlage der vollzugstheoretischen Prämissen Gadamers sprengt. »[I]m Bereiche der Philosophie und überhaupt überall dort, wo Prämissen des vorwissenschaftlichen Sprachwissens in die Erkenntnis eingehen«, führt der Verfasser hier aus, kann und darf sich eine wissenschaftliche Betrachtung nicht auf ein eindimensionales Verfahren der Darlegung beschränken. »Dort hat Sprache noch eine andere Funktion als die der möglichst eindeutigen Bezeichnung von Gegebenem – sie ist ›selbstgebend‹ und bringt solche Selbstgabe in die Kommunikation ein.« Die *Darstellung* der jeweils verhandelten Fragen verlangt eine mitlaufende *Darbietung* der Perspektiven, aus denen heraus sie behandelt werden. Deshalb fährt Gadamer fort: »In den hermeneutischen Wissenschaften wird durch die sprachliche Formulierung nicht einfach auf einen Sachverhalt gewiesen, den man auf andere Weise durch die Nachprüfung zur Erkenntnis bringen kann, sondern stets auch ein Sachverhalt im Wie seiner Bedeutsamkeit sichtbar gemacht. Das macht die besondere Forderung an sprachlichen Ausdruck und Begriffsbildung aus, daß hier der Verständigungszusammenhang mitbezeichnet werden muß, in dem der Sachverhalt etwas bedeutet.« Diese sprachliche Koppelung von kontextueller Relevanz und gegenständlichem Bezug werde jedoch traditionellerweise als eine »bloße Frage des Stils« angesehen und wahlweise in die Zuständigkeit der Rhetorik oder Ästhetik verwiesen, »wo es auf Überredung mit Hilfe der Affekte« oder eine »metaphorische« Ausschmückung ankomme. Diese Marginalisierung der rhetorischen Sprachverwendung jedoch verkenne die genuine Ausdrucksfunktion, die der Dramaturgie der Rede außerhalb wie innerhalb der Wissenschaften zukommt. »Man möchte nicht zugeben, daß darin ein Erkenntnismoment gelegen ist. Mir scheint aber gerade der Gegensatz von ›logisch‹ und ›ästhetisch‹ dort zweifelhaft, wo es sich um wirkliches Sprechen handelt.« Gegen eine auf diesem Gegensatz errichtete fundamentalistische Bedeutungstheorie erhebt Gadamer Einspruch. »Es scheint mir nicht minder eine logische Aufgabe, die Interferenz zwischen allen sondersprachlichen Elementen, Kunstausdrücken usw. und der gewöhnlichen Sprache wahrzuhaben. Das ist die hermeneutische Aufgabe, sozusagen der andere Pol für die Bestimmung der Angemessenheit von Worten.« Der »andere Pol« der Sprache, dessen theoretische Anerkennung Gadamer einklagt, ist derjenige, der einen »Sachverhalt im Wie seiner Bedeutsamkeit sichtbar« zu machen vermag. Die *Sache,* die jeweils dargestellt und verhandelt wird, steht notwendigerweise in Kontexten einer *Sicht* auf die Sache, aus der heraus diese ihre Charakterisierung erfährt. Dieser Zugang zum jeweils Angesprochenen bildet nicht lediglich einen stummen Hintergrund des Gesagten. Aspekte desselben kommen vielmehr in der Choreographie von Sätzen und ihrer Verwendung selbst zur Sprache. Darin liegt eine vergegenwärtigende Funktion der Rede, die mit ihrer Darstellungsfunktion »interferiert«. Diesseits »sondersprachlicher« Extreme sind sprachliche Vollzüge - wenn auch mit unterschiedlicher Mischung und Gewichtung - doppelt, zugleich sichtbestimmend und sachbestimmend artikuliert. Insofern besteht ein funktionaler und begrifflicher *Gleichrang* zwischen »logischem« und »rhetorischem« Sprachgebrauch.

Damit erweist sich Gadamer als Angehöriger der vielstimmigen, in der zweiten Geschichte vorgestellten Partei derer, die sich gegenüber der Alternative zwischen einem Primat entweder der »Prosa« oder der »Poesie« verweigern. Wie das Beispiel von Brandom und Habermas zeigt, können Sprachphilosophien in bedeutungstheoretischer Hinsicht fundamentalistisch und in vollzugstheoretischer Hinsicht egalitaristisch angelegt sein. Bei Gadamer verhält es sich umgekehrt: Er vertritt einen bedeutungstheoretischen Egalitarismus und hält doch offiziell an einem hierarchischen Bild des »Ineinanderspiel[s] von Geschehen und Verstehen« (WM 520) fest. Gadamers Apologie der Rhetorik allerdings legt eine Abkehr von eben diesem hierarchischen Denken nahe. Besteht doch die grundlegende Funktion des rhetorischen Sprachgebrauchs seiner eigenen Analyse zufolge darin, im Zug der Rede die Perspektive auf die jeweils thematischen Sachen nicht allein zu artikulieren, sondern gegebenenfalls zu transformieren. In unterschiedlichen Arten und Graden formen seine Verfahren den Sinnhorizont des jeweiligen Sprechens aus und formen ihn um. Sie leisten aktive Arbeit an dem »Geflecht von Beziehungen, darein wir selber schon einbezogen sind« – eine Arbeit, bei der die Angemessenheit der Rede in doppelter Hinsicht zur Disposition stehen kann: sowohl was die Perspektive auf die fragliche Sache als auch, was die Urteile in dieser Sache betrifft. Allein zusammen mit ihren rhetorischen Ausdrucksformen bringt sich der »Reichtum des hermeneutischen Universums [...] in seiner ganzen Spielweite ins Spiel«. (WM 530) Die sprachlichen Spiele spielen sich in einem Widerstreit zwischen den Vorgaben des Spiels und den Eingaben der Spielenden ab. Darin erweist sich ein vollzugstheoretischer Egalitarismus als Implikation seines bedeutungstheoretischen Gegenstücks. In einem Essay von 1970 über die Frage *»Inwieweit schreibt die Sprache das Denken vor?«* – eine Frage, die schon die Denker des 18. Jahrhunderts umgetrieben hat – kommt Gadamer zu demselben Schluss: Sprache eröffnet, »die Freiheit des Sich-Sagens und Sich-Sagenlassens« gleichermaßen. »Nicht ihre ausgearbeitete Konventionalität, nicht die Last der Vorschematisierungen, mit denen wir überschüttet werden, ist Sprache, sondern die generative und kreative Kraft, solches Ganze immer wieder zu verflüssigen.« (Gadamer 1993a, 206)

Oberflächlich gelesen kann die Analyse diskursiver Macht bei Foucault als ein Wiedergänger des hierarchischen Vollzugsholismus bei Heidegger und teilweise Gadamer erscheinen. Im Verlauf der verschiedenen Phasen seines Werks jedoch stellt er Heideggers autoritärem und Gadamers konservativem Sprachdenken eine zunehmend antiautoritäre Version entgegen. Die Dispositive des Diskurses und ihrer institutionellen Verfestigungen, argumentiert Foucault in seinen frühen und mittleren Schriften, erzeugen Bindungen, denen die gesellschaftlichen Akteure unausweichlich unterliegen. »Die fundamentalen Codes einer Kultur«, heißt es in *Die Ordnung der Dinge* von 1966, »die ihre Sprache, ihre Wahrnehmungsschemata, ihren Austausch, ihre Techniken, ihre Werte, die Hierarchie ihrer Praktiken beherrschen, fixieren gleich zu Anfang für jeden Menschen die empirischen Ordnungen, mit denen er zu tun haben und in denen er sich wiederfinden wird.« (Foucault 1974b, 22) Das Subjekt und sein Wissen werden als Produkte historischer Formationen der Sprache vorgestellt. Die *Archäologie des Wissens* von 1969 ergänzt: »In der Analyse, die hier vorgeschlagen wird, haben die Funktionsregeln ihren Platz nicht in der ›Mentalität‹ oder dem Bewußtsein der Individuen, sondern im Diskurs selbst; sie auferlegen sich gemäß einer Art uniformer Anonymität allen Individuen, die in diesem diskursiven Feld sprechen.« (Foucault 1981, 92) Ein Satz, so führt die Inauguralvorlesung am Collège de France von 1970 über *Die Ordnung des Diskurses* aus, muss »im Wahren« sein, bevor er sich als wahr oder falsch erweisen kann. (Foucault 1974a, 24) Diskursive Formationen bilden demnach »große Gebäude, welche die Verteilung der sprechenden Subjekte auf die verschiedenen Diskurstypen [...] sicherstellen. Es handelt sich hier [...] um die großen Prozeduren der Unterwerfung des Diskurses.« (31) Das auratische »Haus des Seins« ist hier zu einer nüchternen Vollzugsanstalt geworden: »Im Wahren ist man nur, wenn man den Regeln einer diskursiven ›Polizei‹ gehorcht, die man in jedem seiner Diskurse reaktivieren muß.« (Foucault 1974a, 31 u. 25)

Seit *Der Wille zum Wissen* von 1976 allerdings fällt Foucaults Analyse der Regime sprachlicher Ordnungen differenzierter aus. Deutlicher als zuvor werden die Machtverhältnisse einer Gesellschaft und der in ihr vorherrschenden Diskurse als Verhältnisse eines Widerspiels von Macht und

Gegenmacht verstanden. »Macht« fungiert dabei als eine neutrale, diesseits von Gut und Böse angelegte Kategorie zur Bezeichnung sozialer und politischer Bindungen jedweder Art. »Macht ist der Name, den man einer komplexen strategischen Situation in einer Gesellschaft gibt.« Sie entfaltet sich als »ein Spiel ungleicher und beweglicher Beziehungen«. Das bedeutet: »Wo es Macht gibt, gibt es Widerstand.« (Foucault 1977, 114–116) Der Begriff des Spiels steht hier für die Ambivalenzen diskursiver Praktiken. Demnach sind Diskurse nicht entweder »der Macht unterworfen oder gegen sie gerichtet. Es handelt sich um ein komplexes und wechselhaftes Spiel, in dem der Diskurs gleichzeitig Machtinstrument und -effekt sein kann, aber auch Hindernis, Gegenlager, Widerstandspunkt und Ausgangspunkt für eine entgegengesetzte Strategie. Der Diskurs befördert und produziert Macht; er verstärkt sie, aber er unterminiert sie auch, er setzt sie aufs Spiel, macht sie zerbrechlich und aufhaltsam.« (Foucault 1977, 122) Diskursive Praktiken werden als ein agonales Geschehen präsentiert, in dem das Aufrechterhalten herrschender Ordnungen des Denkens und Handelns mit dem Aufbrechen derselben im Streit liegt. Widerständige Praktiken, heißt es in dem Vortrag *Was ist Kritik?* von 1978, üben sich in einer »Kunst, nicht dermaßen regiert zu werden«. (Foucault 1992, 12) Dies ist die Maxime einer wesentlich auf sprachlicher Intervention beruhenden Gegenmacht. Ihr Widerstand richtet sich gegen Instanzen einer Macht, die sie beim Wort nimmt, um ihnen das Wort zu bestreiten. »›Nicht regiert werden wollen‹ heißt schließlich auch: nicht als wahr annehmen, was eine Autorität als wahr ansagt, oder jedenfalls nicht etwas als wahr annehmen, weil eine Autorität es als wahr vorschreibt. Es heißt: etwas nur annehmen, wenn man die Gründe es anzunehmen selber für gut befindet.« Diese Kritik kennzeichnet

Foucault als eine »Bewegung, in welcher sich das Subjekt das Recht herausnimmt, die Wahrheit auf ihre Machteffekte hin zu befragen und die Macht auf ihre Wahrheitsdiskurse hin«. Die Funktion dieser Kritik beschreibt er mit negatorischen Kunstworten: »Dann ist die Kritik die Kunst der freiwilligen Unknechtschaft, der reflektierten Unfügsamkeit. In dem Spiel, das man die Politik der Wahrheit nennen könnte, hätte die Kritik die Funktion der Entunterwerfung.« (Foucault 1992, 14 f.)

Partielle »Entunterwerfung« aber setzt Unterwerfung voraus. Insofern bleibt Foucault trotz seiner subversiven Gesten einer hierarchischen Konzeption des Verhältnisses von Sprache und Sprechen verpflichtet. Die Macht der Kritik wird als Kampf gegen eine Vormacht konzipiert, der gegenüber es sich zu behaupten gilt. Eine zusätzliche Pointe aber hält Foucault bereit. In seiner Auseinandersetzung mit der Tradition der Aufklärung aus dem Jahr 1984 wird die Analytik diskursiver und diskursgestützter Machtverhältnisse mit einer Ethik des Widerstands verbunden. Die Mobilisierung von Gegenmacht gegen herrschende Mächte wird vorgestellt »als eine historisch-praktische Erprobung der Grenzen, die wir überschreiten können, und damit als Arbeit von uns selbst an uns selbst, insofern wir freie Wesen sind«. (Foucault 2005a, 703 f.) Dieses Pathos versteht Foucault als Ausdruck »eines philosophischen *ethos*, das man als permanente Kritik unseres geschichtlichen Seins charakterisieren könnte«. (Foucault 2005a, 703 f. u. 699) Anders als bei Heidegger ist dieses »Sein« kein Geschick. Es ist umkämpft – und soll umkämpft bleiben. Mit seinem Insistieren auf einem – ethisch und politisch – kritischen Hören auf die Sprache geht Foucault endgültig auf Distanz zu seinem Heidegger'schen Erbe. Er kommt damit Humboldts Gedanken eines grundsätzlichen, wenn auch prekären »Gleichgewichts« zwischen der »Macht« der Sprache und der »Gewalt« der Sprechenden immerhin nahe. Dieses Gleichgewicht muss ja keineswegs, wie Foucault es wohl aufgefasst hätte, als eine prästabilierte Balance verstanden werden. Es kennzeichnet vielmehr die beständige Transformation des *ergon* der Sprache durch das Gegengewicht der *energeia* ihres Gebrauchs. (VS 418) Hier rächt sich Foucaults weitgehendes Desinteresse an einer bedeutungstheoretischen Analyse der Sprache. Mit Ausnahme einiger später Bemerkungen zur »Dramaturgie« des »Wahrsprechens«, die man im Sinn von Gadamers Apologie der Rhetorik verstehen könnte (Foucault 1988, 36–39), werden diskursive Praktiken als gegeben hingenommen, ohne in ihren konstitutiven Polaritäten untersucht zu werden. Außerdem schweigt sich seine Ethik des Widerstands gegenüber den normativen Hinsichten aus, in deren Namen herrschende Ordnungen zu transformieren oder zu überschreiten sind.

Trotz dieser Leerstellen kommt in Foucaults ethischer Wende eine normative Dimension des philosophischen Nachdenkens über die Sprache zu Gehör, die in den herbeigerufenen Stimmen der bisherigen Vorgeschichten stets mitgeschwungen ist. Die Geschichte der Sprachphilosophie ist seit jeher auch eine Geschichte der Sprachkritik. Diese Kritik operiert nicht oder nur am Rand im Sinn einer gestern wie heute virulenten *praktischen* Kritik an jeweiligen Gepflogenheiten des Sprachgebrauchs. Bei einem derartigen Einspruch gegen widersinnige, nachlässige, ausgehöhlte, täuschende, manipulierende bis hin zu missachtenden, demütigenden und verletzenden Formen der Rede geht es ebenfalls um Macht und Gegenmacht innerhalb der Sprache: um eine Kritik an kulturellen, sozialen und politischen Zuständen, wie sie sich in sprachlichen Gebrauchsweisen manifestieren, von ihnen getragen oder durch sie befördert werden. In ihr werden willkommene und unwillkommene, erforderliche und verwerfliche Prägungen durch sprachliche Verkehrsformen in unterschiedlichen Bereichen des gesellschaftlichen Lebens verhandelt. Dies geschieht im Namen einer Sprachgerechtigkeit, die konkrete Verhaltensweisen oder den Zeitgeist einer Epoche betrifft.

Das Hauptanliegen einer philosophischen Sprachkritik ist jedoch vorwiegend *theoretischer* Natur. Sie ist den generellen Funktionen der Sprache gewidmet. Philosophisch verfährt diese Sprachkritik, wo sie sich – mit normativer Akzentuierung – die Frage nach dem Potenzial der Sprache stellt. Diese Art der Sprachkritik hat ihre Basis in einer Analytik der Sprache, wie wir sie in den bisherigen Vorgeschichten besichtigt haben. Die Kontroversen und Koalitionen zwischen unterschiedlich angelegten Theorien, die ich habe Revue passieren lassen, betrafen strukturelle Eigenschaften der Sprache und ihren Gebrauch innerhalb menschlicher Kulturen. Auf den Spuren Herders, Humboldts und ihrer »demokratischen« Gefolgsleute haben meine Erzählungen seit der zweiten Geschichte diejenigen Theorien ausgezeichnet, die von Anfang an mit einem offenen Begriff sprachlicher Bedeutung operieren und diesen in den holistischen Verweisungen historischer Sprachen lokalisieren. Ein performativer, auf das Verhältnis von Sprache und Sprechen nicht nach einer Seite hin verzerrender Egalitarismus hat sich dabei als eine direkte Konsequenz seines bedeutungstheoretischen Gegenstücks erwiesen. Nur ein reicher, »Prosa«, »Poesie« und alles dazwischen umfassender Begriff der sprachlichen Bedeutung vermag das ganze Arsenal der sprachlichen Möglichkeiten in den Blick zu nehmen, das die Sprechenden befähigt, innerhalb des überlieferten Sprachwissens die in diesen Möglichkeiten angelegte Freiheit zum eigenen Denken und

Handeln zu gewinnen. Nur ein konsequenter Egalitarismus beschreibt den vollen Spielraum der Sprache; nur er wird ihm theoretisch gerecht; nur er legt das Potenzial der Sprache offen. Er verdient es, auch in normativer Hinsicht gegen eingeschränktere Auslegungen verteidigt zu werden.

6. Sinn und Zweck

In einer Hinsicht sind sich die bislang beleuchteten Traditionen und Fraktionen der Sprachphilosophie einig: Sprache ist konstitutiv für die menschliche Art der Gemeinschaftsbildung. Instrumentalistische, intentionalistische und atomistische Theorien sprachlicher Bedeutung sehen das nicht anders als ihre Widersacher. Keine menschliche Lebensform kommt ohne charakteristische Formen und Funktionen der Sprache aus. Diese werden unterschiedlich bestimmt und daher unterschiedlich kommentiert, wo es in kritischer Absicht um die Risiken und Nebenwirkungen sprachlicher Praktiken geht. Verwendungen und Entwicklungen der Sprache werden danach beurteilt und bewertet, wie sehr oder wie wenig sie ihrem zivilisatorischen Potenzial in kognitiver und praktischer Hinsicht entsprechen. Im Schutz dieses Potenzials vor drohenden Perversionen liegt der Impetus einer philosophischen Ethik der Sprache. Dieser Parcours steht jetzt noch aus.

Platons Theorie des kommunikativen Handelns im zweiten Teil des *Phaidros* stellt der als »rhetorisch« gebrandmarkten Kunst der Überredung eine »dialektische« Kunst der Vermittlung wahrhaften Wissens gegenüber, deren primäres Medium die mündliche Unterredung ist. Im Unterschied zur schriftlichen Kommunikation, so stellt es Sokrates im Gespräch mit Phaidros dar, kann in Rede und Gegenrede von Angesicht zu Angesicht ein echtes, wechselseitig korrigierbares Verständnis der behandelten Dinge erlangt werden. Hier setzt Platons Schriftkritik an: Texte sind vor Missbrauch und Missverstand niemals gefeit. Sie können daher günstigenfalls als Hilfsmittel sachgerechter Einsicht dienen. Der Mangel alles bloß Geschriebenen besteht darin, dass seine Verfasser ihm nicht mit ihren eigenen Worten beizustehen vermögen. »Wenn einer von ihnen, als er seine Texte verfaßte, die Wahrheit kannte, auch die Fähigkeit hatte, seinem Werk zu helfen, indem er über das, was er geschrieben hat, Rechenschaft ablegt, und imstande war, mit eigenen Worten zu zeigen, daß das Geschriebene nicht viel wert ist, dann soll ein solcher Mann seine Bezeichnung nicht etwa nach jenen Werken erhalten, sondern nach den Erörterungen, bei denen es ihm ernst gewesen ist.« (Platon 1997, 278c-d) Nicht – oder weit weniger – ernst zu nehmen sind Schreibende, die sich einbilden, ihr Bestes in Texten niederlegen zu können. »Andererseits wirst du den, der Kostbareres [*timiótera*] nicht hat als das, was er zusammengesetzt oder geschrieben hat, indem er es im Laufe der Zeit hin und her wendet, aneinander leimt und trennt, wohl zurecht Dichter, Schriftsteller oder Gesetzesschreiber nennen.« (278d-e) Dieses Verdikt trifft neben einer allzu schriftgläubigen Philosophie vor allem die Sprache der Literatur, von deren Verfahren, wenn Platon recht hätte, keine zuverlässige, den Schein ihrer Oberflächen durchbrechende Weltkenntnis zu erwarten wäre. (Seel 2007a)

Dieser – paradox genug – in einem kunstreichen Dialog zum Ausdruck gebrachte Rigorismus ist Aristoteles fremd. Für ihn ist die Rhetorik ein notwendiges Komplement der Dialektik. Ihre Domäne ist die Sicherung der Wirksamkeit der Rede im mündlichen wie schriftlichen Gebrauch, auch und gerade dann, wenn es, wie der Autor in seiner *Rhetorik* anmerkt, darauf ankommt, den Verdrehungen – dem »Betrug« – der Sophisten Einhalt zu gebieten. (Aristoteles 1980, 1404b) Wie die Dialektik ist die Rhetorik zugleich eine philosophische Disziplin. Sie untersucht nicht primär die Verfahren des richtigen Denkens, sondern die Gebote einer umsichtigen und eindrücklichen kommunikativen Praxis. »Angemessenheit wird die sprachliche Formulierung besitzen, wenn sie Affekt und Charakter ausdrückt und in der rechten Relation zu dem zugrundeliegenden Sachverhalt steht.« (1408a) Was für die »Prosareden« (1404b) gilt, gilt jedoch nicht für den »poetischen Stil«, denn »die sprachliche Formulierung der Rede und der Poesie sind voneinander verschieden«. (1404a) Prosa und Poesie unterliegen jeweils anderen Ansprüchen der »Deutlichkeit« [*saphéneia*] des Ausdrucks, ohne dass die eine Verfahrensweise »niedriger« wäre als die andere. (1404b; Aristoteles 1982, 1458b) Für die eingehende Analyse der literarischen Rede ist jedoch nicht die Rhetorik, sondern die Poetik zuständig; hier ist Arbeitsteilung angesagt. Das bedeutet: Diese beiden Disziplinen verhalten sich ebenso komplementär zueinander wie die sprachlichen Formen, die sie jeweils untersuchen. Jeder das Ihre: Gelassener kann ein Postulat der Sprachgerechtigkeit kaum ausfallen.

Solche Gelassenheit herrscht bei den empiristischen Philosophen des 17. Jahrhunderts nicht. Bei ihnen steht die Sprache bei ihnen unter grundsätzlichem Verdacht. Das *Neue Organon der Wissenschaften* von Francis Bacon aus dem Jahr 1620 beginnt mit einem Kampf gegen die vernebelnden »Idole«, die »den menschlichen Geist gefangen« halten und seine Erkenntniskraft in vierfacher Hinsicht schwächen. (Bacon 1990, 101) Unter ihnen sind die kommunikativen »Idole des Marktes am lästigsten von allen; sie schleichen sich durch ein Bündnis mit Worten und Namen in den Verstand ein. Die Menschen glauben, der Verstand gebiete ihren Worten; es kommt aber auch vor, daß die Worte ihre Kraft gegen den Verstand umkehren: dies machte die Philosophie und die Wissenschaften sophistisch und unfruchtbar.« (121) Die gesellschaftsbildende Rolle der Sprache erweist sich somit als zweischneidiges Schwert. »Die Menschen gesellen sich nämlich mittels Sprache zueinander; aber die Worte werden den Dingen nach der Auffassung der Menge beigeordnet. Daher knebelt die schlechte und törichte Zuordnung der Worte den Geist auf merkwürdige Art und Weise. Auch die Definitionen, mit denen sich die Gelehrten in einigen Punkten zu schützen und zu verteidigen pflegen, bessern die Sachlage keineswegs. Sondern die Worte tun dem Verstand offensichtlich Gewalt an und verwirren alles. Sie verführen die Menschen zu leeren und zahllosen Streitigkeiten und Erdichtungen.« (103) Bei dem Versuch einer Befriedung dieser sprachlichen Gewalt ist jederzeit mit Widerstand zu rechnen. »Wenn dann aber ein scharfsinnigerer Geist [...] diese Bestimmungen ändern will [...], widerstreben die Worte [verba opstrepund].« (121) Zur Förderung des »Glücks« der Menschen (141) ist daher höchste Umsicht nötig, »damit der Geist sich unparteiisch und rein erhalte«. (121)

Die wenigen Seiten, die Hobbes am Beginn seines 1651 erschienenen *Leviathan* der Sprache widmet, unterschreiben diese Maxime. Das »Privileg« des schlussfolgernden Denkens, das die Menschen den übrigen Tieren voraus haben, merkt Hobbes an, »wird durch ein anderes abgeschwächt, nämlich durch das Privileg des Widersinns, dem kein anderes Lebewesen ausgesetzt ist als allein der Mensch. Und die Menschen, die ihm am meisten ausgesetzt sind, sind die

Professoren für Philosophie.« (Hobbes 1984, 34 f.) Wenn sie nicht sorgsam gewartet wird, erweist sich Sprache als ein durchaus gefährliches Instrument. Der Fundus ihres aus »willkürlichen Zeichen« (18) bestehenden Vokabulars muss pfleglich behandelt werden, wenn der Prozess der Kommunikation nicht aus dem Ruder laufen und der durch sie ermöglichte Fortschritt nicht verspielt werden soll. »Klare Wörter sind das Licht des menschlichen Geistes, aber nur, wenn sie durch exakte Definitionen geputzt und von Zweideutigkeiten gereinigt sind. Die Vernunft ist der Schritt, die Mehrung der Wissenschaft der Weg und die Wohlfahrt der Menschheit das Ziel.« (37) Damit die Sprache diesem Ziel dienen kann, sind weitreichende Maßnahmen erfordert, denn »im Gegensatz dazu sind Metaphern und sinnlose zweideutige Wörter wie Irrlichter, und sie dem Denken zugrunde legen heißt, durch eine Unzahl von Widersinnigkeiten wandern, und an ihrem Ende stehen Streit und Aufruhr oder Ungehorsam.« (37) Hier droht nicht allein, wie bei Bacon, ein Widerstand der *Wörter* gegen die Zügelung ihres Gebrauchs, sondern nun, aus der Warte einer politischen Theorie, ein Aufstand ihrer *Verwender* gegen die Autorität der staatlichen Ordnung.

Ein Reinheitsgebot durchzieht auch weite Teile der Behandlung der Sprache in Lockes *Versuch über den menschlichen Verstand.* Seine Kritik gilt dem »Mißbrauch« der Sprache, der »in die großen Fragen des menschlichen Lebens und der menschlichen Gesellschaft eingedrungen« sei. (Locke 1981, 127) »Die Sprache ist uns gegeben, um zur Förderung der Erkenntnis und als Bindeglied der Gesellschaft zu dienen; wir sollten sie daher nicht dazu verwenden, die Wahrheit zu verdunkeln und die Rechte der Menschen ins Schwanken zu bringen.« (128) Der liberale Theoretiker sorgt sich um den Buchstaben der bürgerlichen

Rechte. »Da der Hauptzweck der Sprache bei der Mitteilung darin besteht, daß man verstanden werde, so eignen sich jene Wörter nicht gut für diesen Zweck – weder in bürgerlicher noch in philosophischer Rede –, die beim Hörer nicht eben dieselbe Idee erwecken, die sie im Geist des Redners vertreten.« (101) Erneut wird eindringlich vor sprachlicher Leichtlebigkeit gewarnt, auch wenn diese im geselligen Kreis, auf dem »Markt«, in der »Börse« und zur Not selbst bei öffentlichen »Ansprachen« tolerabel erscheint. (143 ff.) In allen ernsthaften Angelegenheiten dagegen haben figürlicher Sprachgebrauch und rhetorischer Überschwang nichts zu suchen. »Wollen wir indessen von den Dingen reden, wie sie sind, so müssen wir zugeben, daß die Kunst der Rhetorik, soweit sie nicht durch Ordnung und Klarheit gefordert ist, und alle gesuchten und bildlichen Redewendungen, die die Beredsamkeit ersonnen hat, keinem anderen Zweck dienen, als falsche Ideen unbemerkt einzuführen, die Leidenschaften zu erregen und dadurch das Urteil irrezuleiten. In der Tat also sind die bildlichen Ausdrücke vollkommener Betrug.« (143 f.)

Bei Bacon, Hobbes und Locke beruht die Kritik der Sprache auf einem theoretischen Misstrauen ihr gegenüber. Sie ist eine unzuverlässige Mittlerin zwischen Geist und Welt, die fortwährend zur Räson gebracht werden muss, um nicht ein Hemmnis der zivilisatorischen Entwicklung zu bleiben. Die Nötigung zu einer Kritik des tatsächlichen Sprachgebrauchs ergibt sich für diese Autoren aus einer der Sprache selbst innewohnenden Tendenz zur Verunreinigung und daher Verunklarung des Denkens und Handelns. Unter der Voraussetzung, dass die Sprache nichts weiter als ein Mittel der Artikulation vorausliegender geistiger Zustände ist, deren »wahre[r] Zweck [...] darin besteht, unsere Begriffe auf dem leichtesten und kürzesten Wege mitzuteilen« (Locke 1981, 79), kann es sich nicht anders verhalten. Diese Voraussetzung aber gerät schon bei Locke ins Wanken. Nicht umsonst muss er sich bei seiner Leserschaft dafür entschuldigen, so viel Aufhebens um die Wörter zu machen und ihnen fast ein Viertel seiner Abhandlung zu widmen. Bemerkenswert ist die Begründung. Als er die Grundlagen der menschlichen Erkenntnis zu untersuchen begann, schreibt Locke, »mußte ich feststellen, daß diese unsere Erkenntnis zu den Wörtern in einer so engen Beziehung steht, daß nur wenige klare und zutreffende Aussagen über die Erkenntnis möglich sind, ohne vorher genau zu erforschen, was die Wörter leisten und in welcher Art sie die Dinge bezeichnen. Denn die Erkenntnis, deren Gegenstand die Wahrheit ist, hat es stets mit Sätzen zu tun. Obwohl ihr letztes Ziel zwar in den Dingen selbst liegt, so sind doch die Wörter dabei so sehr als Vermittler notwendig, daß sie von unserer allgemeinen Erkenntnis kaum trennbar zu sein scheinen.« (117) Locke gelangt hier an die Grenze seiner instrumentalistischen Sprachauffassung. Mehr noch: Er ist dabei, sie zu überschreiten. Denn wenn Erkenntnis »es stets mit Sätzen« der Sprache zu tun hat, dann sind diese Sätze – und die Wörter, aus denen sie zusammengesetzt sind – weit mehr als bloße »Vermittler«, Überbringer oder Einkleidungen vorsprachlich gefasster Gedanken. Sie sind das Elixier, in dem wahrheitsfähige Gedanken allererst gebildet werden und anders gar nicht gebildet werden können.

Wie in der dritten Geschichte berichtet, ist diese Grenze seit dem 18. Jahrhundert in weiten Bereichen der Sprachphilosophie und der Theorie des Geistes gefallen. Daraus, dass die Sprache »dem Menschen so wesentlich [ist] als – er ein Mensch ist« (US 716), folgt für Herder ein Abschied von jedem Purismus des Sprachgebrauchs sowie die Anerkennung der von keiner Instanz zu steuernden Dynamik der

Sprachentwicklung. Dank ihrer gewinnen die Menschen »freien Raum, sich an vielem zu üben, mithin sich immer zu verbessern«; sie werden »sich selbst Zweck und Ziel der Bearbeitung«. (US 716 f.). Das ist für Herder der Sinn der Sprache: Sie ermöglicht einen freien Eintritt in die Weite der Welt. Humboldt sieht dabei ein »stufenweis verschiednes Vorrücken des Princips der Bildung« am Werk (VS 390), das er mit geschichtsphilosophischem Pathos beschwört. »Dies in dem Laufe der Jahrtausende und in dem Umfange des Erdkreises, dem Grade und der Art nach, verschiedenartige Offenbarwerdung der menschlichen Geisteskraft ist das höchste Ziel aller geistigen Bewegung, die letzte Idee, welche die Weltgeschichte klar aus sich hervorgehen zu lassen streben muss.« (VS 383) Das »muss« am Ende dieser gewundenen, der Geschichte ihren Gang vorschreibenden Formulierung, lässt allerdings einen Zweifel daran erkennen, ob diese sich so entwickeln *wird*. Nicht anders als ihre empiristischen Vorläufer kommentieren Herder und Humboldt die Sprachentwicklung im Namen eines gesellschaftlichen Fortschritts. Anders als bei Bacon, Hobbes und Locke jedoch beruht der Glaube an diesen Fortschritt bei Herder und Humboldt nicht auf einem grundlegenden Misstrauen gegenüber der Sprache, sondern in einem grundlegenden Vertrauen in sie. Dieses Vertrauen bildet den Maßstab ihrer Kritik an allzu engen und einseitigen Auffassungen der Sprache, die einer »Tyrannei« im Reich der Sprache gerade dort Vorschub leisten, wo sie deren Gebrauch im Dienst einer vermeintlichen Verbesserung der kommunikativen Sitten zu begradigen versuchen.

Für den späten Heidegger ist dieser Konflikt auf beiden Seiten zu sehr vom Menschen her gedacht. Allein nach dem Sinn, Zweck oder Ziel der Sprache zu *fragen*, stellt für Heidegger die Anmaßung einer sich aufspreizenden »Subjektivität« dar. In wahnhafter Selbstermächtigung verkennt sie, dass die Sprache »das Haus der Wahrheit des Seins ist«, in dem sich Dimensionen des Sinns überhaupt erst eröffnen. (BH 316) Ein Symptom dieser Symbiose aus Seinsvergessenheit und Sprachvergessenheit »ist die überall und rasch fortwuchernde Verödung der Sprache«. Geleitet von dem Irrglauben, über die Sprache nach Belieben verfügen zu können, manifestiert sich hierin »Gefährdung des Wesens der Menschen« (BH 316). »Darum gerät die Sprache in den Dienst des Vermittelns der Verkehrswege, auf denen sich die Vergegenständlichung als die gleichförmige Zugänglichkeit von Allem für Alle unter Mißachtung jeder Grenze ausbreitet. So kommt die Sprache unter die Diktatur der Öffentlichkeit.« (BH 315). Gegenüber den bedeutungs- und vollzugstheoretischen Egalitaristen freilich laufen diese Unkenrufe ins Leere. Heidegger übersieht, dass Herder und Humboldt zwar die Sprache vom Menschen her, im selben Atemzug aber den Menschen von der Sprache her denken. Für sie ist Sprache kein Mittel zu vorgegebenen Zwecken. Für sie liegt der Sinn der Sprache in ihr selbst: in den Lebensformen, die sich zusammen mit ihr entwickeln. Sprache ist nicht zu etwas da; ihr Dasein macht das menschliche Dasein aus. Deswegen verteidigen sie einen unverkürzten Begriff der Sprache. Sie entfalten ihn in Abwehr sowohl einer instrumentalistischen Deutung des Verhältnisses von Denken und Sprechen als auch einer hierarchischen Deutung des Verhältnisses von Sprache und Sprechen.

In ihrer Kritik an instrumentalistischen und atomistischen Sprachauffassungen sind Herder, Humboldt und ihre Nachfahren dennoch mit Heidegger einig. Zugleich berührt sich Heideggers Klage über den Zustand der Verständigungsverhältnisse mit der Kritik der instrumentellen Vernunft im Kontext der Kritischen Theorie. (Hogh 2015,

209 ff.) »Die Sprache überlässt sich vielmehr unserem bloßen Wollen und Betreiben als ein Instrument der Herrschaft über das Seiende.« (BH 316) Aus dem Zusammenhang gerissen, hätte Adorno diesen Satz aus Heideggers *Brief über dem Humanismus* durchaus unterschreiben können. Sprache als Mittel der Vergegenständlichung des Wirklichen zum Zweck der Verfügung über es, als bloße Informationsbörse, als Reklame für das Bestehende und Perpetuierung eines verdinglichten Weltbezugs – gegen diese, wie Benjamin verächtlich sagt, »bürgerliche Auffassung der Sprache« opponiert Adorno ebenso wie Heidegger. Das Gegenbild aber ist hier ein ganz anderes als das eines Hörens auf die Weisungen der Sprache. Es ist das eines aktiven Widerstands gegen ihre eindimensionale Theorie und Praxis. Ähnlich wie Gadamer, wenn auch ohne das Hintergrundrauschen eines primordialen Seinsgeschehens, entwirft Adorno dieses Bild im Zug einer Apologie der Rhetorik. Bei aller Kritik an ihrem manipulativen Gebrauch verteidigt Adorno die Rhetorik als eine eminente Produktivkraft der Kommunikation. In der zweiten und dritten seiner Vorlesungen zu *Fragen der Dialektik* im Wintersemester 1963/64 wirft er der Tradition von Platon über Bacon und bis in die Gegenwart hinein – mit der Ausnahme Vicos – eine Blindheit gegenüber der sprachlichen Verfassung gerade auch der philosophischen Rede vor. Verleugnet werde, dass »die Darstellung gegenüber dem Dargestellten etwas Wesentliches ist«. (Adorno 2021, 54) Dies mache den »Doppelcharakter« (42, 52, 62) einer philosophisch angemessenen Sprache aus, in welcher »der Horizont nicht bereits durch ein Vergegenständlichtes und Fixiertes abgegrenzt ist« (54), sondern im Gang der Untersuchung präsent gehalten wird.

Auf den beiden letzten Seiten der »Einleitung« in die

Negative Dialektik von 1966 kommt Adorno in einer kondensierten Form auf seine Version der Sprachvergessenheit der Philosophie zurück. »Durch die sei's offenbare, sei's latente Gebundenheit an Texte gesteht Philosophie ein, was sie unterm Ideal der Methode vergebens ableugnet, ihr sprachliches Wesen. In ihrer neueren Geschichte ist es, analog der Tradition, verfemt worden als Rhetorik. [...] Rhetorik vertritt in Philosophie, was anders als in der Sprache nicht gedacht werden kann. Sie behauptet sich in den Postulaten der Darstellung, durch welche Philosophie von der Kommunikation bereits erkannter und fixierter Inhalte sich unterscheidet. [...] Die Allergie der gesamten approbierten philosophischen Überlieferung gegen den Ausdruck, von Platon bis zu den Semantikern, ist konform dem Zug aller Aufklärung, das Undisziplinierte der Gebärde noch bis in die Logik hinein zu ahnden, einem Abwehrmechanismus des verdinglichten Bewusstseins.« (Adorno 1970, 63) Der Begriff der »Gebärde« steht hier für die sprachliche Vergegenwärtigung der Konstellationen, in denen sich das Gesagte bewegt. Philosophie, macht Adorno geltend, kann und darf sich ihren Gegenständen nicht allein »signifikativ«, in rein gegenstandbezogener, von rhetorischen Finessen aller Art bereinigter Sprache zuwenden, da im Philosophieren stets – und stets gleichzeitig – die Angemessenheit des jeweiligen Zugangs zu ihren Themen auf dem Spiel steht. »Dialektik, dem Wortsinn nach Sprache als Organon des Denkens, wäre der Versuch, das rhetorische Moment kritisch zu erretten: Sache und Ausdruck bis zur Indifferenz einander zu nähern. [...] In der Dialektik ergreift das rhetorische Moment, entgegen der vulgären Ansicht, die Partei des Inhalts.« (64) Sie ergreift diese Partei, indem sie das Ausdrucksspektrum der Sprache ausschöpft, um die Dispositionen der Rede selbst zur Disposition stellen und damit einer Variation und Revision zuführen zu können. (Vgl. Hogh 2015, 155–184)

Bei der Abwehr einer szientistisch verkürzten Sprachauffassung aber lässt es Adorno nicht bewenden. Seine Kritik des bestehenden Zustands der Kommunikation innerhalb wie außerhalb der Wissenschaften geht mit einem prinzipiellen, erkenntnistheoretisch wie politisch ins Utopische ausgreifenden Zutrauen in das Potenzial der Sprache einher. »Wäre Spekulation über den Stand der Versöhnung erlaubt«, heißt es in seinen späten Anmerkungen *Zu Subjekt und Objekt*, »so ließe in ihm weder die ununterschiedene Einheit von Subjekt und Objekt noch ihre feindselige Antithetik sich vorstellen; eher die Kommunikation des Unterschiedenen.« (Adorno 1969, 153) Erst mit dieser, die Pluralität und Diversität der Welt und ihrer Bewohner in einem »verwirklichten Frieden« anerkennenden Art der Verständigung »käme der Begriff der Kommunikation, als objektiver, an seine Stelle. Der gegenwärtige ist so schmählich, weil er das Beste, das Potential eines Einverständnisses von Menschen und Dingen, an die Mitteilung zwischen Subjekten nach den Erfordernissen subjektiver Vernunft verrät.« Sprache in ihrem realen Gebrauch bleibt für Adorno weit hinter dem zurück, was sie hätte sein können. Im Herzen ihres nicht zugerichteten Begriffs aber lebt, wie es in den *Minima Moralia* heißt, »der Traum eines Daseins ohne Schande, den die sprachliche Leidenschaft festhält«. (Adorno 1973,107)

Bei Foucault dagegen sind Versöhnung und Befriedung, sei es der Kommunikation, sei es der Gesellschaft im Ganzen, nicht vorgesehen. Sich kritisch auf Kant, Hegel, Horkheimer und Habermas beziehend, vertritt er in seiner Beantwortung der Frage *Was ist Aufklärung?* eine ebenso antiteleologische wie antiutopische Auffassung emanzipatorischer Prozesse. Für ihn hat das Widerspiel von Macht und Gegenmacht in kommunikativer wie in ethisch-politischer Hinsicht weder ein denkbares noch ein wünschbares Ziel, denn dies wäre ein Ende in Agonie. Stattdessen empfiehlt er eine »experimentelle Haltung«, die innerhalb agonaler Machtkonstellationen Potenziale einer befreienden »Entunterwerfung« aufdeckt und erkämpft, ohne dem »leeren Traum« eines Endziels verwirklichter Freiheit nachzuhängen. (Foucault 2005a, 703) Individuelle und kollektive Freiheit müssen in Akten der Kritik und des Widerstands *immer wieder* erkämpft werden. »Diese Kritik wird in dem Sinne genealogisch sein, als sie nicht aus der Form dessen, was wir sind, ableiten wird, was uns zu tun oder zu erkennen unmöglich ist; sie wird vielmehr aus der Kontingenz, die uns zu dem gemacht hat, was wir sind, die Möglichkeit herauslösen, nicht mehr das zu sein, zu tun oder zu denken, was wir sind, tun oder denken. Sie sucht nicht die am Ende zur Wissenschaft gewordene Metaphysik möglich zu machen; sie sucht die endlose Arbeit der Freiheit so weit und so umfassend wie möglich wieder in Gang zu bringen.« (Foucault 2005a, 702 f.) Darin liegt ein Plädoyer für die Anerkennung der Ziellosigkeit historischer Prozesse, die es – wie bei Heidegger, nun aber in einem machttheoretischen Gewand – verbietet, nach dem Sinn, Zweck oder Ziel ihrer Entwicklung zu fragen. »Tatsächlich hat die Menschheit keine Zwecke. Sie funktioniert, sie kontrolliert ihr Funktionieren und bringt ständige Rechtfertigungen für diese Kontrolle hervor. Wir müssen uns damit abfinden, daß es nur Rechtfertigungen sind. Der Humanismus ist nur eine von ihnen, die letzte.« (Foucault 1974c, 30)

Das Stichwort »Humanismus« steht bei Foucault für Versionen des Glaubens an eine in ihrer Befähigung zu Sprache und Vernunft liegende Bestimmung der Menschheit.

Eine solche vermeintlich überzeitliche Bestimmung ist für Foucault keine taugliche Basis für kritische Interventionen. Dieser Defaitismus geht einem wie Brandom gegen den Strich. Foucault, schreibt er in einer knappen Polemik, habe zeigen wollen, dass die Berufung auf Vernunft in der Moderne nur eine weitere Gestalt repressiver Machtausübung darstelle. Sein *ceterum censeo* lautet: »But if giving and asking for reasons is the practice that institutes *meanings* in the first place, then it does *not* belong in a box with violence and intimidation, which show up in the contrast class precisely insofar as they *constrain* what we do by something *other* than reason.« (Brandom 2009, 176) So wenig dieses in Schwarz-Weiß gemalte Klassenverhältnis im Reich der Sprache der neutralen Verwendung des Machtbegriffs bei Foucault gerecht wird, einen starken Begriff des Potenzials der Sprache enthält dieses neuerliche Gegenbild allemal. Wie man die Normativität linguistischer Praktiken nur beherzigen kann, wenn man die Korrigierbarkeit ihrer Befolgung durch andere anerkennt; wie man Unabhängigkeit des Urteilens nur in Abhängigkeit von den Prozeduren der Folgerung und Rechtfertigung gewinnt; wie das Bestimmtsein durch die Regeln sprachlichen Tuns zugleich die Möglichkeit radikaler semantischer Innovationen eröffnet – so liegt in dem sozialen Bedingtsein menschlicher Lebensformen zugleich die Bedingung ihrer selbstbestimmten Ausformung in individueller wie kollektiver Hinsicht. »So in the conceptual normativity implicit in linguistic practice we have a model of a kind of constraint – loss of negative freedom – that is repaid many times over in a bonanza of positive freedom.« (Brandom 2009, 75) In Anspielung auf die Unterscheidung von negativer und positiver Freiheit bei Isaiah Berlin (Berlin 2006) stellt Brandom – kaum anders als Humboldt – den Beschränkungen, welche die Sprache der Willkür ihrer Verwenderinnen auferlegt, die »Goldgrube« positiver Freiheit gegenüber, die ihnen durch die Verbindlichkeiten des Sprachgebrauchs zuteilwerden. Der so verstandene Spielraum der Sprache, schreibt Brandom unter Berufung auf Hegel, »provides the model that every other social or political institution that proposes to constrain our negative freedom should be compared to and measure against. The question always is: what new kind of positive expressive freedom, what new kinds of life-possibilities, what new kinds of commitment, responsibility, and authority are made possible by the institution?« (Brandom 2009, 75)

Sprache steht hier Modell für die normative Auszeichnung eines austarierten Verhältnisses von Macht und Gegenmacht nicht allein in kommunikativen Prozessen, sondern der Verfassung gesellschaftlicher Ordnungen im Ganzen. Ihr Grundbegriff stellt einen Maßstab für die Aufdeckung und Kritik von Machtmissbrauch jedweder Art bereit. »[W]ir müssen prinzipiell die *Sprache*, die wir sprechen, die *Begriffe*, die wir verwenden, und den sozialen und praktischen Kontext, in dem wir das tun, in den Blick nehmen, um die besonderen modernen Formen der Unfreiheit zu verstehen und um die Mittel zu deren Bekämpfung zu finden.« (Brandom 2016, 258) Dies schreibt Brandom in einer Hommage an Habermas, die bei aller Kritik ein weitreichendes Bündnisangebot enthält. Denn mit Habermas stimmt Brandom darin überein, »dass die Praktiken des Gebens und Forderns von Gründen, so vertraut, unbemerkbar und heimtückisch ihre Deformationen auch sein mögen, dennoch die Möglichkeit für neue Formen des Widerstands gegen diese versteckte Macht eröffnen. Sie geben *kritischen Diskursen* mit *emanzipatorischem* Potenzial Raum.« (256)

Auf Brandom konnte Foucault nicht mehr reagieren, auf Habermas aber hat er verschiedentlich reagiert. Ihm hält er vor, was er auch Brandom hätte vorwerfen können: ein geschöntes und damit illusionäres Bild der Sprache zu zeichnen. In einem Gespräch von 1984 – seinem letzten Lebensjahr – bringt er diesen Vorbehalt zum Ausdruck. Probleme bereite es ihm, wenn Habermas »den Kommunikationsbeziehungen diesen dermaßen wichtigen Platz und vor allem eine Funktion zuweist, die ich ›utopisch‹ nennen würde. Die Vorstellung, daß es einen Zustand der Kommunikation geben kann, worin die Wahrheitsspiele ohne Hindernisse, Beschränkungen und Zwangseffekte zirkulieren können, scheint mir zur Ordnung der Utopie zu gehören. Das heißt gerade nicht zu sehen, daß die Machtbeziehungen nicht etwas an sich Schlechtes sind, wovon man sich frei machen müsste; ich glaube, daß es keine Gesellschaft ohne Machtbeziehungen geben kann, sofern man darunter Strategien begreift, mit denen Individuen das Verhalten der anderen zu lenken und zu bestimmen versuchen. Das Problem ist also nicht, sie in der Utopie einer vollkommen transparenten Kommunikation aufzulösen zu versuchen, sondern sich die Rechtsregeln, die Führungstechniken und auch die Moral zu geben, das *ethos*, die Sorge um sich, die es gestatten, innerhalb der Machtspiele mit dem Minimum an Herrschaft zu spielen.« (Foucault 2005b, 899) Signifikant ist diese Passage zunächst deshalb, weil Foucault hier eine normative Unterscheidung innerhalb seines Machtbegriffs vornimmt. Der neutrale Machtbegriff, der repressive und freiheitsermöglichende Zustände umgreift, wird aufgespalten in Machteffekte einer unterdrückenden »Herrschaft« und solche, die ihr gegenüber eine Gegenmacht mobilisieren. Foucault kommt hier der ausdrücklichen Unterscheidung von »kommunikativer Macht« sowie autoritärer

»Herrschaft« und »Gewalt« bei Hannah Arendt sowie ihrer Aneignung durch Habermas und Rainer Forst zumindest nahe.[8] *Macht*, so zeigt sich, kann entweder das eine oder das andere sein. *Verhältnisse* von Macht und Gegenmacht können entweder in einem normativen Gleichgewicht oder in einem normativen Gefälle zueinander stehen. Ersteres gilt für die Grundverfassung des sprachlichen Vollzugs; Letzteres gilt überall, wo in moralischer oder politischer Hinsicht zwischen produktiven und kontraproduktiven Mächten zu unterscheiden ist – eine Unterscheidung, für die bei Foucault keine Kriterien bereitgestellt werden. Davon abgesehen geht Foucaults Einwand insofern in die Irre, als bei Habermas oder auch Brandom eine »vollkommen transparente Kommunikation« gerade nicht vorgesehen ist. Beide sind bedeutungstheoretische Holisten, für die keine – und erst recht keine »vollkommene« – Durchsichtigkeit der Implikationen kommunikativer Handlungen denkbar ist.

Worauf Foucaults Vorbehalt der Sache nach zielt, ist vielmehr die Annahme der Möglichkeit einer eindeutigen und durchgängigen Abgrenzung machtgestützter diskursiver Praktiken von solchen, die »ohne Hindernisse, Beschränkungen und Zwangseffekte zirkulieren können«. In seiner 1965 gehaltenen, »Erkenntnis und Interesse« betitelten Frankfurter Antrittsvorlesung hat sich Habermas auf seine Weise auf eine an Adorno erinnernde utopische Perspektive eingelassen. Schwungvoll heißt es dort: »Das, was uns aus Natur heraushebt, ist der einzige Sachverhalt, den wir seiner Natur nach kennen können: die Sprache. Mit ihrer Struktur ist Mündigkeit für uns gesetzt. Mit dem ersten Satz ist die Intention eines allgemeinen und ungezwungenen Konsensus unmißverständlich ausgesprochen.« (Habermas

8 Arendt (1981), Kap. 4; Arendt (1970); Habermas (1992), 182–87; Forst 2015.

1968, 163) Dass Mündigkeit »mit dem ersten Satz« für die Menschheit *gesetzt* ist, soll natürlich nicht heißen, dass sie mit dem bloßen Bestehen sprachlicher Verhältnisse bereits *erreicht* wäre; lediglich als Ziel steht sie vor Augen. Deshalb schränkt der junge Habermas sogleich ein: »Freilich würde sich erst in einer emanzipierten Gesellschaft, die die Mündigkeit ihrer Mitglieder realisiert hätte, die Kommunikation zu dem herrschaftsfreien Dialog aller mit allen entfaltet haben.« (164) Mit einer solchen »Antizipation des gelungenen Lebens«, wie es an derselben Stelle heißt, mitsamt einem Ausgriff auf den »Vorschein« einer im ganzen herrschaftsfreien »Lebensform«, den Habermas bis in die frühen 1970er Jahre hat anklingen lassen (Habermas 1984, 126 u. 181), ist sein reifes Werk jedoch nicht länger verbunden. Seine Theorie des demokratischen Rechtsstaats hat nicht länger einen Platz für eine gesellschaftliche Ordnung jenseits der Polarität von *Faktizität und Geltung* (Habermas 1992). Der normative Grundimpuls seiner frühen Überlegungen aber bleibt bis in das Spätwerk von Habermas erhalten. Ein ethisch-politisches, auf »vernünftige Freiheit« (Habermas 2019, Bd. 2) gerichtetes Ziel der Sprache ist weiterhin vorgesehen. Diesem zentralen Motiv seines Denkens verleiht die *Theorie des kommunikativen Handelns* von 1981 eine vergleichsweise nüchterne Fassung. »Verständigung wohnt als Telos der menschlichen Sprache inne.« (TkH I, 387) Dieser auf wechselseitige Zustimmung gerichtete Sprachgebrauch – sein »Originalmodus« – wird abgegrenzt von Arten der Rede, die nicht oder nicht vorrangig auf ein rationales »Einverständnis« unter den Beteiligten zielen. »Für kommunikatives Handeln sind nur solche Sprechhandlungen konstitutiv, mit denen der Sprecher kritisierbare Geltungsansprüche verbindet. In den anderen Fällen [...] bleibt das in sprachlicher Kommunikation enthaltene

Potential für eine durch Einsicht in Gründe motivierte Bindung brachliegen.« (TkH I, 410) Der ehemals utopische Vorgriff schrumpft auf die »kontrafaktische Unterstellung« einer wechselseitig an rationaler Akzeptierbarkeit orientierten Praxis zusammen. Kontrafaktisch ist diese Unterstellung, weil alle Beteiligten wissen, dass diese Bedingungen keineswegs immer und überall gegeben sind und mehr noch, dass sie sich niemals sicher sein können, ob, wann und in welchem Maß sie gegeben sind. In der Notwendigkeit einer solchen »steilen Idealisierung« macht sich daher für Habermas das »Janusgesicht unbedingter Geltungsansprüche« bemerkbar: der Umstand, dass sich jedes faktische Verständnis und Einverständnis als Täuschung herausstellen kann. (Habermas 2005, 82 f.)

Wenn aber die Spannung zwischen Wahrheit und Rechtfertigung, sprich: die potenzielle Differenz zwischen dem Gültigen und dem lediglich für geltend Gehaltenen oder als geltend Hingenommenen auch und gerade in solchen Kommunikationsprozessen bestehen bleibt, die auf Einvernehmen gerichtet sind, bedarf es einer derartigen Idealisierung nicht. Es genügt das Bewusstsein der grundsätzlichen Fallibilität von Überzeugungen, seien sie noch so gut begründet. Ebenso genügt das Bewusstsein der potenziellen Verschränkung, Vertauschung oder Verwechslung von Geltungsansprüchen mit auf Dominanz gerichteten Machtansprüchen, womit in der faktischen Kommunikation immer zu rechnen ist. In einem drei Monate nach den Anschlägen von 9/11 gegebenen Interview kommt Habermas in Anerkennung dieser Tatsache auf das Leitmotiv seiner Theorie der Kommunikation zurück. »Ohne die Strukturen einer unverzerrten, auch von latenten Machtbeziehungen freien Kommunikationssituation stehen die Ergebnisse immer im Verdacht eines Oktroys.« Auch die »Deutungen«

aber, die unter diesen Bedingungen gewonnen werden, fügt Habermas hinzu, sind oft »ununterscheidbar von jenem Moment Blindheit, das Interpretationen den ungetilgten Spuren einer Assimilation an den Stärkeren verdanken.« Dies führt zu einer weitreichenden Schlussfolgerung: »Insofern ist Kommunikation immer zweideutig, eben auch ein Ausdruck latenter Gewalt. Aber wenn man Kommunikation unter dieser Beschreibung ontologisiert, wenn man darin ›nichts als‹ Gewalt sieht, verkennt man das Wesentliche: dass nur dem Telos der Verständigung – und nur unserer Orientierung an diesem Ziel – die kritische Kraft innewohnt, Gewalt zu brechen, ohne sie in neuer Gestalt zu reproduzieren.« (Habermas, 2004, 25; vgl. Habermas 2021, 236f.)

Wäre alle Kommunikation nichts weiter als ein Kampf um Macht und Gegenmacht im Sinn eines Ringens um Einflussnahme, wäre dasjenige Widerspiel von Macht und Gegenmacht zum Erliegen gekommen, das die Bedingung kommunikativer, sozialer und politischer Freiheit ist. Der Schauplatz dieser Freiheit jedoch eröffnet sich nicht allein im argumentativen Für und Wider, sondern in allen Bereichen sprachlicher Vollzüge. Sprachliche Prozesse kennen vielerlei Arten des Gelingens und Misslingens, denen ebenso viele Arten ihrer Angemessenheit und daher ihrer positiven oder negativen Akzeptierbarkeit entsprechen. In Prozessen der Kommunikation ist dabei ein wechselseitiges oder einseitiges *Verstehen* auch da möglich, wo es weder zu einer *Verständigung* im Sinn eines erreichten Einverständnisses noch zu einem Konsens über einen Dissens kommt. »Verständigung« ist ein doppeldeutiger Begriff. Sich mit einer Person verständigen zu können, kann heißen, dass man mit ihren Äußerungen auf die eine oder andere Weise einverstanden ist oder sie wenigstens tolerabel findet, aber ebenso, dass man ihren Äußerungen folgen kann, obwohl man sie für falsch, unangemessen oder abwegig hält. Diese *Fähigkeit* des sprachlichen Verstehens in seiner ganzen Breite, darauf insistiert Habermas zu Recht, ist zwar nur dort gegeben, wo Kommunizierende gemeinsame Überzeugungen bilden und auf sie zurückgreifen *können*. Daraus folgt aber keineswegs, dass im Erreichen von Übereinstimmung der generelle *Sinn* des Verstehens läge. Ein übergreifendes Ziel der Kommunikation ist Einverständnis nicht. Man denke nur an Provokation und Polemik, das Säen von Zweifeln, Gedankenspiele mit offenem Ausgang, freistehende Imaginationen und Fiktionen, Smalltalk und andere Arten phatischer Kommunikation, das Singen eines Schlaflieds oder das Eingehen schmerzlicher Kompromisse in Verhandlungen aller Art. Nur ein weiter Begriff sprachlichen (und weit über *Sprach*verstehen hinausreichenden) Verstehens trifft das, was in allen seinen Formen virulent ist. Nicht einvernehmliche Verständigung, Verstandenwerden und Verstehen sind das A und O der Kommunikation, so sehr die Möglichkeit der auf Gründe gestützten Einigung eine ihrer wesentlichen Gaben ist.

Doppeldeutig ist auch der Begriff des »Potenzials« der Sprache. Er wird meist gebraucht, um hervorzuheben, wozu Sprache in besonderem Maß befähigt. Dabei aber kommen unvermeidlich auch die Ambivalenzen der Sprache zur Sprache und mit ihnen diejenigen Arten ihrer Auffassung und Verwendung, die als theoretische und praktische Verkennung und Verfehlung ihrer besten Anlagen verbucht werden. Schließlich ist es nur allzu wahr, dass das Potenzial der Sprache weit mehr als nur ihre – wie immer verstandenen – zivilisatorischen oder emanzipatorischen Energien enthält. Seine Realisierung kann nicht allein gelingen oder misslingen, sie kann zum Guten oder Schlechten gelingen und misslingen. Spiele der Sprache *müssen* nicht nur gespielt werden, sie können auch *wohl oder übel* gespielt werden. Die Gegenmacht, die den Sprechenden gegenüber der Macht der Sprache zukommt, hat zur Kehrseite, dass die Sprechenden sowohl der Sprache als auch den Angesprochenen zu ihrem Schaden mitspielen können. Das von Herder, Humboldt, den Romantikern und ihren libertären Nachkommen gepriesene Füllhorn der Sprache ist zugleich eine Büchse der Pandora. Sprache ist das eine, weil sie das andere ist; es handelt sich um ein und dasselbe Gefäß. Anders kann es nicht sein, wenn es denn zutrifft, dass allein die Sprache den Menschen den Spielraum ihrer Freiheit eröffnet. In ihrer agonalen Verfassung ist sie nicht vor Agonie gefeit. Widersinn, Nachlässigkeit, Gleichgültigkeit, Ignoranz, Indolenz, Dogmatismus, Demütigung, Hassrede, Rassismus, Sexismus, Homophobie, Xenophobie, Antisemitismus, die Verbreitung von Verschwörungstheorien, die Erfindung »alternativer Fakten«, Manipulation, Propaganda, Kriegshetze – derart bis hin zur verbalen Gewalt versehrende und verheerende Optionen sind in dem Angebot der Sprache inbegriffen. Es sind Optionen, die erst ausgeschlagen werden können, nachdem dieses Angebot, das niemand ablehnen kann, längst angenommen ist. Verglichen damit sind die Klagen über die inneren Gefährdungen des Sprachgebrauchs, die Platon bis Locke mitsamt ihrer übertriebenen Sorgen um seine Reinhaltung umgetrieben haben, einigermaßen harmlos. Sprache hat keine Moral, aber Moral und Unmoral haben je ihre Sprache. Moral und Unmoral – im weitesten, von ihren epistemischen bis hin zu ihren politischen Tugenden und Lastern reichenden Sinn dieser Begriffe – zeigen sich nicht zuletzt am Gebrauch der Sprache: daran, worauf und auf wen dieser Rücksicht nimmt.

»Ich glaube nicht an die Sprache«, sagt Herta Müller in

einem Gespräch, als es um ihre Herkunft aus dem rumänischen Banat unter dem Regime Ceauşescus geht. »Ich glaube, sonst wäre ich nicht Schriftstellerin. Das funktioniert auch nur so. Außerdem habe ich Jahrzehnte lang in einer Diktatur gelebt. Also, ich misstraue der Sprache zutiefst, und ich suche Sprache, weil ich ihr nicht traue. Und weil ich auch gar nicht weiß, wie man das sagt, was passierte. [...] Also, für mich ist es selbstverständlich, dass ich der Sprache nicht traue.« (Müller 2009a, 18) Nicht an die Sprache zu glauben, Misstrauen gegenüber verordneten Weisen des Sprechens und gegen die auf leisen Sohlen eingespielten Üblichkeiten der Rede hegen, setzt – zumal bei einer Schreibenden – den Glauben an die Möglichkeit einer anderen, noch nicht abgestumpften Sprache voraus, die vielleicht doch, dank »sprachlicher Leidenschaft«, wie Adorno sagt, das »festzuhalten« vermag, »was passierte«. Müllers 2009 erschienener Roman *Atemschaukel* (Müller 2009b) spielt in einem sowjetischen Arbeitslager, in das viele rumänendeutsche Männer und Frauen am Ende des Zweiten Weltkriegs deportiert wurden. Ich habe diesen Roman einmal so kommentiert: »In einem Kaleidoskop kurzer Kapitel wird von den elenden Zuständen aus der Perspektive des jungen Leo Auberg erzählt – einer Figur, die der Leidensgeschichte Oskar Pastiors nachgebildet ist, mit dem zusammen Müller das Buch ursprünglich schreiben wollte, wozu es durch Pastiors Tod im Jahr 2006 allerdings nicht kam. Obwohl die Autorin gründlich recherchiert hat – auch ihre Mutter war fünf Jahre lang in einem solchen Zwangslager – und somit ihre Fiktion ein gutes Stück *faction* enthält, fehlen ihrem Roman alle Kennzeichen einer Reportage. Er bietet vielmehr eine in hohem Maß poetische Phänomenologie des Lagerlebens dar. Äußerst anschauungsnah und mit einer geradezu körperlichen Konkretion wird von vielen, teilweise absurden, surrealen und auch komischen Episoden eines von Angst und Hunger dominierten Lebens berichtet. Besonders auffallend an der Erzählweise des Romans ist die ebenso suggestive wie verstörende Rolle, die einzelne Namen und Begriffe im Erleben des Helden spielen. Er wird von diesen Ausdrücken gleichsam erfasst, ist von ihnen besessen und klammert sich an sie, um in einer Welt ohne Halt doch einen Halt zu finden. Es hat selten einen Roman gegeben, in dem einzelne der Worte, aus denen er gemacht ist (Wörter wie ›Herzschaufel‹, ›Fettkohle‹, ›Hungerengel‹, ›Atemschaukel‹ und viele andere mehr), so sehr herausleuchten aus dem Gang des Textes – jedoch dieses Mal nicht als Zeichen eines souveränen Akts künstlerischer Selbstreferenz, sondern eines existentiellen Weltverlusts. Der Roman ist eine virtuose Imagination der Grausamkeit unter Menschen und lässt doch nie einen Zweifel an der Grausamkeit, der ihre Opfer ausgesetzt sind. Die Schönheit seiner Sprache bleibt jederzeit mit dem Schrecken solidarisch, dem sie Ausdruck verleiht.« (Seel 2015, 89 f.)

Bedeutende Literatur jedweder Art ist angewandte Sprachkritik: Sie nimmt die Sprache für ein Sprechen beim Wort, für das sie bis dahin keine Worte hatte. Damit scheidet sie nicht nur ihre vernutzten von ihren weiterhin oder neuartig aufschließenden Formen, sie beweist und bestärkt auch das überall, wo gesprochen wird, nötige Vertrauen in die Möglichkeit der Unterscheidung zwischen einem entgegenkommenden und einem verkommenen Gebrauch der Sprache. Den Verfallsformen der Sprache gleich in welchem Bereich stellt sich auch eine theoretische Sprachkritik entgegen und arbeitet damit ihrer praktischen Kritik zu. Obsolet wäre die literarische, philosophische und praktische Sprachkritik nur, wenn Verlass darauf wäre, dass auf sprachliche Umgangsformen jederzeit Verlass wäre. Das aber ist nicht der Fall. Die Spiele der Sprache bewegen sich nie auf sicheren Gleisen.

In wessen Namen aber sprechen diese Arten der Kritik? Im Namen der Sprache? Nein. Im Namen des Potenzials der Sprache? Ebenfalls nicht. Sie operieren im Namen bestimmter Arten der Aktualisierung dieses Potenzials – solcher Aktualisierungen, die eine Realisierung von Mündigkeit befördern, anstatt ihr entgegen zu stehen. Sprachen stellen ein unübersehbares Spektrum von Möglichkeiten bereit, die so oder anders erspielt und verspielt, ergriffen und ausgelassen werden können. Wie das Ethos einer *theoretischen* Kritik der Sprache ausfällt, hängt von ihrer Auffassung der Sprache ab. Ein reiches, egalitäres und darin libertäres Verständnis, wie es Herder und seine Nachkommen entwickelt haben, sieht den besten Gebrauch der Sprache im Erhalt und der Lebendigkeit des fragilen Widerspiels ihrer heterogenen Formen. Das ist die Bedingung dafür, dass Welterschließung und Wahrheitsorientierung sich wechselseitig befruchten. Eine in logischer, performativer und politischer Hinsicht antihierarchische Aktualisierung ihres Potenzials aber ist nicht das Telos »der Sprache«, es ist dasjenige derer, denen bei aller Diversität und Differenz ihres Meinens und Wollens an einem humanen Umgang untereinander liegt. Was diesen ausmacht, lässt sich nicht an der Sprache als solcher exemplifizieren, wohl aber an den Beziehungen wechselseitiger Selbstbestimmung und Selbstachtung, wie sie sich in der sprachlich erschlossenen Welt auftun – und dort immer wieder beschädigt und zerstört werden.

In § 467 der *Philosophischen Untersuchungen* fragt sich Ludwig Wittgenstein: »Denkt der Mensch also, weil Denken sich bewährt hat? – Weil er denkt, es sei vorteilhaft, zu denken?« Wenn man sich die Geschichte der Menschheit anschaut, sind daran Zweifel erlaubt. Doch Wittgenstein lässt diese Frage ins Leere laufen. Denn sie kommt, wenn Denkende sie an die eigene Adresse richten, längst zu spät. Wir denken, weil wir nicht anders können, als im Denken, Sprechen und Handeln immer auch anders zu können.

7. Wittgenstein

Damit ist Wittgensteins Name gefallen. Ich habe Wittgenstein in den Vorgeschichten beiseite gelassen, gleichsam wegretuschiert, obwohl – und weil – er die Hauptfigur dieses Buches ist. Seine *Philosophischen Untersuchungen* und die nachgelassenen Texte aus ihrem Umkreis entfalten ein entschieden egalitäres Verständnis sprachlicher Bedeutung. Das macht diese Schriften zu einem unschätzbaren Archiv des in der zweiten Geschichte vorgestellten »demokratischen« Sprachdenkens, dessen Konsequenzen ich in den nachfolgenden Geschichten skizziert habe. Diese Geschichten aber stehen nicht für sich selbst. Sie bilden den Hintergrund, vor dem ich Wittgenstein in den Vordergrund rücken werde.

Unausgesprochen präsent war Wittgenstein in den Geschichten ohnehin. Viele der später Geborenen wie Davidson, Dummett, Taylor, Searle, Wellmer oder Brandom sind seinem Werk in Zustimmung und Ablehnung verbunden. In einer Rekapitulation seiner Sprachphilosophie bemerkt Habermas beiläufig: »[D]as Telos der Verständigung wohnt, wie Wittgenstein klar gemacht hat, dem sprachlichen Medium selbst inne.« (Habermas 1999b, 111 f.) In einem nach 25 Jahren verfassten Rückblick auf *Wahrheit und Methode* gesteht Gadamer: »Das Spätwerk Wittgensteins konnte ich erst nach Durchmessung meiner eigenen Denkwege studieren.« (Gadamer 1993b, 4) Schon im Vorwort zur zweiten Auflage seines Hauptwerks hatte es in einer Fußnote geheißen: »Ludwig Wittgensteins Begriff der ›Sprachspiele‹ kam mir daher, als ich ihn kennenlernte, ganz natürlich vor.« (WM XXIV) Andere wie Adorno, Foucault und Derrida haben – nicht zu ihrem Vorteil – einen großen Bogen um Wittgenstein gemacht. In *Der Widerstreit* beruft sich Jean-François Lyotard für seine Philosophie der agonalen Verfassung diskursiver Verläufe zwar auf Wittgenstein, geht den in seinem Spätwerk gelegten Spuren aber nicht weiter nach, da er ihren Pragmatismus – in Heideggers Geist – als »anthropozentrisch« verwirft. (Lyotard 1987, 12f., 229) In dem letzten Kapitel von *Unterwegs zur Sprache* resümiert Heidegger seinen Zugang zur Sprache in einer »Formel«, die »zum Leitfaden auf dem Weg zur Sprache dienen« soll: »Wir wagen hierbei etwas Seltsames und möchten es auf die folgende Weise umschreiben: *Die Sprache als die Sprache zur Sprache bringen.*« (UzS 242) Wie ein Mantra wird diese »Wegformel« noch drei weitere Male wiederholt. (UzS 243, 250, 261) Mit solchen Beschwörungen und ihren autoritären Gesten aber ist es nicht getan. Ironischerweise jedoch gibt Heideggers Maxime, für sich genommen, eine treffende Beschreibung des philosophischen und literarischen Verfahrens der *Philosophischen Untersuchungen.* Nicht Heidegger, Wittgenstein gelingt es, die Sprache in der Fülle ihrer Erscheinungen ohne Verzerrungen zur Sprache zu bringen. Mit offenem Blick, der nötigen Gelassenheit und dem dazugehörenden Humor geht er den einander überkreuzenden Wegen der Sprache nach.

Im folgenden Teil dieses Buchs argumentiere ich dafür, dass die *Philosophischen Untersuchungen* entgegen dem Anschein eine systematische Theorie sprachlicher Bedeutung enthalten, die sich in Form und Ausrichtung heterodox zu den kanonischen Theorien dieses Namens verhält. In dieser Absicht kommentiere ich dieses Werk mit Seitenblicken auf einige seiner Trabanten aus seiner Mitte heraus. Ich nehme einen einzigen, für meine Deutung zentralen Gedanken Wittgensteins zum Anlass, schrittweise einen zureichenden Begriff der Varietät sprachlicher Ausdrucksformen zu entwickeln. Der Anspruch einer vollständigen Auslegung der *Philosophischen Untersuchungen*, was immer das wäre, ist damit ebenso wenig verbunden wie die Absicht, Wittgensteins Selbstverständnis im Ganzen zu entsprechen. Keine Rekombination des Originals kann dieses auch nur annähernd ersetzen.

Zwei weitere Einschränkungen kommen hinzu. Die erste stammt von Wittgenstein selbst, wenn er in § 494 der *Philosophischen Untersuchungen* bemerkt: »Ich will sagen: Der Apparat unserer gewöhnlichen Sprache, unserer Wortsprache, ist *vor allem* das, was wir ›Sprache‹ nennen; und dann anderes nach seiner Analogie oder Vergleichbarkeit mit ihr.« Diese Bemerkung weist darauf hin, dass Wittgenstein in seinen Überlegungen zu den Formen des Ausdrucks und Verstehens nicht allein die Wortsprache im Auge hat, sondern auch das Verstehen des leibgebundenen menschlichen Ausdrucksverhaltens sowie von Bildern und Musik, das ihm immer wieder als Vergleichspunkt bei der Analyse des im engeren Sinn sprachlichen Verstehens dient. Eine Beschränkung auf die Wortsprache (und mehr noch: auf die *geschriebene* Sprache), wie ich sie zunächst weitgehend vornehmen werde, wird jedoch der Reichweite der Begriffe der Kommunikation und des Verstehens bei Wittgenstein nicht in vollem Umfang gerecht.

Die zweite Einschränkung betrifft die Möglichkeit einer »Ethik« der Sprache, wie ich sie in der sechsten Geschichte erörtert habe. Dergleichen ist bei Wittgenstein – jedenfalls offiziell – nicht vorgesehen. »Alle Philosophie ist ›Sprachkritik‹.«, sagt Wittgenstein in seiner frühen *Logisch-philosophischen Abhandlung* (T 4.0031). Diesen Satz jedoch will Wittgenstein gerade nicht als eine Aufforderung zur Korrektur des faktischen Sprachgebrauchs verstanden wissen; er bezieht sich auf die Freilegung der »logischen Form« von Sätzen. Erst recht will der spätere Wittgenstein den Sprachgebrauch unangetastet lassen. Dabei muss es aber nicht bleiben, sobald ein reicher Begriff der Sprache gewonnen ist. Zwar nicht mit Wittgenstein, aber doch von ihm her lässt sich, wie sich am Ende zeigen soll, ein normatives Verständnis sprachlicher Praxis umreißen, das in diesem Begriff zumindest angelegt ist. – Auf diese vorerst unterbelichteten Aspekte meiner Auslegung werde ich in den Nachbetrachtungen zurückkommen.

II. Wittgensteins Gedanke

1. *Philosophische Untersuchungen,* § 531:
»Wir reden vom Verstehen eines Satzes in dem Sinne, in welchem er durch einen anderen ersetzt werden kann, der das Gleiche sagt; aber auch in dem Sinne, in welchem er durch keinen anderen ersetzt werden kann. (So wenig, wie ein musikalisches Thema durch ein anderes.)
Im einen Fall ist der Gedanke des Satzes, was verschiedenen Sätzen gemeinsam ist; im andern, was nur diese Worte, in diesen Stellungen, ausdrücken. (Verstehen eines Gedichts.)«[1]

2. »In diesen Worten erhalten wir, so scheint es mir, ein bestimmtes Bild vom Wesen der menschlichen Sprache« – so kommentiert Wittgenstein das Zitat aus den *Confessiones* des Augustinus, mit dem er sein Buch begonnen hat. So möchte ich meinerseits die Sätze in PU 531 kommentieren. Das »Bild«, das sie nahelegen, ist weder das des Augustinus

1 Da in den Paragrafen der *Philosophischen Untersuchungen* häufig einfache *und* doppelte Anführungszeichen vorkommen, weiche ich bei Wiedergaben aus den PU und anderen Schriften Wittgensteins von der üblichen Zitierweise ab: Ich setze Wittgenstein-Zitate stets in doppelte An- und Abführungszeichen – auch dann, wenn die betreffende Passage *ihrerseits* mit doppelten Anführungszeichen beginnt oder endet. – Alle Angaben aus dem PU beziehen sich auf die jeweiligen Paragrafen, diejenigen aus Wittgensteins übrigen Texten (mit Ausnahme des *Tractatus*) hingegen auf die Seitenzahlen.

noch dasjenige, das der junge Wittgenstein in seiner *Logisch-philosophischen Abhandlung* entworfen hat; es ist auch nicht das derer, die auf andere Weise nach dem verborgenen »Wesen der Sprache, des Satzes, des Denkens« fragen (PU 92). Sie alle suchen es an der falschen Stelle, weil sie es hinter dem Reichtum der Erscheinungen des Sprechens und Denkens aufspüren wollen.

3. Wittgenstein kommentiert diese Herangehensweise so: »Denn wenn wir auch in unseren Untersuchungen das Wesen der Sprache – ihre Funktion, ihren Bau – zu verstehen trachten, so ist es doch nicht *das*, was diese Frage im Auge hat. Denn sie sieht in dem Wesen nicht das, was schon offen zutage liegt und was durch Ordnen übersichtlich wird. Sondern etwas, das *unter* der Oberfläche liegt.« (PU 92) *An* ihrer Oberfläche hingegen zeigt sich die tatsächliche Dynamik der Sprache. Diese Oberfläche hat Wittgenstein im Sinn, wenn er sagt: »Das *Wesen* ist in der Grammatik ausgesprochen.« (PU 371) Seine philosophische »Grammatik« (PU 496) nimmt und kommentiert die Sprache so, dass sie in ihrer Pluralität zur Sprache kommt.

4. PU 531 präsentiert diese Betrachtungsweise in aphoristischer Zuspitzung. Meine Auslegung dieses einen Paragrafen (weiter wird hier nichts geschehen) dient einer Begründung der Annahmen, zu denen meine selektiven Erinnerungen an die Geschichte der neueren Sprachphilosophie gelangt sind. Zugleich führt sie die Perspektive vor Augen, aus der Wittgenstein die menschlichen Verhältnisse in den Blick nimmt.

Eine erste Auslegung

5. Wir haben es in PU 531 mit drei Arten von »Gedanken« zu tun: mit solchen, die ohne Verlust durch andere Formulierungen ersetzt werden können, mit solchen, bei denen das nicht der Fall ist, und schließlich mit Wittgensteins Gedanken über das Verhältnis dieser beiden Arten von Gedanken. Den dritten dieser Gedanken nenne ich »Wittgensteins Gedanke« (oder auch »Wittgensteins Unterscheidung«). Ihn zu verstehen, bedeutet zu verstehen, warum – mit Herders Worten – »das Reich einer lebendigen Sprache, Demokratie ist«.

6. Eine lebendige Sprache kennt Gedanken der einen ebenso wie Gedanken der anderen Art – und vieles dazwischen. Diese einfache Beobachtung hat weitreichende Konsequenzen. Wittgenstein wendet sich gegen eine theoretische Separierung der Formen sprachlichen Sinns und erst recht gegen eine Isolierung bestimmter dieser Formen. PU 531 plädiert für eine simultane Berücksichtigung der Vielfalt sprachlicher Ausdrucksformen.

7. Der Leitbegriff in PU 531 ist jedoch nicht der des »Gedankens«, sondern der des »Verstehens«. Den Arten von »Gedanken«, die Wittgenstein unterscheidet, entsprechen Arten des Verstehens. Mehr noch: Der Ausdruck »Gedanke« steht in PU 531 für alles, was im Verstehen von Sätzen verstanden werden kann.
PU 532 lässt daran keinen Zweifel:
»So hat also »verstehen« hier zwei verschiedene Bedeutungen?
– Ich will lieber sagen, diese Gebrauchsarten von »ver-

stehen« bilden seine Bedeutung, meinen *Begriff* des Verstehens.
Denn ich *will* ›verstehen‹ auf alles das anwenden.«

8. Hat PU 531 eine Differenz im Verstehen eher lakonisch konstatiert, so unterstreicht PU 532 den Zusammenhang ihrer Formen mit einer dramatischen Geste. Warum? Wittgenstein *will* etwas: Er besteht auf einem weiten Begriff des sprachbezogenen Verstehens. (Die Analogie zum Hören von Musik und der Hinweis auf das Verstehen eines Gedichts haben das zuvor schon akzentuiert.) Er stellt eine Grundspannung unterschiedlicher Verwendungsweisen des Ausdrucks »verstehen« heraus. Ihr entspricht eine Grundspannung der Formen des jeweils Verstandenen. Damit wird die Einheit der divergenten Pole sprachlichen Verstehens und sprachlicher Bedeutung betont. Von einem Vorrang des einen vor dem anderen Pol des Verstehens ist nicht die Rede. Stattdessen wird eine stereoskopische Betrachtung empfohlen, die die beiden einander gegenüber gestellten Dimensionen des Sprachlichen von vornherein und gleichermaßen umfasst.

9. Sprachliche Verwendungen stehen grundsätzlich einem Verstehen eher der einen oder der anderen Art offen. Ausdrücke, Sätze und größere sprachliche Einheiten können eher so oder so aufgefasst werden, je nachdem, für welche Art des Verstehens sie vorwiegend gemacht oder geeignet sind. Welche Art des Verstehens erfordert, angebracht oder sinnvoll ist, hängt von den Arten des Gebrauchs sprachlicher Formen und den jeweiligen Kontexten der Rede ab. Je nach Art des Gebrauchs variiert die Art des Verstehens; je nach Art des Verstehens variiert die Art des Verstandenen. Beides gehört zusammen. Die Arten sprachlichen Sinns und

die Arten ihres Verstehens sind begrifflich interdependent.

10. Diese Konstellationen sind es, die PU 531 unterstreicht. Wittgenstein markiert die Reichweite sprachlichen Sinns und sprachlichen Verstehens, wie sie sich in und zwischen den beiden dort unterschiedenen Möglichkeiten aufspannt. Sprachlicher Sinn steht nicht *entweder* auf der einen *oder* auf der anderen Seite, sprachlicher Sinn ergibt sich *innerhalb* des so bezeichneten Felds.

11. Wittgenstein erweitert Freges Begriff des Gedankens in erheblichem Maß. Der Ausdruck »Gedanke« in seinen beiden Bedeutungen steht nun nicht mehr für eine beschränkte, sondern für eine unbeschränkte Auffassung des möglichen Sinns von Sätzen. Die zweite Art von Gedanken sprengt das Korsett dessen, was bei Frege und vielen seiner Nachfolger als paradigmatischer Fall des Gehalts von Sätzen firmiert. Der Begriff des »Gedankens« verwandelt sich mit dieser Umwidmung in einen Platzhalter für alles das, was als »Sinn« oder »Ausdruck« von Sätzen zählen und in ihrem Verstehen erfasst werden kann. Wer über den Sinn von Sätzen sprechen will, darf über die Vielstimmigkeit dieses Sinns nicht schweigen. Das ist »Wittgensteins Gedanke«: Mit einem engen Begriff sprachlicher Bedeutung kommt die Analyse keiner ihrer Spielarten aus. Die Spiele der Sprache werden nach vielen Regeln gespielt.

12. Wittgenstein empfiehlt, die »volle Sprache« (PU 120) beim Wort zu nehmen. »Die unsägliche Verschiedenheit aller tagtäglichen Sprachspiele kommt uns nicht zu Bewußtsein, weil die Kleider der Sprache alles gleichmachen.« (PU II, 570) Diese Verschiedenheit darf nicht wegerklärt

werden. »Unser Fehler ist, dort nach einer Erklärung zu suchen, wo wir die Tatsachen als ›Urphänomene‹ sehen sollten. D.h., wo wir sagen sollten: *dieses Sprachspiel wird gespielt.*« (PU 654) Goethes Begriff des »Urphänomens« wird in Erinnerung gerufen, um den Reichtum der Sprache einer unzensierten Anschauung freizugeben. »Sieh auf das Sprachspiel als das *Primäre*!« (PU 656) Dieser Primat legt Einspruch gegen die philosophische Obsession, *ein* Sprachspiel zur primären Quelle der Bedeutungshaftigkeit menschlicher Sprachen zu erheben. *Das* Sprachspiel gibt es gerade nicht. Der Singular in Wittgensteins Formulierung spricht im Namen der Vielfalt solcher Spiele.

13. Ein Keim dieser Auffassung sprießt schon im *Tractatus*: »In der Philosophie führt die Frage »wozu gebrauchen wir eigentlich jenes Wort, jenen Satz« immer wieder zu wertvollen Einsichten«. (T 6.211) Der Kultivierung dieser Einsicht gilt das gesamte Unterfangen der PU. »Es ist interessant, die Mannigfaltigkeit der Werkzeuge der Sprache und ihrer Verwendungsweisen, die Mannigfaltigkeit der Wort- und Satzarten, mit dem zu vergleichen, was die Logiker über den Bau der Sprache gesagt haben. (Und auch der Verfasser der Logisch-Philosophischen Abhandlung.)« (PU 23) – »Wenn die Philosophen ein Wort gebrauchen, – ›Wissen‹, ›Sein‹, ›Gegenstand‹, ›Ich‹, ›Satz‹, ›Name‹ – und das *Wesen* des Dings zu erfassen trachten, muß man sich immer fragen: Wird denn dieses Wort in der Sprache, in der es seine Heimat hat, je so gebraucht?
Wir führen die Wörter von ihrer metaphysischen wieder auf ihre alltägliche Verwendung zurück.« (PU 116)

14. Wittgensteins Vorbehalt betrifft einen zentralen Strang des Nachdenkens über die Sprache. Aus seiner Sicht ma-

chen sich sowohl die herkömmliche als auch weite Teile der modernen Sprachphilosophie eines irreführenden Reduktionismus schuldig. Anstatt die Vielfalt sprachlicher Gebrauchsweisen als »Urphänomen« anzuerkennen, versucht die von Wittgenstein kritisierte Überlieferung sie auf wenige »Urelemente« zurückzuführen, aus denen alle ihre Formen »zusammengesetzt« sind (PU 46f.). – »»Wir benennen die Dinge und können nun über sie reden. Uns in der Rede auf sie beziehen.« – Als ob mit dem Akt des Benennens schon das, was sie weiter tun, gegeben wäre. Als ob es nur Eines gäbe, was heißt: »von Dingen reden«. Während wir doch das Verschiedenartigste mit unseren Sätzen tun.« (PU 27)

15. Zu diesem höchst Verschiedenartigen gehören Sprechakte wie »Ausrufe« (PU 27), Aufschreie, Anfeuerungen oder »Bitten, Danken, Fluchen, Grüßen, Beten« (PU 23), die oft nicht in Form von ganzen Sätzen und ihren Verkettungen daherkommen. Auch das aber sind Ausdrucksformen, die sich nur dort auftun und nur dort ihre eigene Kraft gewinnen, wo die Fähigkeit der Bildung und des Verstehens mehr oder weniger komplexer »Gedanken« der einen oder anderen Art gegeben ist. Im Kontrast zu elaborierteren Arten des Sprechens erhalten Interjektionen, Abbreviationen und mantrahaftes Sprechen oder Singen ihren unverwechselbaren Sinn. Die einen Möglichkeiten ergeben sich zusammen mit den anderen. Die grammatische Wohlgeformtheit und Ausführlichkeit von Redezügen ist nicht das Maß aller sprachlichen Dinge.

16. »Denk nicht, sondern schau!« (PU 66) ist hier die einschlägige Maxime. Damit ist nicht gemeint, dass man beim Philosophieren nicht denken solle – das wäre ja noch

schöner. Wittgenstein erteilt kein Denkverbot, sondern ein Denkgebot: die Aufforderung, sich im theoretischen Denken von der Anschauung leiten zu lassen (»Theorie« heißt ja ursprünglich Anschauung).

17. Dieses phänomenologische Verfahren beschreibt Wittgenstein an einer berüchtigten Stelle so:
»Die Philosophie darf den tatsächlichen Gebrauch der Sprache in keiner Weise antasten, sie kann ihn am Ende also nur beschreiben.
Denn sie kann ihn auch nicht begründen.
Sie läßt alles wie es ist.« (PU 124)

18. Was – »alles« – aber soll hier so gelassen werden, wie es ist? Der »tatsächliche Gebrauch der Sprache«. Das aber ist keineswegs alles. Durchweg kommentiert Wittgenstein die *Deutungen*, die diesem Gebrauch in der Philosophie zuteilgeworden sind. Diese Deutungen werden keineswegs nur beschrieben, sie werden kritisiert und revidiert – nicht durch eine »Begründung« der vorfindlichen Gebrauchsweisen der Sprache, wohl aber durch den Aufweis ihrer fehlgeleiteten Auslegungen. Der Satz, Philosophie lasse alles, wie es ist, ist an seiner Stelle ein rein methodischer Satz (und schon gar kein politisches *statement*). Nicht die Sprache soll reformiert werden (eine Absicht, die bei Herder und seinen Zeitgenossen noch gang und gäbe war), wohl aber das Denken über sie. Mit einem »Quietismus«, wie er Wittgenstein nachgesagt wird, hat das nichts zu tun. Die Verwandlung von Theorie in »Therapie« (PU 133 u. 255) bleibt immer noch Theorie – eine Theorie, die anders vorgeht als es bei von unten nach oben errichteten Theoriegebäuden üblich ist.

19. »Die Arbeit des Philosophen ist ein Zusammentragen von Erinnerungen zu einem bestimmten Zweck.« (PU 127) Was ist der Zweck der *Philosophischen Untersuchungen*? Er liegt in dem Versuch, eine erhellende Perspektive auf die menschliche Sprache und mit ihr auf den menschlichen Geist, die menschliche Art des Denkens, Meinens und Handelns zu geben – was cum grano salis seit jeher die »Arbeit des Philosophen« ist. (Vgl. Conant 2021, 21 ff.).

20. Seine Arbeitsweise beschreibt Wittgenstein mit Hilfe des Begriffs der »übersichtlichen Darstellung«. »Der Begriff der übersichtlichen Darstellung ist für uns von grundlegender Bedeutung. Er bezeichnet unsere Darstellungsform, die Art, wie wir die Dinge sehen.« (PU 122) Das ist es, was Wittgenstein will: Eine Sicht der von ihm behandelten Themen zu eröffnen, die geeignet ist, »Schwierigkeiten« (PU 133) ihrer bisherigen Behandlung zu beseitigen.

21. Von Wittgensteins Bescheidenheitstopoi sollte man sich ebensowenig täuschen lassen wie von seinen Unbescheidenheitstopoi. (Beide sind Kehrseiten ein und derselben Medaille.) »Vollkommene Klarheit«, wie Wittgenstein sie in PU 133 anzustreben behauptet und mit ihr ein »vollkommenes Verschwinden« der philosophischen Probleme ist nicht das, was mit seiner Art der Darstellung zu erreichen ist. Allein die Textgestalt der *Philosophischen Untersuchungen* spricht dagegen; so übersichtlich ist ihre Art der Darstellung schließlich auch wieder nicht. Wittgensteins philosophische Prosa ist auf eine digressive Schreibart angewiesen; sie praktiziert ein radikal – wie Adorno es nannte – »konstellatives« Denken, das per definitionem nicht zu einem Abschluss kommen kann. (Seel 2018).

22. Eine Digression ist auch PU 531. Im Kontext des Buchs kommt es einigermaßen überraschend, mit welcher Unbefangenheit Wittgenstein den Begriff des »Gedankens« hier verwendet. Dies scheint im Widerspruch zu seiner Aversion gegenüber Freges und seiner eigenen frühen Auffassung über das Verhältnis von Satz und Gedanke zu stehen. Anlässlich seiner Diskussion der Expression und Zuschreibung phänomenaler Zustände – »innerer Vorgänge« wie z. B. Schmerzen – wird diese Aversion besonders deutlich. Das »Paradox«, das sich hier aufzutun scheint, sagt Wittgenstein, »verschwindet nur dann, wenn wir radikal mit der Idee brechen, die Sprache funktioniere immer auf *eine* Weise, diene immer dem gleichen Zweck: Gedanken zu übertragen – seien diese nun Gedanken über Häuser, Schmerzen, Gut und Böse, oder was immer.« (PU 304) Mit dieser Vorstellung bricht PU 531 auf eine unerwartete Weise, indem er mit dem hierbei verwendeten *Begriff* des Gedankens bricht. Ein *rigider* Begriff der Kommunikation von Gedanken, sagt Wittgenstein jetzt, geht an der Wirklichkeit der Sprache vorbei.

23. Noch kurz vor PU 531 hatte es mit satirischer Intonation geheißen:
»»Der Zweck der Sprache ist, Gedanken auszudrücken.« – So ist es wohl der Zweck jedes Satzes, einen Gedanken auszudrücken. Welchen Gedanken drückt also z. B. der Satz »Es regnet« aus?« (PU 501)
Wittgenstein weiß natürlich, dass es auf diese Frage eine einfache Antwort gibt: Der Satz »Es regnet« drückt den Gedanken aus, dass es regnet – einen Gedanken, der, wenn er geäußert wird, entweder wahr oder falsch ist. Worüber er sich jedoch mokiert, ist die Vorstellung, dass es der Zweck *jedes* Satzes ist, einem Gedanken *dieser Art* Ausdruck zu

geben – und dass es der alleinige oder auch nur primäre »Zweck der Sprache ist«, *solche* Gedanken zu formulieren. Die Volte von PU 531 liegt darin, dieser Vorstellung den Garaus zu machen. Der »Zweck der Sprache«, wenn man überhaupt so reden will, ist kein anderer als der durch Sprache eröffnete, erweiterte und fortwährend modifizierte Möglichkeitsraum des Wahrnehmens und Fühlens, Meinens und Verstehens, Denkens und Handelns selbst. Die Wirklichkeit der Sprache ist von den Wirklichkeiten des Lebens nicht zu trennen.

24. »Nur in einer Sprache kann ich etwas mit etwas meinen.« (PU 35) Nur in der menschlichen Sprache kann man in der Verbindung der entsprechenden Zeichen etwas durch diese Zeichen *Bestimmtes* meinen. *Eine* Art dieses Meinens hat die Form von Angaben darüber, wie es mit »Dingen« steht, stehen könnte, oder stehen soll. Wittgenstein bestreitet nicht, dass es bei vielen Sätzen hierauf ankommt. »Muß ich einen Befehl verstehen, ehe ich nach ihm handeln kann? – Gewiß! Sonst wüßtest du ja nicht, was du zu tun hast.« (PU 505) Was die mit einem Befehl Angesprochenen zu tun haben, ist das, was der entsprechende Satz im Modus einer Aufforderung sagt. »Mach die Tür zu!« bedeutet, dafür zu sorgen, dass die Tür geschlossen ist. Der Satz enthält die Anweisung, das wahr zu machen, was in ihm angesprochen ist. Er legt die Erfüllungsbedingungen der betreffenden Handlung fest. Wittgensteins Satz »In der Sprache berühren sich Erwartung und Erfüllung.« (PU 445) unterstreicht diesen Zusammenhang. Erwartung und Erfüllung sind in der Sprache auf besondere Weise verbunden, weil mit ihren Mitteln angegeben werden kann, worauf sich die Erwartung richtet. Um etwas Bestimmtes zu erwarten, bedarf es begrifflicher Bestimmungen, die spezifizieren, was zu erwar-

ten, zu erhoffen oder zu befürchten ist. »Eine Erwartung« in diesem Sinn »ist so gemacht, daß, was immer kommt, mit ihr übereinstimmen muß oder nicht.« (PU 465) »Ich erwarte / fürchte / hoffe, es wird regnen« – diese Erwartung, Befürchtung oder Hoffnung erfüllt sich je nachdem, ob es sich bewahrheitet, dass es regnet. Sätze dieser Art, ob mit ihnen Behauptungen oder Aufforderungen gemacht, Fragen gestellt, Erwartungen, Wünsche oder Absichten geäußert werden, enthalten Gedanken, die in der Art ihres Wahrheitsbezugs verstanden werden müssen, wenn der Satz verstanden werden soll. Hier ist die Verwendung von »Satz« eng mit der Verwendung von »wahr« »verwoben« (PU 225).

25. Für ein *Segment* der Verwendung von Sätzen, bedeutet das, ist Wittgensteins Auffassung mit derjenigen Freges bis zu einem gewissen Grad kompatibel. »Fragesatz und Behauptungssatz enthalten denselben Gedanken; aber der Behauptungssatz enthält noch etwas mehr, nämlich die Behauptung. Auch der Fragesatz enthält etwas mehr, nämlich eine Aufforderung. In einem Behauptungssatz ist also zweierlei zu unterscheiden: der Inhalt, den er mit der entsprechenden Satzfrage gemein hat und die Behauptung. Jener ist der Gedanke oder enthält wenigstens den Gedanken. Es ist also möglich, einen Gedanken auszudrücken, ohne ihn als wahr hinzustellen.« (DG 35) Sätze jedes grammatischen Modus, meint Frege, haben einen gedanklichen »Inhalt«, der lediglich im Fall des Behauptungssatzes mit einem Anspruch auf Wahrheit verbunden wird. In anderen Arten von Sätzen wird angegeben, was wahr oder nicht wahr gemacht werden soll, es wird danach gefragt, wie es um die Wahrheit eines Gedankens steht, es wird gesagt, wovon man wünscht oder befürchtet, dass es wahr werden könnte oder – im »Gebiet der Dichtung« (DG 42) – ganz darauf

verzichtet, einen Anspruch auf Wahrheit zu erheben. Auch einen Satz mit lediglich indirektem oder eingeklammertem Wahrheitsbezug zu verstehen aber bedeutet, seine Wahrheitsbedingungen zu kennen – also zu wissen, unter welchen Umständen es sich so verhält oder verhalten könnte oder verhalten würde, wie der Satz es sagt.

26. Frege zieht aus diesen Überlegungen den Schluss, dass der paradigmatische Fall der Sprachverwendung die Aussage und ihre Behauptung ist, da hier der implizite Wahrheitsbezug aller Arten von Sätzen explizit wird. Was Gedanken sind und wie sie zu verstehen sind, muss deshalb am Modell der Aussage analysiert werden. Diese sprachliche Form bildet das Fundament sprachlicher Bedeutung und sprachbezogenen Verstehens. Dieses Fundament muss freigelegt werden, denn auf ihm beruhen auch alle die Verwendungen der Sprache, die von ihrer systematisch gesehen primären und methodisch bereinigten Gestalt abweichen.

27. Sprache muss erst einmal bereinigt werden, um philosophisch erfasst werden zu können: Dieser Maxime sind viele der ambitionierten »Bedeutungstheorien« im 20. Jahrhundert gefolgt. Das Ergebnis ist eine unfreiwillige Parodie der Bemerkung Wittgensteins: »Man muss manchmal einen Ausdruck aus der Sprache herausziehen, ihn zum Reinigen geben, – und kann ihn dann wieder in den Verkehr einführen.«(VB 79) Den Begriff der Sprache nach dieser Anleitung aus der Sprache herauszuziehen, ist jedoch ein fatales Manöver. Mit einer Überdosis Bleichmittel wird die Buntwäsche der Sprache ruiniert.

28. »Ja, haben wir denn *einen* allgemeinen Begriff vom Satz?«, fragt Wittgenstein in der *Philosophischen Gramma-*

tik (PG 18). Damit nimmt er seine eigenen »Verhexungen« (PU 109) aufs Korn. Sie finden ihren Ausdruck in Anwandlungen wie dieser: »»Der Gedanke, dieses seltsame Wesen« – aber er kommt uns nicht seltsam vor, wenn wir ihn denken. Der Gedanke kommt uns nicht geheimnisvoll vor, während wir denken, sondern nur, wenn wir retrospektiv sagen: »Wie war das möglich?«« (PU 428)

29. Retrospektiv beschreibt Wittgenstein seine Verhexung so:
»Log. Phil. Abh. (4.5): »Die allgemeine Form des Satzes ist: Es verhält sich so und so.« – Das ist ein Satz von jener Art, die man sich unzählige Male wiederholt. Man glaubt, wieder und wieder der Natur nachzufahren, und fährt nur der Form entlang, durch die wir sie betrachten.« (PU 114)
»Ein *Bild* hielt uns gefangen. Und heraus konnten wir nicht, denn es lag in unserer Sprache, und sie schien es uns nur unerbittlich zu wiederholen.« (PU 115)

30. »Unsere Sprache« meint hier eine dominante Art der philosophischen Rede über die Sprache. »Betrachten wir den Satz: »Es verhält sich so und so« – wie kann ich sagen, dies sei die allgemeine Form des Satzes? – Es ist vor allem *selbst* ein Satz, ein deutscher Satz, denn es hat Subjekt und Prädikat. Wie aber wird dieser Satz angewendet – in unserer alltäglichen Sprache nämlich? Denn nur *daher* habe ich ihn genommen.« (PU 134) Sätze aber können auf ganz verschiedene Weise – und zu ganz verschiedenen »Zwecken« – verwendet werden. Der Versuchung, eine dieser Verwendungen vor allen anderen auszuzeichnen, stellt Wittgenstein einen offenen – und absichtsvoll anspruchslosen – Begriff des Satzes gegenüber: »Was ein Satz ist, ist in *einem* Sinne bestimmt durch die Regeln des Satzbaus (der deutschen

Sprache, z. B.), in einem anderen Sinne durch den Gebrauch des Zeichens im Sprachspiel. Und der Gebrauch der Wörter ›wahr‹ und ›falsch‹ kann auch ein Bestandteil dieses Spiels sein; und dann gehört er für uns zum Satz.« (PU 136) Daraus, dass Sätze einen so verstandenen Wahrheitsbezug haben *können*, folgt nicht, dass hierin – oder hierin allein – ihre Bedeutung liegt. Es folgt genauso wenig, dass »Gedanken« allein an *dieses* Format der Rede gebunden sind.

31. Frege: »Ohne damit eine Definition geben zu wollen, nenne ich Gedanken etwas, bei dem überhaupt Wahrheit in Frage kommen kann. Was falsch ist, rechne ich ebenso zu dem Gedanken, wie das, was wahr ist. Demnach kann ich sagen: der Gedanke ist der Sinn eines Satzes, ohne damit behaupten zu wollen, daß der Sinn jedes Satzes ein Gedanke sei.« (DG 33). Nur im Fall von Aussagesätzen und ihrem direkten Wahrheitsbezug macht der Gedanke für Frege den »Sinn« eines Satzes aus, während andere Satzarten lediglich einen gedanklichen »Inhalt« haben; auch sie drücken einen Gedanken aus, jedoch »ohne ihn als wahr hinzustellen« (DG 35). »Einem Befehlssatze wird man den Sinn nicht absprechen wollen; aber dieser Sinn ist nicht derart, daß Wahrheit bei ihm in Frage kommen könnte.« (DG 34)

32. PU 531 muss als eine Kontrafaktur von Freges Theorie des Gedankens gelesen werden. »Wir sagen, der Satz drücke einen Gedanken aus«, sagt Frege (DG 33). Im Tractatus hat Wittgenstein gesagt: »Der Gedanke ist der sinnvolle Satz.« (T 4) Dasselbe sagt Wittgenstein in den PU – aber er schränkt diese Bestimmung weder auf den Aussagesatz noch auf andere Satzarten noch auf irgendeine andere Art der *Verwendung* von Sätzen ein. Wittgenstein befreit den Begriff des Gedankens von dem Korsett einer wahrheits-

funktionalen Semantik. Sätze, die verstanden werden können, sagt Wittgenstein jetzt, enthalten Gedanken – jedoch Gedanken sehr unterschiedlicher Art. Mit einem Begriff des Gedankens ist ebenso wenig auszukommen wie mit einem Begriff des Denkens.

33. »Was heißt es denn: »entdecken, daß eine Aussage keinen Sinn hat«? – Und was heißt das: »Wenn ich etwas damit meine, muß es doch Sinn haben«? – Wenn ich etwas damit meine? Wenn ich *was* damit meine?! – Man will sagen: der sinnvolle Satz ist der, den man nicht nur sagen, sondern den man auch *denken* kann.« (PU 511) Im Gebrauch und Verstehen von Sätzen gleich welcher Art zu denken reicht weit über das Haben und Begreifen Frege'scher Gedanken hinaus. Je nachdem, welcher »Zug im Sprachspiel« (PU 22) mit ihnen gemacht wird, enthalten sie unterschiedliche Arten des Sinns und stellen unterschiedliche Anforderungen des Verstehens.

34. »Das Wesentliche am Satz ist also das, was allen Sätzen, welche den gleichen Sinn ausdrücken, gemeinsam ist«, hatte es im *Tractatus* geheißen (T 3.341). Das ist in den PU nicht länger *das* Wesentliche am Satz – und schon gar nicht das generelle Merkmal eines *sinnvollen* Satzes. Denn es handelt sich lediglich um eine Art der Verwendung von Sätzen – um diejenige, die den ersten Pol der in PU 531 unterschiedenen Arten des Sinns und Verstehens bildet. Für diese Verwendungen gilt: Die betreffenden Sätze können durch andere ersetzt werden, die das Gleiche sagen. Sie sagen das Gleiche – drücken denselben Gedanken aus –, sofern ihre Wahrheits- bzw. Erfüllungsbedingungen dieselben sind.

35. Die Möglichkeit, Sätze so zu verstehen, dass sie durch andere ohne Bedeutungsveränderung ersetzt werden können – diese Möglichkeit besteht. Aber sie ist weder die einzige noch die einzig grundlegende Möglichkeit des sprachlichen Sinns und Verstehens.

36. »Aber haben wir denn nicht einen Begriff davon, was ein Satz ist, und was wir unter »Satz« verstehen? – Doch, sofern wir auch einen Begriff davon haben, was wir unter »Spiel« verstehen.« (PU 135) Wittgensteins Kommentare zum Spielbegriff (PU 65–75) weisen darauf hin, dass Spiele Praktiken mit unscharfen Grenzen sind, die »gar nicht Eines gemeinsam« haben, aber in verschiedenen Graden miteinander »verwandt« sind (PU 65). Dass der Begriff des Spiels ein Begriff mit »verschwommenen Rändern« ist (PU 71), tut seiner Verwendung jedoch keinen Abbruch, sondern weist der Analyse dieses Begriffs den Weg. So steht es auch mit den Begriffen der Sprache oder des Satzes. Wir *haben* einen Begriff des Satzes, der ein weitläufiges, nicht eingezäuntes Gelände der Verwendung und des Verstehens von Sätzen benennt. Darum lautet Wittgensteins Rat: »Gefragt, was ein Satz ist – ob wir nun einem Andern antworten sollen, oder uns selbst – werden wir Beispiele angeben.« (PU 135)

37. Sätze und Gedanken der ersten Art sind daran zu erkennen, dass sie ohne Verlust substituierbar sind. In einfachen Fällen genügt eine Übersetzung. Satzpaare wie »Schnee ist weiß.« / »Snow is white.« oder »Es regnet.« / »It is raining.« haben dieselben Wahrheitsbedingungen und drücken deshalb denselben Gedanken aus. Für Sätze wie »Mach die Tür zu!« / »Close the door!« gilt das Gleiche; an den Erfüllungsbedingungen der beiden Aufforderungen ändert sich nichts. Wir verstehen diese Sätze, wenn wir wissen, unter

welchen Bedingungen sie wahr sind oder wahr gemacht werden. Häufig aber wird der in solchen Sätzen enthaltene Gedanke erst durch die Situation seiner Äußerung spezifiziert. Welche Tür geschlossen werden soll, ergibt sich erst aus der Situation, in der diese Aufforderung ergeht. Bei der Verwendung indexikalischer Ausdrücke müssen die entsprechenden Ausdrücke in der Paraphrase ersetzt werden. »Hier steht ein Baum« bedeutet aus der Perspektive eines weiter entfernt stehenden Sprechers, dass »dort« ein Baum steht. Nicht anders verhält es sich bei dem Gebrauch der Personalpronomina. Wenn ich sage, »Ich habe Schmerzen«, bedeutet dies, dass M.S. Schmerzen hat. Der Gedanke ist wiederum derselbe. Für die Identität des ausgedrückten Gedankens kommt es in vielen Fällen auf den Zeitpunkt der Äußerung des Satzes an. Hier, heißt es bei Frege, »ist also die Zeit des Sprechens Teil des Gedankenausdrucks« – und oft zugleich die Situation der Äußerung. »In allen solchen Fällen ist der bloße Wortlaut, wie er schriftlich festgehalten werden kann, nicht der vollständige Ausdruck des Gedankens, sondern man bedarf zu dessen richtiger Auffassung noch der Kenntnis gewisser das Sprechen begleitender Umstände, die dabei als Mittel des Gedankenausdrucks benutzt werden. Dazu können auch Fingerzeige, Handbewegungen, Blicke gehören.« (DG 38) Diese Kontextbedingungen des Verstehens aber ändern nichts daran, dass Gedanken dieser Art durch gleichbedeutende Formulierungen ersetzt werden können.

38. Wir sitzen an einem Sommerabend draußen im Gebirge. »Es dämmert«, sage ich. »Wie bitte?«, fragt mein Gegenüber, der des Deutschen nicht ganz mächtig ist. »Es wird langsam dunkel.« – »Ach so.« Meine Paraphrase gibt eine Bedeutung dieses Satzes wieder – diejenige, die ich mit mei-

ner Äußerung im Sinn hatte. Als die Nacht sich dem Ende zuneigt, sitzen wir noch immer da. »Es dämmert«, sage ich wieder. Der andere sieht mich erstaunt an. Ich erkläre: Der Satz kann auch bedeuten: »Es wird langsam hell« – »Dämmerung« kann sich im Deutschen sowohl auf die Abnahme als auch auf die Zunahme des Tageslichts beziehen (auf »dusk« ebenso wie auf »dawn«). Übermüdet, wie wir sind, schwelgen wir in Erinnerungen an vergangene Zeiten. Der andere erzählt etwas, das ich längst vergessen hatte. »Jetzt dämmert es mir«, sage ich schließlich. – »Hast du ein Problem mit den Augen?«, fragt er. – »Nein, der Satz bedeutet so viel wie: »Langsam beginne ich mich zu erinnern.« Jede meiner Erläuterungen sagt mit anderen Worten dasselbe wie die Sätze, denen sie gilt. – »*Manche* der »Mißverständnisse, die den Gebrauch von Worten betreffen [...] lassen sich beseitigen, indem man eine Ausdrucksform durch eine andere ersetzt.« (PU 90)

39. In der Mitte der Nacht, wir saßen für eine Weile still in der Stille, kamen mir die Worte über die Lippen: »Über allen Gipfeln ist Ruh.« – »Wie bitte?«, sagte der andere, dem Goethe nicht geläufig war. Nicht in der Stimmung zu dozieren, paraphrasierte ich: »Im Gebirge herrscht Schweigen.« Dieser Satz kann so verstanden werden, dass er dasselbe sagt wie der vorige. Als konversationelle Bemerkung verwendet, sagen diese beiden Sätze dasselbe. Der Satz aus Goethes Gedicht *Wandrers Nachtlied* beschreibt dann die nächtliche Stimmung so gut wie die Paraphrase. In dem Gedicht aber hat der Satz eine völlig andere Stellung und Bedeutung.[2] Er wird von einem Zeilensprung unterbro-

2 Über allen Gipfeln / Ist Ruh, / In allen Wipfeln / Spürest du / Kaum einen Hauch; / Die Vögelein schweigen im Walde. / Warte nur, Balde / Ruhest du auch. (Goethe 1969)

chen, das dunkle »Ruh« reimt sich auf »du« in der vierten Zeile und wird in dem akustisch und semantisch dunklen »Ruhest du auch« in der Schlusszeile wieder aufgenommen. »Nur diese Worte, in diesen Stellungen«, drücken aus, was sie zur Gestimmtheit des Gedichts beitragen.

40. Wittgensteins Hinweis auf das »Verstehen eines Gedichts« in PU 531 ist nicht so zu verstehen, als käme es bei der Lektüre eines Gedichts darauf an, den Gedanken ausfindig zu machen, der mit ihm vorgebracht wird. Das wäre absurd. Gedichte bringen nichts vor, was nicht im Rhythmus ihrer Worte und Klänge enthalten wäre. »*Verstehen* wir Gedichte von Christian Morgenstern, oder Lewis Carrolls Gedicht »Jabberwocky«? Es zeigt sich hier klar, daß der Begriff des Verstehens fließt.« (PG 43)

41. Poetische Gedanken, die diesen Namen buchstäblich verdienen, aber gibt es durchaus. Im 16. Kapitel von Raymond Chandlers 1953 erschienenen Kriminalroman *The Long Good-bye* findet sich der Satz: »Off to my left there was an empty swimming-pool, and nothing ever looks emptier than an empty swimming-pool.« (Chandler 2010, 138) Der Ich-Erzähler Philip Marlowe äußert ihn, als er sich einem heruntergekommenen Sanatorium südlich von Los Angeles nähert, wohin ihn seine Ermittlungen als Privatdetektiv geführt haben. Der Satz ist leicht zu verstehen und, wie es scheint, auch nicht schwer zu übersetzen. »Links von mir lag ein leeres Schwimmbecken.« Das ist alles, was von dem Satz bei der deutschsprachigen Erstveröffentlichung im Jahr 1958 in der Übersetzung von Peter Fischer übrig geblieben ist. (Chandler 1972, 104) Als Motto seines Metakriminalromans *Der Hausierer* dagegen hat Peter Handke – in eigener Übersetzung – allein die zweite Satzhälfte

gewählt: »Es gibt nichts, was leerer aussieht als ein leeres Schwimmbecken.« (Handke 1967, 5) Erst in der Neuübersetzung durch Hans Wollschläger hat der vollständige Satz seinen Weg ins Deutsche gefunden: »Zu meiner Linken lag ein leerer Swimming-Pool, und es gibt überhaupt nichts, was leerer aussieht als ein leerer Swimming-Pool.« (Chandler 1975, 123)

42. Dass sich ein Satz ohne größere Mühe in eine andere Sprache übersetzen lässt, bedeutet nicht zwangsläufig, dass der »Gedanke« des zu übersetzenden Satzes mit dem des übersetzten Satzes identisch wäre. Die Übersetzbarkeit eines Satzes ist kein generelles Kriterium der Gleichheit des in den betreffenden Sätzen enthaltenen Gedankens. In vielen Fällen bleibt der Gedanke gleich, in vielen anderen bleibt er es nicht. Für diesen zweiten Fall ist die zweite Hälfte des Satzes aus *The Long Good-bye* ein sprechendes Beispiel. Diesen Halbsatz werde ich fortan »Chandlers Satz« nennen: »Nothing ever looks emptier than an empty swimming-pool.«

43. Was sagt dieser Satz? Was für einen Gedanken spricht er aus? Seine Wahrheitsbedingungen (ebenso seine »Behauptbarkeitsbedingungen« oder »inferentielle Rolle«, wenn eine andere Semantik bevorzugt wird) sind einigermaßen obskur. Schließlich gibt es allerhand Gegebenheiten, die überaus leer aussehen können – Geldbörsen, Bankkonten, Krater, der Blick eines Toten, Parkhäuser bei Nacht, Wasser- oder Whiskeyflaschen, wenn ein Durst zu stillen ist. Warum soll ausgerechnet ein leerer Swimmingpool leerer aussehen als jedes andere leere Objekt?
Der Kontext, in dem Chandlers Satz steht, gibt keinerlei Erklärung. Der in dem Satz festgehaltene Eindruck wird

kommentarlos hingeworfen, bevor das Anwesen weiter beschrieben wird und die Handlung ihren Lauf nimmt. Der Eindruck, dem der Satz Ausdruck gibt, wird auch nicht lediglich als eine subjektive Anmutung des Erzählers vorgestellt. Gesagt wird nicht, dass es ihm so *vorkommt*, sondern dass es *überhaupt* so ist. Die unüberbietbare Leere leerer Swimmingpools wird wie ein objektiver Tatbestand konstatiert. Um eine Tatsachenbehauptung, die sich als wahr oder falsch herausstellen könnte, handelt es sich dennoch nicht. Eine sachliche Rechtfertigung oder Widerlegung dieser Behauptung ist nicht in Sicht – und hier auch gar nicht verlangt. Der Gedanke, den der Satz vorbringt, und das Bild, das er entwirft, verschmelzen mit der Geste, die er vollzieht – eine Geste, mit der eine Sicht auf die geschilderte Szene und das Geschehen des Romans im Ganzen eröffnet wird.

44. Am Beginn der *Philosophischen Grammatik* findet sich eine Skizze zum Begriff der Geste:
»Ich verstehe diese Geste« – es sagt mir etwas.
In einem Satz kann ein Wort einmal mit diesem, einmal mit jenem Wort zusammengehörig empfunden werden.
›Satz‹ kann das sein, was so oder anders aufgefaßt – oder die Auffassung selbst.
Ein Satz aus der Mitte einer Erzählung, die ich nicht gelesen habe.
Der Begriff des Verstehens fließt usf.« (PG 5 f.)

45. Diese Notizen enthalten drei Gedanken, die in den Aphorismus 531 der PU und Wittgensteins anschließende Kommentare eingegangen sind:
i. Auch leibliche oder sprachliche Gesten haben eine Bedeutung; auch sie sind Objekte des Verstehens.

ii. Sätze (und erst recht isolierte Sätze) können gemäß der einen oder der anderen von Wittgenstein unterschiedenen Arten des Verstehens aufgefasst werden – oder aber in beiden Hinsichten zugleich.
iii. Das Verstehen von Sätzen und anderen Arten des Ausdrucks »fließt«. Es steht nicht ein für alle Mal und oft nicht eindeutig fest, wie sie aufzufassen sind. Diese Varietät des Verstehenkönnens ist kein Mangel, sondern ein Grundmerkmal der Sprachfähigkeit.

46. Wittgenstein zieht den gestischen, mimischen und stimmlichen Charakter von nonverbalen wie verbalen Äußerungen gleichermaßen in Betracht. »Gebärde« und »Geste« stehen dabei mal für eine dieser Dimensionen und mal für die Arten ihrer Verbindung. »In der Wortsprache ist ein starkes musikalisches Element. (Ein Seufzer, der Tonfall der Frage, der Verkündigung, der Sehnsucht, alle die unzähligen *Gesten* des Tonfalls.)« (PP 163) Zusammen mit ihren stummen Verwandten gehört die »Sprache der klanglichen Gebärden« (PU 529) zum Repertoire des kommunikativen Handelns auch und gerade in ihren schriftlichen Zeugnissen.

47. Chandlers Satz »aus der Mitte einer Erzählung« ist zwar alles andere als dunkel, aber er hat es in sich, sobald er nicht in seiner thetischen, sondern in seiner gestischen Bedeutung aufgefasst wird. Was es damit auf sich hat, lässt sich durch kommentierende Sätze erläutern. Solche Erläuterungen geben nicht den Sinn des Satzes mit anderen Worten wieder, sondern weisen darauf hin, was in ihm zu lesen, zu sehen, zu hören und auf diese Weise zu verstehen ist. Hier sind andere Formen der Erklärung des Sinns gefragt als dort, wo dies durch einen Austausch der Worte im Satz geleistet werden kann.

»Wie kann man in jenem zweiten Falle den Ausdruck erklären, das Verständnis übermitteln?
Frage dich: Wie *führt* man jemand zum Verständnis eines Gedichts, oder eines Themas? Die Antwort darauf sagt, wie man hier den Sinn erklärt.« (PU 533)

48. Chandlers Satz entwirft das Bild eines fehlenden Wechsels von Wärme und Kühle, von Anspannung und Entspannung. Aus der Perspektive eines beliebigen Subjekts vergegenwärtigt er ein leblos gewordenes Leben, die Abwesenheit von *wellness.* Die hyperbolische Wendung, dass nichts jemals leerer aussieht als ein Swimmingpool ohne Wasser, dramatisiert den Eindruck existenzieller und metaphysischer Leere – ein Zustand, den Georg Lukács in seiner *Theorie des Romans* als »transzendentale Obdachlosigkeit« bezeichnet hat. (Lukács 1971, 32). Im Kontext von Chandlers Roman, der vorwiegend in der Sphäre der Reichen und Schönen spielt, gewinnt der Satz die Stellung einer Allegorie für die alle Gesellschaftsbereiche durchziehenden Lebenslügen im selbsternannten *Golden State.*

49. Dieses sprachliche Bild ist zugleich in jeder Silbe ein Klangbild. Ein insistierender Rhythmus von kurzen, harten, kalten E-Lauten (»ever«, »emptier«, »empty«) mündet nach dem gleitenden »swimming« in den volltönenden warmen, gedehnten, grafisch auf O, lautlich aber auf das wärmere U gestimmten Laut des »pools« und kehrt damit zu den anfänglichen leiseren O- und U-Tönen (»nothing«, »looks«) zurück, womit zugleich diejenigen aus der ersten Satzhälfte aufgenommen werden. Die Impression fehlender Fülle und Erfüllung wird von einem Widerstreit zwischen den Tonlagen des Satzes ausgetragen.
Óff t**o** my l**e**ft th**ere** was an **é**mpty swimming-p**ōō**l, and

Nóthing éver looks émptier than an émpty swimming-pōōl.

50. »Ein Wort in dieser Bedeutung *hören.* Wie seltsam, daß es so etwas gibt!« So etwas gibt es auch beim Verstehen von Sätzen oder Texten: »*So* phrasiert, so betont, so gehört, ist der Satz der Anfang eines Übergangs zu *diesen* Sätzen, Bildern, Handlungen.« (PU 534) Wittgenstein verbindet dies mit einer weitreichenden Folgerung: »Das Verstehen eines Satzes der Sprache ist dem Verstehen eines Themas in der Musik viel verwandter, als man etwa glaubt.« (PU 527) Die Klangfarbe und Phrasierung eines gesprochenen oder geschriebenen Satzes kann eine wesentliche Dimension seiner Bedeutung sein – und ist es viel häufiger als in der Gemeinde der Philosophierenden angenommen wird.
Chandlers Satz ist hierfür ein Beispiel. Die rhythmische und lautliche Gestalt des Satzes verleiht dem in ihm formulierten Gedanken einen Sinn, der von genau diesem Arrangement seiner Worte nicht abzulösen ist.

51. Auch so ein Satz aber lässt sich übersetzen – wenn auch nicht ohne Verlust. Auch hier wird ein Satz durch einen anderen ersetzt, jedoch auf eine andere Art als bei seiner bedeutungsgleichen Substitution. Gesucht ist ein möglichst *annähernd* gleichbedeutendes Gegenstück.
Chandler: »Nothing ever looks emptier than an empty swimming-pool.«
Handke: »Es gibt nichts, was leerer aussieht als ein leeres Schwimmbecken.«
Wollschläger: »Es gibt überhaupt nichts, was leerer aussieht als ein leerer Swimming-Pool.«
Beide Übersetzer stellen eine Art Existenzquantor an den Anfang des Satzes, womit sich das blanke »nothing« des Ori-

ginals an die dritte Stelle verschiebt. Handke unterschlägt das »ever«, Wollschläger überträgt es durch »überhaupt«; Handke sagt »Schwimmbecken«, Wollschläger belässt es bei dem englischen Ausdruck und rettet damit wenigstens das Finale des Satzes. Um dem Klang des Originals noch näher zu kommen, könnte man für »ever« »jemals« einsetzen und hätte dann einen weiteren E-Laut untergebracht. Auch könnte man wie bei Chandler die Negation an den Anfang stellen. Dann würde die Übersetzung lauten: »Nichts sieht jemals leerer aus als ein leerer Swimming-Pool.« Jedoch klingt das weiche »jemals« weniger entschieden als das resolute »überhaupt« und auch die einfache Negation hat weniger von der klanglichen Härte des Originals als das kategorische »És gíbt níchts« bei Handke und Wollschläger. Auch meine eigene Übertragung ist also alles andere als vollkommen.

52. Aber was heißt schon vollkommen. Ohne Veränderung – und das bedeutet meistens: ohne Verlust – lässt sich ein Satz dieser Art nun einmal nicht übersetzen. »Meistens«, weil gelegentlich eine Neuformulierung oder Neuschöpfung möglich ist, die den drohenden Verlust kompensieren kann. Handkes abkürzende Übersetzung kommt dem nahe. Durch ihren Verzicht auf das im Englischen mögliche Klangspiel gewinnt der Satz einen lapidaren Sinn, den er bei Chandler nicht hat.

53. »*Nichts Niemand Nirgends Nie ! : Nichts Niemand Nirgends Nie !*« – so gibt Arno Schmidt am Beginn seines Romans *KAFF auch Mare Crisium* das lärmende Gerüttel einer Dreschmaschine wieder. (Schmidt 1970, 9) *Nothing Nobody Nowhere Never* ! : Selbst wenn eine Sprache der anderen beim Übersetzen weitgehend entgegen kommt, die Tonart bleibt doch eine andere.

54. Den beiden von Wittgenstein unterschiedenen Arten von Gedanken entsprechen zwei Arten des Übersetzens von einer Sprache in eine andere. Die eine *ersetzt* die Worte des Originals, um genau das zu sagen, was diese an ihrer Stelle sagen, die andere *überträgt* den ursprünglichen Satz in eine andere, um so weit wie möglich dem Sinn des Originals zu entsprechen.

55. »[A]uf jenem der Kunst und der Wissenschaft zugehörigen Gebiet, und überall, wo mehr der Gedanke herrscht, der mit der Rede Eins ist«, sagt Schleiermacher, ist ein »eigentliches« Übersetzen erfordert, das sich nicht mit Paraphrasen begnügen kann. (Schleiermacher 2022, 19 u. 29) Ein solches Übersetzen macht die fremden Texte nicht lediglich für diejenigen verständlich, die der Herkunftssprache nicht mächtig sind, sie verändert zugleich die Sprache, in der die übertragenen Texte ein Bleiberecht erhalten. »Die Aufgabe des Übersetzers«, sagt Benjamin deshalb, »besteht darin, diejenige Intention auf die Sprache, in die übersetzt wird, zu finden, von der aus in ihr das Echo des Originals erweckt wird.« (Benjamin 1972, 18).

56. Gedanken der zweiten Art und ihr Verstehen dürfen nicht nach dem Modell der Bedeutung und des Verstehens der ersten Art erklärt werden – diesen Hinweis gibt PU 531. Die Rede ist von einem Spektrum des Verstehens von Sätzen, in Klammern aber auch, was den zweiten Pol betrifft, von dem »Verstehen eines Gedichts«.

57. Zu den frühen Gedichten von William Carlos Williams gehört dieses (Williams 1989, 90):

Between Walls

the back wings
of the

hospital where
nothing

will grow lie
cinders

in which shine
the broken

pieces of a green
bottle

58. Ich habe dieses Gedicht einmal so interpretiert: »Dies ist ein sehr einfaches, wie formlos erscheinendes, aber natürlich alles andere als formloses Gedicht. Es präsentiert sich als das Notat eines zufälligen Blicks; es beschreibt, wie etwas – Asche und Scherben an der Rückseite eines Krankenhauses – in einem bestimmten Augenblick erschienen ist. Es schweigt sich darüber aus, wem dies erschienen ist. Der Leser wird nicht mit den Reaktionen eines lyrischen Ichs, sondern direkt mit dem von diesem Gesehenen konfrontiert, das ihm zur imaginierenden Vergegenwärtigung angeboten wird. Was da zu sehen war, wird in einer Art Zeitlupe vorgestellt, in fünf mal zwei Zeilen, die jeweils ein bis drei Worte enthalten. Das Gedicht verlangsamt die von ihm wachgerufene Vorstellung eines ebenso unscheinbaren wie unerheblichen Orts. Aber es verlangsamt nicht nur den flüchtigen Blick, dessen Objekte es protokolliert, es kul-

miniert in einer verhaltenen Pointe, indem es am Ende verrät, welche Farbe da aufscheint und was für ein Ding es war, dessen Scherben aus der Asche der grauen Hinterhofszene glitzern. Sie leuchten hervor an einem Ort, an dem, wie der Text sagt, nichts wachsen, nichts grünen, nichts leben wird, in einer Umgebung, in der der Tod stets nahe ist. Aber dieses Erscheinen weist zugleich darauf hin, dass auch das Tote lebt, jedenfalls für Betrachter (oder Leser), die sich nicht mit der Fassade des Lebens zufriedengeben, die hinter die Einteilung der Dinge in lebende und tote, erhabene und banale zu blicken verstehen. So gelesen, verwandeln sich die sparsamen Schritte des Gedichts in eine Allegorie nicht nur vom Scheinen des Unscheinbaren, sondern auch von der Schärfe eines Sehens, das die Frontansichten der Welt zerschneidet oder auf andere Weise zu Bruch gehen lässt, weil es sich die Gelegenheiten seines Verweilens nicht vorschreiben lässt.« (Seel 2007b, 53)

59. Diese Gedanken sind nicht die Gedanken oder gar »der« Gedanke des Gedichts. Es sind Gedanken *zu* ihm; sie geben Hinweise darauf, wie es verfasst ist und wie es gelesen werden kann. Meine Sätze schlagen eine Lesart vor, der man folgen kann oder auch nicht – je nachdem, wie plausibel sie erscheint. Indem sie sagen, was sie sagen, versuchen sie zu zeigen, wie diese sparsamen Zeilen verstanden werden können (und worin ihre Stärken liegen). Nicht jedoch versuchen sie wiederzugeben, was dort, im Gedicht, zu lesen steht. Denn das Gedicht steht für sich selbst. Sinnvolle Sätze *über* ein Gedicht sind allein dazu da, die Sprache des *Gedichts* zu Gehör zu bringen.

60. »Nicht die Sache und deren praktische Existenz, sondern das Bilden und Reden ist der Zweck der Poesie. Sie hat

begonnen, als der Mensch es unternahm, *sich* auszusprechen; das Gesprochene ist ihr nur deswegen da, um ausgesprochen zu sein.« (Hegel 1970a III, 241)

61. Es verhält sich hier ähnlich wie in den anderen Künsten. »»Das Bild sagt sich mir selbst« – möchte ich sagen. D. h., daß es mir etwas sagt, besteht in seiner eigenen Struktur, in *seinen* Formen und Farben. [...] Es sagt sich mir selbst, wie ein Satz, eine Erzählung mir sich selbst sagt.« (PG 169; vgl. PU 523). Dass ein Gedicht aus Worten gemacht ist, die je für sich schon eine Bedeutung mitbringen, ändert nichts daran, dass die Zusammenstellung dieser Worte eine Bedeutung erzeugt, die nur im Verfolgen ihres Arrangements zugänglich ist.

62. Darin liegt der »Gedanke« dieses (und jedes anderen kunstvollen) Gedichts. Was Wittgenstein in PU 531 so nennt, ist nicht die Art von sprachlichem Gehalt, die Sätzen oder Texten zukommt, die wir deshalb verstehen, weil wir ihre Wahrheits-, Erfüllungs- oder Rechtfertigungsbedingungen kennen. Die Ausweitung des Gedankenbegriffs, die Wittgenstein vornimmt, zielt auf eine erweiterte Bestimmung der Reichweite und Spielarten sprachlichen Gehalts: auf alles, was in den Gebrauchsarten der Sprache einer verstehenden Aufnahme oder einem verstehenden Mitgehen offen steht – wozu auf ihre Weise auch die nicht sprachlichen Künste einladen.

63. Trotzdem könnte jemand darauf verfallen, Williams' Gedicht sei ebenso verlustlos durch andere Worte zu *ersetzen* wie meine banalen Beispielsätze in Nr. 37. Schließlich kommt der Satz des Gedichts ohne Assonanzen, Reime und anderes Klangspiel aus. Eine verhaltene Rhythmisierung

erfolgt allein durch die Anordnung zu fünf kurzen Strophen. Eine Probe aufs Exempel kann nichts schaden.

64. Hans Magnus Enzensbergers Übersetzung lautet (Williams 1989, 91):

Zwischen Mauern

die Hinterhöfe
des Kranken-

hauses wo
gar nichts

wächst dort liegt
Asche

aus der die Scherben
einer grünen

Flasche
glitzern.

Auch hier sind andere Entscheidungen möglich. Enzensberger schlägt die Möglichkeit aus, das englische »wings« ins Deutsche zu übertragen. Er erlaubt sich, das Wort »Krankenhaus« auffällig zu trennen, ein Manierismus, der nicht zu Williams' Sprachduktus passt. Er ersetzt den Futur des »nothing will grow« durch einen Präsens. Er fügt ein »dort« ein, das im Original nicht steht. Er behält den Relativsatz des vierten Verses bei, um den Preis, dass die Flasche und ihre Farbe nicht länger den Schlussakkord bilden (und das Wort »glitzern« drei Zeilen nach unten rückt). An das Ende eines Gedichts ohne Interpunktion setzt er einen Punkt.

65. Meine eigene Version liest sich so:

Zwischen Mauern

die hinteren Flügel
des

Krankenhauses wo
nichts

wachsen wird liegt
Asche

in ihr glitzern
die Scherben

einer grünen
Flasche

Auch diese Übersetzung hat ihren Preis. Sie setzt eine Zäsur zwischen der dritten und vierten Strophe, die das Original nicht hat, und verletzt damit den gleichmäßigeren Gang der Wortfolge bei Williams. Selbst dieses Gedicht lässt sich nicht ohne Einbußen übertragen. Das liegt nicht zuletzt an seiner grafischen Gestalt (schließlich sind viele Gedichte auch grafische Objekte.) Die Zeilen beider Übersetzungen sind länger als im Original, und das bei einem Gedicht, bei dem alles in seiner Knappheit liegt.

66. »Ein *Wort* in dieser Bedeutung hören« – das ist auch im Aufmerken auf isolierte Wörter möglich. Besonders nahe liegt das bei onomatopoetischen Ausdrücken wie dem zackigen »Blitz« und dem grollenden »Donner«. Sie haben eine mimetische Qualität, die sich im Sprachgebrauch so hervorheben lässt, dass sie durch die entsprechenden Ausdrücke in anderen Sprachen nicht bruchlos ersetzt werden können. Auch den vielen Ausdrücken aber, die keinerlei nachahmende Klangfarbe haben, kann durch ihre Stellung im Satz eine bedeutungstragende Lautgestalt zukommen – wie im Fall der Wörter »ever« und »pool« in Chandlers Satz. Allein die Betonung von Worten im Satz kann einen erheblichen Unterschied machen. »Weiß ist der Schnee, schwarz ist die Nacht«, in einer Gedichtzeile vorkommend, kann nicht durch »der Schnee ist weiß und die Nacht ist schwarz« ersetzt werden. Selbst Wörter wie »Schnee« und »snow« haben nicht in jedem Kontext denselben Valeur. In »Schnee« kann das Knirschen beim Gang über gefrorene Schichten mitgehört werden, in »snow« dagegen das sanfte Fallen der Flocken. Sobald es auf die Physiognomie der betreffenden Zeichen ankommt, tut sich in der Differenz verschiedener Wörter, durch die ein und derselbe Begriff gebildet wird, eine mögliche Differenz in der Art ihres Vernehmens auf. Der Akustik oder Grafik sprachlicher Elemente kann im Sprechen und Schreiben eine Ausdruckhaftigkeit zukommen, die in vielen anderen ihrer Verwendungen irrelevant bleibt.

67. »Man hat die deutsche Sprache«, schreibt Hegel, »über ihren Reichtum wegen der vielen besonderen Ausdrücke rühmen hören, die sie für besondere Töne (Rauschen, Sausen, Knarren usf.; man hat deren vielleicht mehr als hundert gesammelt; die augenblickliche Laune erschafft deren, wenn

es beliebt, neue) besitzt; ein solcher Überfluß im Sinnlichen und Unbedeutenden ist nicht zu dem zu rechnen, was den Reichtum einer gebildeten Sprache ausmachen soll.« (Hegel 1970b III, 271f.) Der junge Herder hat das anders gesehen.

68. »Sie alle träumen vom Süden, Wörtersüden«, beginnt der dritte Teil von Rolf Dieter Brinkmanns Gedicht *Im Voyageurs Apt. 311 East 31st Street, Austin.* (Brinkmann 1975) In den zehn Strophen und 235 Wörtern des Gedichts kommt 72-mal – als Substantiv, als Endung von Substantiven und als Adjektiv – der Wortstamm »Süden« vor. Der exzessiv wiederholte, dunkel lockende Laut wird zum Grundton einer verbalen Musik, die die mit diesem Laut verbundenen Vorstellungen innerhalb und außerhalb der Literatur besingt und zersingt.

69. Dergleichen unersetzbare und daher nur begrenzt übersetzbare Phrasierungen sind nicht auf im weitesten Sinn poetische Formen der Rede beschränkt. Sie sind etwas durchaus Alltägliches. »Il mio mito è finito«, sagte der Stürmer Paolo Rossi in einem Interview, nachdem er in der Vorrunde der Fußballweltmeisterschaft 1982 kein einziges Tor geschossen hatte. (Rossi konnte nicht wissen, dass er das Turnier als Torschützenkönig und Weltmeister beenden würde.) Rossis Satz lässt sich als Zeile aus dem Klagegesang eines gefallenen und kurz darauf wiederauferstehenden Helden hören, wie er in einem den Triumph nachbereitenden Musical hätte zur Aufführung kommen können. Für diesen aus I- und O-Tönen wunderbar komponierten Satz lässt sich kaum ein Äquivalent mit anderen Worten oder in einer anderen Sprache finden. Übersetzen allerdings lässt er sich schon: »Mein Mythos ist dahin.« (oder drastischer: »Mein Nimbus ist futsch.«) So übersetzt und verstanden,

sagen die beiden Sätze dasselbe, nämlich dass es mit Rossis Glorie vorbei ist. Der Satz kann einerseits wie ein poetischer Satz und andererseits wie eine nüchterne Tatsachenbehauptung verstanden werden – oder aber als beides zugleich.

70. Die beiden Arten von »Gedanken«, von denen Wittgenstein spricht, verhalten sich unterschiedlich zu der Möglichkeit einer Paraphrase: Die einen sind ohne Verlust paraphrasierbar, die anderen sind es nicht. Für viele Sätze oder Texte aber gilt: Sie sind nicht *entweder* paraphrasierbar *oder* entziehen sich einer Paraphrase, sondern können *mehr oder weniger* ohne Sinnverlust durch andere Formulierungen ersetzt werden. Sprachliche Kommunikation spielt sich grundsätzlich inmitten des von Wittgenstein markierten Spektrums ab.

71. Rossis Satz ist ein Beispiel für das Changieren umgangssprachlicher Äußerungen zwischen diesen Polen. Momente »gestischer« Rede lassen sich hier nahezu überall auffinden, auch wenn sie keineswegs überall auffällig werden. Ob sie auffällig werden, hängt gleichermaßen von der Art des *Ausdrucks* der betreffenden Sätze ab und von der Art der *Auffassung*, die ihnen gewidmet wird. Beides wirkt nicht allein dort zusammen, wo Äußerungen den Charakter oder Spurenelemente »poetischer« Rede aufweisen. Beides ist immer beteiligt, wo Sätze auf die eine oder andere Art verstanden werden.

72. Je nach Art ihrer Verwendung in betreffenden Sätzen und je nach Art ihrer Auffassung leisten Wörter einen unterschiedlichen Beitrag zu den beiden von Wittgenstein unterschiedenen Arten und Graden von Gedanken. Je nach Art der verwendeten Sätze und je nach Art ihrer Auffas-

sung leisten Sätze einen unterschiedlichen Beitrag zu dem Gehalt von größeren sprachlichen Einheiten. Wortstellung, Wortklang und Satzrhythmus können auch dort in unterschiedlichem Maß relevant sein, wo Elemente eines poetischen Sprechens gar nicht im Spiel sind. Man sieht es Worten, Sätzen, Äußerungen und Texten nicht immer auf den ersten Blick an, für welche Art des Verstehens sie vorrangig gemacht oder geeignet sind. Die meisten sprachlichen Formen sind nicht auf die eine oder die andere Art ihrer Auffassung festgelegt. Die Frage, *was* ein Wort, ein Satz oder ein Text bedeutet, kann oft nur unter Berücksichtigung dessen beantwortet werden, *wann* – in welchem Kontext – sie geäußert und geschrieben, und ebenso, in welchem Kontext und aus welcher Perspektive sie jeweils aufgenommen werden. In diesen Möglichkeiten liegen der Spielraum und das Potenzial der Sprache.

Eine erweiterte Auslegung

73. Diesen Spielraum umreißt Wittgenstein mit Hilfe des Begriffs der Ersetzbarkeit bzw. Nichtersetzbarkeit der in Sätzen enthaltenen »Gedanken«. »Wittgensteins Gedanke«, so habe ich oben (Nr. 11) gesagt, ist ein Platzhalter für sprachlichen Gehalt weit über »Gedanken« oder »gedanklichem Inhalt« in Freges Sinn (und dem vieler seiner Nachfolger) hinaus. Verglichen mit dem stattlichen Bündel mehr oder weniger verwandter sprachphilosophischer Polaritäten, die meine zweite Vorgeschichte in Erinnerung gerufen hat, ist Wittgensteins Vorschlag eher schlicht. Er stellt zwei polar-konträre Möglichkeiten der Verwendung

und des Verstehens vor, im folgenden Paragrafen verbunden mit dem nachdrücklichen Hinweis dass – wie es in der *Philosophischen Grammatik* heißt – »der Begriff des Verstehens fließt«. Auf diesem Fließen des Verstehens und den sprachlichen Formen, denen es gilt, liegt der Nachdruck der beiden Paragrafen. Die bloße Gegenüberstellung zweier Pole aber beschreibt das Geschehen der Sprache nur unzureichend. Was sich an und zwischen ihnen abspielt, kann nur durch Verhältnisbestimmungen erfasst werden. Die betreffenden sprachlichen Formen müssen in ihren Verwandtschaftsbeziehungen analysiert werden, wenn die Spuren der »lebendigen Sprache« nicht verwischt werden sollen. Die Sprachspiele, die dabei betrachtet werden, »stehen […] da als *Vergleichsobjekte*, die durch Ähnlichkeit und Unähnlichkeit ein Licht auf die Verhältnisse unserer Sprache werfen sollen.« (PU 130)

74. Dieses Licht wird erheblich getrübt, wenn eine *gated community* um einen eigentlichen Bereich der Sprache errichtet und der vermeintliche Rest erst einmal außen vor gelassen wird. Von Wittgenstein her gesehen liegt in einem derartigen Manöver ein Skandal der Sprachphilosophie. Denn hiermit wird eine bedeutungstheoretische Hierarchie etabliert, die Wittgenstein aushebeln will.

75. Wittgensteins Antwort auf die Frage, wann ein Wort, ein Satz, eine sprachliche Sequenz oder ein Text ohne Verlust ersetzbar sind, ist einfach: Ersetzbar sind sie, solange der Sinn der betreffenden sprachlichen Einheiten derselbe bleibt. Doch worin besteht diese Selbigkeit des Sinns unterschiedlicher sprachlicher Ausdrucksformen? Darauf gibt es nicht die eine und schon gar keine einfache Antwort, denn der Arten sprachlicher Sinnhaftigkeit sind viele. Bevor die

Einheit dieser Vielheit, ihr innerer Zusammenhang und ihre Notwendigkeit, ersichtlich werden kann, muss diese Vielheit besichtigt werden. Zugleich kommt es darauf an zu erkennen, womit Wittgensteins Unterscheidung *nicht*, nicht *nur* oder nicht *einfachhin* gleichgesetzt werden darf.

76. Wittgensteins Unterscheidung fällt nicht mit der Gegenüberstellung von wissenschaftlicher »Prosa« und schöpferischer »Poesie« zusammen, wie sie bei Humboldt, Herder oder Hegel zu finden ist. Es steht Wittgenstein fern, einen purifizierten Begriff wissenschaftlicher Rede dem einer losgelassenen dichterischen Sprache gegenüberzustellen. Was er auslotet, ist die Mannigfaltigkeit sinnvoller sprachlicher Verwendungen innerhalb und außerhalb ihres wissenschaftlichen und dichterischen Vorkommens sowie erst recht in der Umgangssprache.

77. Auch die Sprachen der Wissenschaften sind ein einigermaßen heterogenes Feld. »Was man Geisteswissenschaft nennt, sagt Frege, steht der Dichtung näher, ist darum aber auch weniger wissenschaftlich als die strengen Wissenschaften, die um so trockener sind, je strenger sie sind; und die strengste Wissenschaft ist auf die Wahrheit gerichtet und nur auf die Wahrheit. Alle Bestandteile des Satzes also, auf die sich die behauptende Kraft nicht erstreckt, gehören nicht zur wissenschaftlichen Darstellung, sind aber manchmal auch für den schwer zu vermeiden, der die damit verbundene Gefahr sieht. Wo es darauf ankommt, sich dem gedanklich Unfaßbaren auf dem Weg der Ahnung zu nähern, haben diese Bestandteile ihre volle Berechtigung. Je strenger wissenschaftlich eine Darstellung ist, desto weniger wird sich das Volkstum ihres Urhebers bemerkbar machen, desto leichter wird sie sich übersetzen lassen.« (DG 36)

78. In einer für den wissenschaftlichen Gebrauch »vollkommene[n] Sprache« (SB 42), um deren Kontur es Frege geht, wäre die »Gefahr« einer Nichtersetzbarkeit der Komposition ihrer Sätze und Satzfolgen gebannt. Die Wahrheitsbedingungen ihrer Aussagen wären jederzeit eindeutig und explizit bestimmt. Weitere »Bestandteile« von Sätzen, die andernorts durchaus ihre »Berechtigung« haben, wären gänzlich getilgt. Wittgenstein hingegen geht es um alles, was in sprachlichen Äußerungen seine Berechtigung hat: »[M]an [kann] höchstens sagen, wir *konstruieren* ideale Sprachen. Aber hier wäre das Wort »ideal« irreführend, denn das klingt, als wären diese Sprachen besser, vollkommener, als unsere Umgangssprache; und als brauchte es den Logiker, damit er den Menschen endlich zeigt, wie ein richtiger Satz ausschaut.« (PU 81)

79. Der Gegensatz von eindeutiger und vieldeutiger, klarer und dunkler Rede steht nicht im Fokus von Wittgensteins Unterscheidung. Sowohl vergleichsweise »prosaische« als auch vergleichsweise »poetische« Sätze können eher das eine oder das andere und eher schwer oder leicht zu verstehen sein. »Alles fließt.« (Heraklit); »Die Welt ist Geist.« (Hegel); »Ein drittes Reich [das der Gedanken, M.S.] muß anerkannt werden.« (Frege); »Die Sprache spricht.« (Heidegger); »Wovon man nicht sprechen kann, darüber muß man schweigen.« (Wittgenstein) – das sind Sätze, die sich ohne größeren Reibungsverlust übersetzen lassen. Leicht zu verstehen sind sie dennoch nicht. Es sind und bleiben dunkle Sätze, die in erheblichem Maß interpretationsbedürftig sind. Sie sind es weit mehr als Chandlers Satz. Keine Deutung (wie man sie freilich geben *kann*) ist nötig, um diesen Satz an seiner Stelle zu verstehen.

80. Sprachliche Prägnanz wird man keinem dieser Sätze absprechen können. Auch Williams' Gedicht, so verhalten es daherkommt, lässt an Klarheit nichts zu wünschen übrig. Eindeutigkeit und Vieldeutigkeit, Klarheit und Dunkelheit sind Arten der Deutlichkeit der Rede. Das cartesische Ideal einer begrifflich »klaren und distinkten« Rede ist bloß eins unter anderen. Jede Konversation käme zum Erliegen und alles Philosophieren würde verkümmern, würden sie sich denkend und sprechend nur auf dieser Bahn bewegen. Die offene, »Befehlen« bis »Beten« reichende Liste vielfältiger sprachlicher Tätigkeiten in PU 23 darf so gelesen werden, dass sie Arten der Genauigkeit des Redens Revue passieren lässt. Die 19 Beispiele, die Wittgenstein anführt, enthalten jeweils eigene Standards der Angemessenheit des sprachlichen Ausdrucks, die erfüllt oder verfehlt werden können. Man kann auch schlampig beten.

81. »*Ein* Ideal der Genauigkeit ist nicht vorgesehen.« (PU 88) Frege hat ein solches Ideal, Wittgenstein, wenn überhaupt, hat viele. Was die Sprache im Ganzen betrifft, hätte er sagen können: Ein *Ideal* der Genauigkeit ist hier nicht vorgesehen.

82. Genauigkeit fängt bei der Wortwahl an. Hierbei kommen oft »Bestandteile« zum Tragen, deren »Berechtigung« Frege zwar anerkennt, aber bei der Kommunikation wahrheitsfähiger Gedanken für unerheblich hält. »Ob ich das Wort ›Pferd‹ oder ›Roß‹ oder ›Gaul‹ oder ›Mähre‹ gebrauche, macht keinen Unterschied im Gedanken. Die behauptende Kraft erstreckt sich nicht auf das, wodurch sich diese Wörter unterscheiden.« (DG 37)
So sehr es Verwendungen geben kann, in denen diese Worte austauschbar sind, in vielen anderen ist das gerade nicht

der Fall. Wenn jemand äußert: »Was für ein wunderbarer Gaul!«, kann das gleichbedeutend sein mit »Was für ein wunderbares Pferd!« oder »Was für ein wunderbares Ross!« Spätestens dann aber, wenn die Person beim nächsten Mal sagt: »Was für eine wunderbare Mähre!« (und keinerlei Ironiesignale zu erkennen sind), werden wir sie korrigieren wollen. »Mähre« ist nun einmal ein Wort für Pferde, die von ihrer besten Verfassung weit entfernt sind.

Derartige Nuancen der Bedeutung von Wörtern sollen für den in Sätzen enthaltenen Gedanken keine Rolle spielen: So *will* Frege den Begriff des Gedankens verstehen. Wittgenstein will das nicht – und das aus gutem Grund.

83. »Vergleichen wir die Sätze ›Dieser Hund hat die ganze Nacht geheult‹ und ›Dieser Köter hat die ganze Nacht geheult‹, so finden wir, daß der Gedanke derselbe ist. Wir erfahren durch den ersten Satz nichts mehr und nichts weniger als durch den zweiten.« Beide Sätze, meint Frege, enthalten denselben Gedanken. Trotzdem bedarf der Unterschied beider Sätze einer Erklärung: »Während das Wort ›Hund‹ sich zu Lust und Unlust gleichgültig verhält, hat das Wort ›Köter‹ entschieden mehr Verwandtschaft zur Unlust und gibt damit einen Wink, sich den Hund etwas ruppig vorzustellen.« Wer den zweiten Satz ausspricht, heißt es im Anschluss, »äußert damit allerdings eine gewisse Geringschätzung; aber diese gehört nicht zum ausgedrückten Gedanken.« Freges Schlussfolgerung lautet: »Es ist […] zu unterscheiden zwischen den Gedanken, die man ausdrückt, und solchen, die man andere für wahr zu halten veranlaßt, ohne sie auszudrücken.« (Frege 2001a, 56 f.). Alles, was nicht unter seinen engen Begriff des Gedankens fällt, wird von Frege in solchen Passagen aus dem von den betreffenden Sätzen Ausgedrückten verbannt – aus dem Bereich dessen,

was sie tatsächlich sagen. Stattdessen werden die »Bestandteile« von Sätzen, die sich diesem Begriff des Gedankens nicht fügen, dem Bereich sprachlicher *Effekte* zugeordnet. »Solche Winke in der Rede machen keinen Unterschied im Gedanken.« (DG 37)

84. »Winke« dieser Art, meint Frege, werden den Adressaten von Sätzen durch – gedanklich unerhebliche – Nuancen der Wortwahl erteilt (SB 45). Hörerinnen oder Leser werden animiert, sich das Objekt der Rede auf eine bestimmte Weise vorzustellen oder im Satz unausgesprochene Schlussfolgerungen zu ziehen. Diese Erläuterung hat Züge einer Verzweiflungstat. Derlei »Winke« sollen nichts mit dem Sinn der betreffenden Sätze zu tun haben, obwohl hierfür etwas in den betreffenden Sätzen verantwortlich sein muss, da die vermeintlichen Effekte anders gar nicht zustande kommen könnten.

85. Im *Braunen Buch* ermahnt sich Wittgenstein: »Wir wollen jede Ausdrucksform vermeiden, die sich auf einen Effekt zu beziehen scheinen würde, der von einem Gegenstand auf eine Person ausgeübt wird.« (BB 273) Wittgenstein bezieht sich hier auf das Hören von Musik sowie auf das Verstehen von Sätzen: »Ich werde durch das Lesen eines Satzes beeindruckt, und ich sage, daß der Satz mir etwas gezeigt hat, daß ich etwas in ihm bemerkt habe.« (BB 272) Man muss etwas *im* Satz bemerkt haben, etwas, das *er* »zeigt«, um mitzubekommen, was der *Satz* zu verstehen gibt – und *hiervon* »beeindruckt« sein. Dann ist es tatsächlich der Satz, der eine Wirkung auf mich hat, und nicht lediglich etwas, was er mich zu glauben oder mir vorzustellen *veranlasst*. Dass ein Satz *irgendetwas* bei mir auslöst, muss gar nichts mit dem Inhalt des Satzes zu tun haben.

86. »Gegeben die beiden Begriffe ›fett‹ und ›mager‹«, fragt Wittgenstein seinen Interlokutor in PU II, »würdest du eher geneigt sein, zu sagen, Mittwoch sei fett und Dienstag sei mager, oder das Umgekehrte?« Wittgenstein neigt »entschieden zu dem ersteren«; wegen des dicken »D« im Dienstag neige ich ebenso entschieden zu Letzterem. Zu entscheiden ist das nicht. Denn es sind idiosynkratische Assoziationen, zu denen die beteiligten Wörter bei ihm und mir Anlass geben. Was die Prädikate »fett« und »mager« angeht, heißt es weiter: »Man könnte hier von ›primärer‹ und ›sekundärer‹ Bedeutung eines Worts reden. Nur der, für den das Wort jene Bedeutung hat, verwendet es in dieser.« Wittgenstein gibt sogleich ein anderes Beispiel: »Die sekundäre Bedeutung ist nicht eine ›übertragene‹ Bedeutung. Wenn ich sage »Der Vokal e ist für mich gelb«, so meine ich nicht: ›gelb‹ in übertragener Bedeutung – denn ich könnte, was ich sagen will, gar nicht anders als mittels des Begriffs ›gelb‹ ausdrücken.« (PU II, 556f.; vgl. Z 310)

87. Für manche Menschen haben Buchstaben, Wörter und Zahlen Farben. Für mich ist »Mittwoch« graublau, »Dienstag« hellrot, »e« weiß und »87« dunkelrot. Mit der Bedeutung dieser Zeichen haben solche Anmutungen nichts zu tun. Sie sind nichts, was diese Zeichen auch anderen »zeigen« könnten. Sie bleiben gegenüber ihrer buchstäblichen oder übertragenen Bedeutung gänzlich »sekundär«. Diesseits zufälliger Koinzidenzen ist hier kein Raum für Konsens oder Dissens.

88. Der »Eindruck« hingegen, den Sätze auf eine *nicht* zufällige Weise machen, ist eine Folge ihres Ausdrucks (Schuff 2019, 53–62). Was wir mit Sätzen *tun* und was sie *bewir-*

ken können, hängt davon ab, was für Sätze wir in Stellung bringen – was *in ihnen* zum Ausdruck kommt und wie *sie* gegebenenfalls aufgenommen werden.

89. Das Wort »Köter« führt pejorative Konnotationen mit sich, die dafür verantwortlich sind, dass man sich den betreffenden Hund eher »ruppig« oder sonstwie hässlich vorstellt. Aber, wie Frege zu Recht sagt (und Wittgenstein ist hier völlig d'accord), von Worten und Sätzen wachgerufene Vorstellungen unterscheiden sich »wesentlich von dem Sinne eines Zeichens, welcher gemeinsames Eigentum von vielen sein kann und also nicht Teil oder Modus der Einzelseele ist.« (SB 44) Letzteres aber gilt gerade für die Beispiele, die Frege gibt. Nicht allein Denotationen, sondern auch Konnotationen sind objektive sprachliche Ausdrucksmittel – so objektiv, wie die Bedeutung von Worten und Sätzen einer Sprache überhaupt nur sein kann.

90. Die beiden Sätze über den heulenden Hund unterscheiden sich dadurch, dass der eine das Vorkommnis neutral darstellt, der andere dagegen zusätzlich eine negative Charakterisierung der Ursache der Ruhestörung gibt. Der erste Satz könnte als ein Ausdruck des Mitleids mit dem Tier verwendet werden, der zweite hingegen nicht. Der Ausdruck »Köter« könnte sich hierbei auf das Aussehen des Hundes beziehen oder auf die Einstellung des Sprechers zu dem betreffenden Hund – oder auf beides. Um den Unterschied zwischen beiden Sätzen zu verstehen, ist es irrelevant, welche Vorstellungen von Hunden oder diesem einen Hund er bei beliebigen Adressaten auslöst. Er *gibt* eine negative Charakterisierung des Hundes und / oder seines Geheuls – dies ist der *Gedanke*, der in ihm zum Ausdruck kommt.

91. Jede Art von Sätzen kann an der Stelle ihres Auftretens diverse Effekte auslösen. Die Wirkungen, die ein Satz an der Stelle seiner Äußerung hervorruft, sofern sie denn tatsächlich von *ihm* (und nicht durch kontingente Umstände) ausgelöst werden, sind *abhängig* davon, wie der Satz sagt, was er sagt. Die »Winke«, die ein Satz gibt, wenn er sie denn *gibt*, sind abhängig davon, was er in der Zusammenstellung und Wahl seiner Worte artikuliert.

92. Frege kommt dieser Auffassung wenigstens entgegen, wo er den Begriff der von Sätzen gegebenen »Winke« durch den der »Färbung« oder »Beleuchtung« ersetzt, die ein Satz oder eine Darstellung ihrem Gegenstand verleiht. (SB 45; Frege 1975b, 70; Frege 2001b, 86; Gabriel 2001) Das ist nun nicht mehr etwas, das Sätze bloß *bewirken*, sondern etwas, das sie durch die Art ihrer Formulierung *leisten*. Sie lassen das, wovon die Rede ist, auf eine bestimmte Weise erscheinen und sprechen ihm eine Bedeutsamkeit zu, der sie durch die Anordnung der verwendeten Zeichen Ausdruck geben.

93. Frege selbst zieht einen entsprechenden Schluss: »So überragt der Inhalt eines Satzes nicht selten den von ihm ausgedrückten Gedanken.« (DG 37) Es ist dieser Gedanke, mit dem Wittgenstein ernst macht. Er erweitert den Frege'schen Begriff des Gedankens für alle Dimensionen des Inhalts von Sätzen.
Frege sagt: »Was man Stimmung, Duft, Beleuchtung in einer Dichtung nennen kann, was durch Tonfall und Rhythmus gemalt wird, gehört nicht zum Gedanken.« (DG 37)
Wittgenstein antwortet: Dergleichen gehört zum Gedanken, sofern man bereit ist, den Begriff des »Gedankens« als einen Obertitel für den Gehalt von Sätzen und Darstellun-

gen jedweder Art zu verwenden. Das ist alles andere als eine willkürliche Entscheidung. Denn nur sie erlaubt es, ohne rigide Einschränkungen zu erläutern, was im sprachlichen Verkehr artikuliert und verstanden werden kann.

94. Denken wir an Chandlers Satz. Er hat einen einigermaßen komplexen Gehalt, der wesentlich durch »Tonfall und Rhythmus« der Wortstellung gebildet ist, wodurch eine bestimmte »Beleuchtung« der Situation gegeben und eine besondere »Stimmung« vergegenwärtigt wird. Das, was in dem Satz zum Ausdruck kommt, ist gänzlich unabhängig davon, welche Vorstellungen er bei Leserinnen und Lesern wachrufen mag. Die Vorstellungen, die Lesenden angesichts dieses Satzes in den Sinn kommen, werden unterschiedlich ausfallen, je nachdem, welche Affinität sie zu Swimmingpools, Kalifornien und allem, was damit zusammenhängt, haben mögen. Der Sinn des Satzes besteht nicht darin, was uns zu ihm einfällt. Zwar lädt gerade so ein Satz durchaus zu Vorstellungsbildern aufseiten der Leserschaft ein, zwar ist er durchaus für die Evokation solcher Vorstellungen gemacht, aber seine Bedeutung besteht nicht in den Bildern, die er hervorruft. Schließlich lesen wir alle denselben Satz. Die Vorstellungen, die so ein Satz bei Leserinnen und Lesern *erweckt*, ist eine Folge der Vorstellung, die dieser Satz durch die Art seiner Komposition *gibt*.

95. In diesem Vorrang der Präsentation gegenüber dem Präsentierten liegt ein Prinzip der Darstellung nicht allein von Literatur und Dichtung, sondern auch der anderen Künste. Die in künstlerischen Objekten *dargebotene* Imagination geht der von ihnen *veranlassten* Imagination voraus und besteht unabhängig von deren individuellem Vollzug (nicht aber von der *Möglichkeit* eines solchen Vollzugs).

Wäre es anders, wären diese Objekte keine öffentlichen Objekte. Es könnte keinen Disput über sie geben.

96. Der Gehalt von Chandlers Satz oder irgendeines anderen Satzes ist von den »seelischen Vorgängen« zu unterscheiden, die das Aussprechen oder Hören, Lesen oder Verfassen des Satzes begleiten. Hierin ist sich Wittgenstein mit Frege einig. »»Denken« nennen wir wohl manchmal, den Satz mit einem seelischen Vorgang begleiten, aber ›Gedanke‹ nennen wir nicht jene Begleitung.« (PU 332) – »Die Bedeutung ist nicht das Erlebnis beim Hören oder Aussprechen des Wortes, und der Sinn ist nicht der Komplex dieser Erlebnisse.« (PU II, 500) – »Es ist so wenig für das Verständnis eines Satzes wesentlich, daß man sich bei ihm etwas vorstelle, als daß man nach ihm eine Zeichnung entwerfe.« (PU 396) Das Sprachverstehen ist nicht an es begleitende Erlebnisse gebunden, so als wäre das »Aussprechen eines Wortes [...] gleichsam das Anschlagen einer Taste auf dem Vorstellungsklavier« (PU 6). – »Wenn ein Franzose auf französisch sagt »Es regnet« und ein Deutscher sagt es auf Deutsch, dann passiert nicht etwas im Geist der beiden, was der wahre Sinn von ›es regnet‹ wäre.« (VG 47)

97. So nachdrücklich Wittgenstein vor einer Gleichsetzung von Akten der Kommunikation und des Verstehens mit inneren Vorgängen warnt, so zieht er doch zugleich »mehr oder weniger charakteristische Begleitvorgänge oder Äußerungen des Verstehens« (PU 152) inklusive »charakteristischer Erlebnisse« (PU 35) in Betracht. Signifikant sind diese Reaktionen, wenn sie konstitutiv für den Prozess des jeweiligen Verstehens sind. Wer die Musik des Satzes von Chandler vernimmt, einen Dank oder ein Lob entgegennimmt, über einen Witz lacht, einer Erzählung mit Span-

nung folgt, gerührt ist beim Happy End eines Films oder erschüttert bei seinem desaströsen Ausgang – hierbei kann das Bewegtsein durch das Dargebotene ein wesentlicher Teil seines Verstehens sein. »Aber so wenig, wie *dies* in allen Fällen geschieht [...], so wenig geschieht irgend ein anderer charakteristischer Vorgang in allen diesen Fällen.« (PU 35) Im Unterschied zu *beliebigen* »Begleitvorgängen«, die nichts zum Auffassen der Bedeutung betreffender Sätze, Gesten oder Darbietungen beitragen, handelt es sich um *charakteristische* Reaktionen, wenn durch diese dem *Charakter* des Aufgefassten entsprochen wird.

98. Anlässlich der Bedeutung leiblicher Gesten heißt es in der *Philosophischen Grammatik*: Man sagt »ich verstehe diese Geste« in dem Sinn wie: »ich verstehe dieses [musikalische] Thema«, »es sagt mir etwas«, und das heißt hier: ich folge ihm mit einem bestimmten Erlebnis.« (PG 43) Einer Geste zu »folgen« bedeutet, diese *als* Geste aufzufassen und entsprechend auf sie zu reagieren. Dieses »Erleben« der Geste kommt oft ohne wortsprachliche Übersetzung aus; in ihm liegt das Verstehen.

99. Hierzu passt Wittgensteins Empfehlung: »Betrachte Tonfall, Modulierung, Gesten als *wesentliche* Teile unseres Erlebnisses, nicht als unwesentliche Begleiterscheinungen oder bloße Mittel der Kommunikation.« (BB 277) Um »bloße Mittel der Kommunikation« würde es sich handeln, wenn Gesten durch konstatierende Mitteilungen ersetzbar wären. Das aber ist nicht der Fall, denn das, was sie zeigen, zeigt *sich* in der leiblichen Bewegung. An diese hält sich – ihr »folgt« – das Verstehen. Analoges gilt für wortsprachliche Gesten. Wer den rhythmischen und klanglichen Kontrast zwischen Anfang und Ende von Chandlers Satz wahr-

nimmt, gewinnt einen Eindruck von seinem poetischen Ausdruck und damit einen Zugang zu seiner Legierung von Sagen und Zeigen. Wer Chandlers Satz hingegen auf ein »bloßes« – faktuales – »Sagen« (BB 272) reduziert, verkennt seine sprachliche Geste.

100. Wittgenstein nimmt Freges bedeutungstheoretischen Antipsychologismus weit ernster als dieser, da er sich nicht dazu verleiten lässt, allgemein zugängliche Dimensionen des sprachlichen Ausdrucks auf die Evokation von Vorstellungen der »Einzelseele« zu reduzieren.

101. Dem engen Begriff des Gedankens korrespondiert ein rigider Begriff des »kognitiven Gehalts« von Sätzen. Die Erkenntniskraft von Sätzen wird auf ihre deskriptive Wahrheitsfähigkeit eingeschränkt. Damit wird nicht allein poetischen Sätzen ein solcher Gehalt abgesprochen; auch höchst prosaische Sätze, die von Kötern und Mähren handeln, werden eines Teils ihrer Erkenntniskraft beraubt. Wer von Kötern und Mähren statt von Hunden und Pferden spricht, gibt dieser Auffassung zufolge nichts Zusätzliches zu *erkennen*, auch wenn er durchaus etwas Zusätzliches *sagt*.

102. PU 531 verhält sich neutral gegenüber einem beschreibenden und wertenden Gebrauch von Sätzen. »Gedanken« am ersten oder zweiten der von Wittgenstein unterschiedenen Pole können zu dem einen oder anderen Typus gehören. Sätze wie »Das war Mord.«, »Das Wetter ist herrlich.«, »Diese Regelung ist ungerecht.«, »Das ist ein subtiles Argument.«, »Das ist ein wunderbarer Satz.«, »William Carlos Williams ist ein großartiger Dichter.«, gehören ebenso zu der ersten Gruppe wie die Sätze »Der Mann wurde erstochen.«, »Es herrschen 25 Grad Celsius bei wolkenlosem Himmel.«,

»Das Gesetz verbietet gleichgeschlechtliche Partnerschaften.«, »Aus Annahme A folgt Annahme B.« oder »Der Satz bündelt E-, O- und U-Laute auf engem Raum.« Sie alle sind ohne weiteres übersetzbar. Sie alle können wahr oder falsch sein, auch wenn sie jeweils andere – stärkere und schwächere – Arten der Rechtfertigung erfordern und erlauben. Auch hier ist *ein* Ideal der Begründung nicht vorgesehen.

103. Anlässlich des Satzes »Dieser Köter hat die ganze Nacht geheult.« entschlüpft Frege eine empathische Bemerkung über das unfreundlich angesprochene Tier. »Wenn nun diesem damit auch großes Unrecht geschieht, kann man doch nicht sagen, daß deswegen der zweite Satz falsch sei.« (Frege 2001a, 58) *Wenn* jedoch dem Hund mit dieser abfälligen Bezeichnung Unrecht geschehen ist, dann *ist* dieser Satz falsch. Die Bedingungen seiner Akzeptierbarkeit verändern sich. Vielleicht wurde der Hund unter quälenden Bedingungen gehalten. Unter anderen Umständen aber kann der Satz ebenso gut wahr sein, dann nämlich, wenn er sich nicht oder nicht allein auf das Aussehen, sondern auf den Charakter des Hundes bezieht. Schließlich gibt es auch schöne Hunde mit schlechtem Charakter und hässliche mit gutem.

104. Eher beschreibend oder wertend können auch Sätze sein, die eindeutig am zweiten Pol von Wittgensteins Unterscheidung angesiedelt sind. Williams' Gedicht hat einen beschreibenden Duktus; Chandlers Satz dagegen sagt etwas über den deplorablen Zustand des Lebens in Kalifornien. Wenn man im Sommer bei klarer Sicht nach Los Angeles einfliegt, kommen Stadtviertel in den Blick, in denen nahezu jedes Anwesen über einen gut gefüllten Swimmingpool verfügt. Nicht diesen verheißenden Blick von außen vergegenwärtigt Chandlers sprachliches Bild, sondern einen

von innen, der – im Kontext des Romans – einen leeren Pool zur Allegorie eines unerfüllten Lebens erhebt. Das ist ein kognitiver Gehalt so gut wie der eines Satzes von Frege oder Wittgenstein.

105. Chandlers Satz ist ein Satz in einer fiktionalen Geschichte. In Romanen kommen Sätze vielerlei Art vor – solche, die am ersten, und solche, die am zweiten Pol von Wittgensteins Unterscheidung stehen, und viele, die dazwischen liegen. Allein darum darf Wittgensteins Unterscheidung nicht mit derjenigen zwischen einem (eher) faktualen oder fiktionalen Sprachgebrauch gleichgesetzt werden. Auch die Differenz von wissenschaftlicher und literarischer Rede lässt sich nicht auf den Kontrast sprachlicher Formen entweder der einen oder der anderen Art reduzieren. So oft hier eher der eine oder der andere Pol dominieren mag, weder die literarische noch die wissenschaftliche Sprachverwendung operiert exklusiv an diesem oder jenem Ende.

106. Nicht selten kommen beide Arten von Gedanken in einem Satz vor. Während Rossis Satz in ein und derselben Formulierung seine Situation beschreibt und liedhaft beklagt, lässt der vollständige Satz aus Chandlers Roman eine poetische auf eine prosaische Wendung folgen. »Off to my left there was an empty swimming-pool, and nothing ever looks emptier than an empty swimming-pool.« Die erste Satzhälfte enthält einen Gedanken, der ohne Bedeutungsverlust übersetzbar ist. Der zweite Halbsatz wechselt das Ausdrucksregister radikal. Solche Wechselspiele sind im sprachlichen Gebrauch überall möglich.

107. »Ich lese aus der Mitte einer Erzählung den Satz: »nachdem er das gesagt hatte, verließ er sie wie am vorigen

Tage.« Verstehe ich den Satz? – Das ist nicht ganz leicht zu beantworten. Es ist ein deutscher Satz, und insofern verstehe ich ihn. Ich wüßte wie man diesen Satz gebrauchen könnte, ich könnte einen Zusammenhang für ihn erfinden. Und doch verstehe ich ihn nicht in dem Sinne, wie ich ihn verstünde, wenn ich die Erzählung gelesen hätte. (Vergleiche verschiedene Sprachspiele: Beschreibung eines Sachverhalts, Erfinden einer Erzählung etc. Was ist in dem einen, was im andern Fall ein sinnvoller Satz?)« (PG 43) Leicht gekürzt hat Wittgenstein diese Passage aus der *Philosophischen Grammatik* in PU 525 übernommen. Dort führt er in Klammern eine Bemerkung an, die er in PU 534, in dem es um das »Hören« der Bedeutung von Worten und Sätzen geht, in doppelten Klammern noch einmal wiederholt: »Eine Menge wohlbekannter Pfade führen von diesen Worten aus in alle Richtungen.«

108. Ein und derselbe Satz kann je nach seinem Auftreten unterschiedlich verstanden werden. Viele Pfade können mit ihm begangen werden – und diese vielen Pfade sind zu bedenken, wenn es darum geht zu erklären, was es mit der Bedeutung von Sätzen auf sich hat. Einen Satz zu verstehen heißt Kontexte zu kennen oder sich vorstellen zu können, in denen er sinnvoll gebraucht werden kann. Zu verstehen, was es heißt, einen Satz zu verstehen, verlangt die Betrachtung einer Vielzahl der Kontexte, in denen Sätze sinnvoll gebraucht werden können.

109. »Longtemps, je me suis couché de bonne heure.« Das ist ein einfacher, leicht zu verstehender und – wie es scheint – leicht zu übersetzender französischer Satz. Mit ihm sagt ein Sprecher, dass er in der Vergangenheit früh zu Bett zu gehen pflegte. »Steht er isoliert da, würde ich sagen,

ich weiß nicht, wovon er handelt.« (PU 525) Ohne zu wissen, wer der Sprecher ist und bei welcher Gelegenheit die Aussage getroffen wurde, wissen wir nicht, von wem und von welchem Zeitraum hierbei die Rede ist. Kommt der Satz »im Verlaufe einer Mitteilung« vor (PU 525), können wir dem Sprecher Glauben schenken oder auch nicht.
Wir verstehen einen beliebigen Satz, wenn wir wissen, wie er *potenziell* verwendet werden kann. Wir verstehen einen eingebetteten Satz, wenn wir verstehen, wie er in mündlicher Rede oder in einem Text *aktuell* verwendet wird. Wenn ich einen solchen Satz aus dem Zusammenhang einer Erzählung herausnehme, »verstehe ich ihn nicht in dem Sinne, wie ich ihn verstünde, wenn ich die Erzählung gelesen hätte.«

110. »Longtemps, je me suis couché de bonne heure.« ist der erste Satz in Marcel Prousts *À la recherche du temps perdu*. (Proust 2011, I.7) »Lange Zeit bin ich früh schlafen gegangen«, übersetzt Eva Rechel-Mertens. Das ist ein kurzer und einfacher Satz, dem sogleich erheblich gewundenere Sätze folgen. Als Auftakt zu allem, was in diesem Werk folgt, gewinnt er einen Sinn, den er nur an dieser Stelle hat. Eine Ich-Figur wird eingeführt, die sich der aus der Perspektive des Erzählers lange zurückliegenden Tage seiner Kindheit erinnert. Das Leitmotiv der erinnernd und schreibend wiederzufindenden Zeit ist hier schon präsent. Den Lesenden wird das Versprechen gegeben, mehr über diese – gelegentlich »Marcel« genannte – Figur zu erfahren, und darüber, wie sich deren Perspektive zu derjenigen der Erzählung verhält. Alles das liegt in der Geste dieses ersten Satzes. Die gestische Bedeutung von Sätzen ist nicht an einen elaborierten Stil gebunden.

111. »Lange Zeit, ging ich zu guter Stunde ins Bett.« So lautet die jüngste der nicht wenigen deutschen Übersetzungen dieses Satzes, diesmal aus der Hand von Stefan Zweifel. (Proust 2017, 7) Durch die im Deutschen ungewöhnliche Kommasetzung, durch den Versuch, die Wendung »bonne heure« möglichst wörtlich zu fassen und mit dem Wort »Bett« näher an den Bedeutungshof von »coucher« zu gelangen, kommt der Satz nun weniger schlicht daher. Vom Schlafen und Einschlafen, dem großen Thema der anfänglichen Passage des Romans, ist in Zweifels Übersetzung – wie im Original, aber anders als bei Rechel-Mertens – nicht ausdrücklich die Rede. Das kann man gutheißen oder auch nicht, aber es zeigt einmal mehr: Ohne jede Abwandlung – und in literarischen Kontexten: ohne jeden Verlust – lässt sich gar nichts übertragen.

112. Der Satz von Proust steht in einem Roman. Daraus gewinnt er seinen besonderen Sinn. Obwohl hier in der ersten Person Singular gesprochen wird, handelt es sich nicht um einen autobiografischen Satz des Autors. Ob dieser in seiner Kindheit zeitig schlafen gegangen ist, bleibt für das Verständnis dieses Satzes irrelevant. Relevant ist allein, was der Ich-Erzähler an dieser Stelle über sich sagt. Im Fortgang der Erzählung spricht alles dafür, dass dieser Satz wahr ist – wahr nicht im Sinn einer Aussage über den Lauf der Welt außerhalb des Romans, wohl aber als Aussage darüber, was sich in der Welt des Romans zugetragen hat. Fiktionale Geschichten wären nicht zu verstehen, wenn nicht zu verfolgen wäre, was sich in ihnen tatsächlich oder nur vermeintlich ereignet hat – mit unterschiedlichen Graden der Gewissheit, wie sie auch bei Erzählungen über reale Vorgänge gang und gäbe sind. Die ausführliche Schilderung der Rituale des Zubettgehens am Anfang der *Recherche* be-

legt, dass Marcel als Kind lange Zeit früh schlafen gegangen ist. Ebenso wenig besteht Grund daran zu zweifeln, dass die Haushälterin Françoise »das Vogelgezwitscher am Morgen [...] nur dumm« erschien, wie es im ersten Satz des dritten Bandes heißt (Proust 2011, III.7).

113. Neutral verhält sich PU 531 auch gegenüber der Differenz von faktualer und fiktionaler Rede. Sätze im Rahmen einer fiktionalen Erzählung, gleichgültig, wie es um ihre Paraphrasierbarkeit oder Übersetzbarkeit steht, haben für Wittgenstein einen ebenso guten Sinn wie Sätze, die sich auf Zustände in der realen Welt beziehen. Formen des fiktionalen Erzählens außerhalb und innerhalb der Literatur sind Sprachspiele sui generis. Sie folgen einer nicht weniger »eigentlichen« Art der Rede als andere auch.

114. Frege stellt die Sache anders dar. In fiktionaler Rede werde »nicht im Ernste« gesprochen. »Wie der Theaterdonner nur Scheindonner, das Theatergefecht nur Scheingefecht ist, so ist auch die Theaterbehauptung nur Scheinbehauptung. [...] In der Dichtung haben wir den Fall, daß Gedanken ausgedrückt werden, ohne daß sie trotz der Form des Behauptungssatzes wirklich als wahr hingestellt werden, obwohl es dem Hörer nahegelegt werden mag, selbst ein zustimmendes Urteil zu fällen.« (DG 36)
Daran ist so viel richtig, dass Aussagen auf der Bühne, in Dramen oder Romanen nicht in demselben Sinn wahr, falsch oder anderweitig zustimmungsfähig sind wie faktuale Aussagen und ihre Behauptung. Richtig ist auch, dass es den Adressaten fiktionaler Rede frei steht, Sätze aus fiktionalen Texten in das Repertoire ihrer faktualen Überzeugungen zu übernehmen. Es gibt auch eine Piraterie des Lesens. Literarische Fiktionen lassen sich auf Bonmots,

Sentenzen, Hypothesen, Diagnosen und Prognosen hin ausplündern, von denen die Beutesammler meinen, die jeweilige Sache sei hiermit treffend charakterisiert. Chandlers Satz ließe sich auch für den Hausgebrauch eines verarmten Poolbesitzers nutzen. Descartes-Verächter können mit dem Bonmot hausieren gehen, dass »jeder die Gedanken klar und deutlich findet, die einen gleichen Grad von Verworrenheit aufweisen wie seine eigenen.« (Proust 2011, II.180) Den Reflexionen, die sich bei Proust über Tugenden und Laster, Erinnerung, Sprache, Literatur, Eifersucht, Homosexualität, den Ersten Weltkrieg und vieles andere finden, können nach Belieben Sätze entnommen und als Einsichten verbucht (oder als Irrtümer verworfen) werden. Literatur ist seit jeher reich an Gedanken in Freges engem und Wittgensteins weitem Sinn, die sich Lesende unabhängig von ihrer Stellung im jeweiligen Textkorpus zu eigen machen können.

115. Um Luftnummern handelt es sich bei derartigen Texten allerdings nicht. Romane oder Dramen wimmeln nicht von Scheinbehauptungen, Scheinfragen, Scheinbefehlen, Scheinbitten, Scheinflüchen, Scheingebeten usw. Sie sind aus Worten und Sätzen gemacht, die Situationen entwerfen, die es so nur im Kosmos der jeweiligen Erzählung gibt. Dort aber gibt es sie. Erzähler sagen, was in der Welt der Geschichte der Fall ist (oder sie halten es in der Schwebe). Figuren machen Behauptungen, geben Befehle aus, bitten, stellen Fragen, fluchen, beten usw. Mit ihren Sprechakten ist es ihnen oft überaus ernst, manchmal aber auch nicht so sehr und gelegentlich überhaupt nicht. Bei Verfahren eines unzuverlässigen Erzählens gilt dies auch jenseits der Figurenrede. So oder so, bei den Sätzen *in* einer fiktionalen Geschichte kommt es immer auf deren Beitrag zur Komposition der *Geschichte* an: darauf, wie diese in ihrer Abfolge

und in ihrem Zusammenhang Zustände und Geschehnisse vergegenwärtigen, die anders nicht hätten vergegenwärtigt werden können – und die sich, da es sich um *fiktionale* Geschichten handelt, auf die dargestellte Weise allein hier, im *Verlauf* der betreffenden Geschichte, überhaupt zutragen.

116. Dabei kommen oft genug auch »Scheinbehauptungen« vor, die im Kontext eines Romans denselben Stellenwert haben wie anderswo auch. Man denke nur an die Heimlichkeiten, Halbwahrheiten, Lügen und zwielichtigen Geständnisse, mit denen Odette und Albertine in Prousts Roman der Eifersucht ihrer Liebhaber begegnen, eine Eifersucht, die sie zwingt, stets »Geschichten« parat zu haben, über deren Status weder die Adressaten in der Fiktion noch die des Romans jemals völlige Klarheit gewinnen. (Ein Privatdetektiv wie Philip Marlowe hat es in Chandlers Romanen ebenfalls mit einem undurchsichtigen Gemisch aus Wahrheit und Lüge zu tun.) Ein Roman wie die *Recherche* vollzieht sich in einem Spektrum von Sprachebenen und Sprachgestalten, das die Variationsbreite der Umgangssprache, der öffentlichen Rede und der wissenschaftlichen Prosa bei weitem übersteigt. Minutiöse Situationsschilderung, Geschichtsschreibung, Traumdeutung, Ethnographie der Gesellschaft, Naturschilderung, Kunstinterpretation und Literaturtheorie, ethische und politische Reflexion, Bettgeflüster, politische Analyse, banales Gerede, obszöner Witz und satirische Einlage – diese und viele andere Formen der Rede haben hier ihren Platz. Innerhalb literarischer Fiktionen treten die außerhalb der Literatur vertrauten Sprachspiele in verwandelten Kombinationen wieder auf. Nicht zuletzt dafür sind sie da: Sie transponieren und transformieren die eingespielten Arten und Kombinationen der Rede. Sie spielen ihr Spiel mit den Spielen der Sprache.

117. Die Grenze zwischen fiktionalen und faktualen Sätzen bleibt dabei oftmals unscharf. Über die Topografie von Paris und Los Angeles erfährt man in Prousts und Chandlers Romanen allerlei Zutreffendes. Am fiktionalen Charakter ihrer Werke jedoch ändert das nichts. Die zeitliche und räumliche Lokalisierung sowohl des Erzählten als auch der Erzählung in der historischen Welt kann dabei mehr oder weniger offenbleiben oder ganz ausbleiben. In unterschiedlichen Graden und Mischungen führen literarische Fiktionen wahrscheinliche und unwahrscheinliche Wirklichkeiten des menschlichen Tuns und Widerfahrens, Erlebens und Erleidens vor Augen. Sie erlauben eine variierende Selbstverständigung des Publikums über biografische und historische, individuelle und kollektive Situationen mit häufig exemplarischer Bedeutung. In allem, was dort gesagt wird, zeigen sie je auf ihre Weise, wie es war, ist oder sein könnte, menschliches Leben inmitten einer weitgehend undurchsichtigen Gegenwart zu verbringen. Mit diesem Zeigen ist es den Texten und ihren Erfindern auch im Fall komischer Dichtungen so ernst, wie es der Gebrauch der Sprache überhaupt nur sein kann.

118. John Searle ist anderer Ansicht. Für ihn sind literarische Fiktionen ein paradigmatischer Fall nicht ernsthafter Rede. »Ernsthafter und fiktionaler Diskurs« (AB 92) unterscheiden sich demnach dadurch, »daß der Autor eines fiktionalen Textes vorgibt, illokutionäre Akte zu vollziehen – normalerweise assertive.« (AB 92 u. 87) Schriftsteller dieser Art tun so, als ob sie reguläre Sprechakte vollziehen, ohne dies jedoch zu tun. Sie geben vor, Behauptungen zu äußern, ohne doch »ernsthaft« etwas zu behaupten. Auch wenn damit keine Täuschungsabsicht verbunden ist, die ja nur gelingen kann, wenn mit mentaler Reserve *ernsthaft*

behauptet wird, so bleibt es doch schleierhaft, was der besondere Sinn dieser vorgeblichen Sprechakte und ihrer Verknüpfungen sein soll. Im Vorbeigehen immerhin scheint Searle Wittgenstein seine Reverenz zu erweisen: »In diesem Sinne ist Geschichtenerzählen, um Wittgensteins Jargon zu benutzen, wirklich ein eigenes Sprachspiel; um gespielt zu werden, bedarf es eigener Konventionen, wenngleich diese keine Bedeutungsregeln sind; und das Sprachspiel deckt sich nicht mit den illokutionären Sprachspielen, sondern ist in bezug auf sie parasitär.« (AB 88 f.)

119. Das sagt zunächst einmal nur, dass assertive und andere Sätze in fiktionalen Darstellungen – und diese Darstellungen selbst – anders zu verstehen sind als Sätze und Satzfolgen außerhalb der Fiktion. Wohl wahr. In Searles Jargon aber folgt, dass es sich bei Letzteren um »parasitäre« Sprachverwendungen handelt. Anstatt – mit Wittgenstein – anzuerkennen, dass man die eine Art der Rede nur beherrscht und versteht, wenn man auch mit der anderen vertraut ist, wird eine einseitige begriffliche Abhängigkeit der fiktionalen oder anderswie »unernsten« Rede gegenüber der faktualen oder anderswie »ernsthaften« Sprachverwendung behauptet. Dies führt zu der waghalsigen Annahme, die »Konventionen« fiktionalen Erzählens hätten nichts mit der »Bedeutung« der betreffenden Sätze zu tun. In ihrem Kontext innerhalb der beiden Romane aber *haben* Prousts und Chandlers Satz eine andere Bedeutung als irgendwo sonst. Chandlers Satz ist an seiner Stelle eine gänzlich ernsthafte, nur eben poetische Behauptung – was denn sonst?

120. Searles Betrachtung mündet wenig überraschend in das Eingeständnis, dass seine Analyse des Status fiktionaler Rede die »entscheidende Frage unbeantwortet« lässt: »War-

um sich damit befassen?« (AB 96) Der Autor schiebt jedoch den Hinweis nach, dass durch die unernste fiktionale Rede »ernsthafte (das heißt nicht-fiktionale) Sprechakte zum Ausdruck gebracht werden können« (AB 97). Wäre es so, wären fiktionale Literatur (und fiktionales Erzählen generell) eine Unterabteilung der Verpackungsindustrie, die mit allerlei Scheinsprechakten einen Inhalt umhüllt, der dann verstanden ist, wenn er auch ohne die fiktionalen Faxen ausgesprochen werden kann.

121. Gewiss, die 4000 Seiten von Marcel Prousts *Auf der Suche nach der verlorenen Zeit* lassen sich auf die »Botschaft« bringen, die wahren Paradiese seien nun einmal die verlorenen Paradiese. Kann man machen. Muss man aber nicht. Sollte man auch nicht, wenn man die wahren Segnungen dieses Erzählens nicht verpassen will. Geschichten dieser oder jener Art mögen vieles nahe legen, manches erklären und etliches rechtfertigen. Ihre höchsten Weihen aber sind das nicht. Die Formen des literarischen Erzählens sind wesentlich dazu da, das Widersprüchliche widersprüchlich, das Rätselhafte rätselhaft, das Ungewisse ungewiss, das Unergründliche unergründlich, das Unwahrscheinliche wahrscheinlich, das Wahrscheinliche unwahrscheinlich, das Absurde sinnvoll und das Sinnvolle absurd erscheinen zu lassen.

122. »Sieh es nicht als selbstverständlich an, sondern als ein merkwürdiges Faktum, daß uns Bilder und erdichtete Erzählungen Vergnügen bereiten; unsern Geist beschäftigen.« (PU 524)

123. Umsichtiger als Searle kommentiert Jürgen Habermas das Verhältnis von fiktionaler und nicht fiktionaler Rede an-

lässlich einer Lektüre von Italo Calvinos Roman *Wenn ein Reisender in einer Winternacht.* »Die Literatur fordert den Leser nicht zu derselben Art von Stellungnahme heraus wie die Alltagskommunikation den Handelnden. Beide sind in Geschichten verstrickt, aber auf andere Art.« Die »bindende Kraft«, die Sprechakten in der alltäglichen Kommunikation zukommt, ergänzt Habermas, bestehen im Kontext von Romanen »nur für die *in* ihm auftretenden Personen, aber nicht für den Autor und den Leser. Der Geltungstransfer wird an der Grenze des Textes unterbrochen, setzt sich nicht durch die kommunikative Beziehung hindurch bis zum Leser fort. In diesem Sinne sind die literarischen Sprechhandlungen illokutionär *entmächtigt.*« Die Suspendierung der andernorts üblichen Art der Akzeptabilität von Sprechakten bringt fragile Gebilde eigener Art hervor. »Der Leser, der zu den Geltungsansprüchen innerhalb des Textes so Stellung nimmt wie ›draußen‹ im Alltag, greift durch den Text hindurch auf eine Sache – und zerstört die Fiktion.« (Habermas 1988, 262 f.)

124. Was Lesende »zerstören,« wenn sie zu den Sätzen in einer literarischen Fiktion so Stellung nehmen wie zu Äußerungen »draußen«, ist das Gewebe des Texts und damit die Art, in der es Licht und Schatten auf das dargestellte Geschehen wirft. Ignoriert werden die Perspektiven auf das, was jeweils als »Sache« der Erzählungen identifizierbar sein mag. Denn alles, was dort thematisiert wird, kommt so zur Sprache, dass zugleich vergegenwärtigt wird, was es heißt oder heißen könnte, in die geschilderten Situationen »verstrickt« zu sein. Genau besehen aber bedeutet dies: Der »Kraft«, die Sprechhandlungen »in literarischen Texten verlieren«, entspricht eine Kraft, die sie dort gewinnen. »Entmächtigt« werden die Sätze in einem fiktionalen Text nur, um zu einer

veränderten »kommunikativen Beziehung« *ermächtigt* zu werden.

125. In seiner Kritik an der vermeintlich von Derrida in seiner Auseinandersetzung mit Austin und Searle betriebenen »Einebnung des Gattungsunterschieds zwischen Philosophie und Literatur« operiert Habermas mit einer Polarität, die ihrerseits als eine Adaption von PU 531 verstanden werden könnte. Demnach vollzieht das sprachliche Handeln in einer Opposition zwischen »Logik« und »Rhetorik«. Den ersten Pol bildet der »geltungsorientierte«, den zweiten der »welterschließende« Sprachgebrauch. (Vgl. I.5) Paradigmatisch für den ersten Fall steht nach Habermas vor allem die Sprache der Wissenschaften, Paradigma für den zweiten ist die fiktionale Literatur. Zwischen diesen Polen bewegt sich die Umgangssprache. »Während die polare Spannung zwischen Welterschließung und Problemlösung im Funktionsbündel der Alltagssprache zusammengehalten wird, spezialisieren sich Kunst und Literatur einerseits, Wissenschaft, Moral und Recht andererseits auf Erfahrungen und Wissensarten, die sich jeweils im Einzugsbereich *einer* Sprachfunktion und *einer* Geltungsdimension herausbilden und verarbeiten lassen.« (EPL 243) Auch bei Habermas kommt es hierbei zu einem Flirt mit der Reinheit sprachlicher Ausdrucksformen. »In *reiner Form* tritt das Rhetorische nur in der Selbstbezüglichkeit des poetischen Ausdrucks, d. h. in der auf Welterschließung spezialisierten Sprache der Fiktion auf. Auch die normale Sprache des Alltags ist unausrottbar rhetorisch; aber im Bündel vielfältiger Sprachfunktionen treten hier die rhetorischen Elemente zurück. In den Routinen der Alltagspraxis ist der weltkonstituierende sprachliche Rahmen beinahe erstarrt. Ähnliches gilt für die Spezialsprachen von Wissenschaft und Technik,

Recht und Moral, Wirtschaft, Politik usw. Auch sie leben von der Leuchtkraft metaphorischer Redewendungen, aber die keineswegs getilgten rhetorischen Elemente sind gleichsam gezähmt und in den Dienst genommen für spezielle Zwecke der Problemlösung.« (EPL 245)

126. Habermas' Begriff der Rhetorik orientiert sich an der Bestimmung der »poetischen Sprachfunktion« bei Roman Jacobson (EPL 235; Jacobson 1979). Diese zeichnet sich dadurch aus, dass das, was jeweils kommuniziert wird, strikt von dem Arrangement der jeweils gewählten Ausdrucksform abhängt, weswegen die betreffende Art der Rede nicht oder nur schwer durch andere Formulierungen ersetzbar oder übersetzbar ist. Die Selbstpräsentation der Sprache prägt hierbei das, was in ihr zum Ausdruck kommt. Das Verstehen dieser Form der Kommunikation verlangt eine besondere Aufmerksamkeit für die jeweilige Konfiguration der Sätze, ihren Duktus und Rhythmus sowie ihre klanglichen Qualitäten – so wie es bei Chandlers Satz der Fall ist. Dies aber ist nur eine der insgesamt sechs Sprachfunktionen bei Jacobson, die sich vielfältig miteinander mischen können – und dies in der Umgangssprache auch fortwährend tun (Jacobson 1979, 88, 92). Außer in Fällen purer Lautpoesie tritt die poetische Sprachfunktion niemals isoliert, also in »reiner Form« auf – allein deshalb, weil die verwendeten Worte ihre signifikativen und konnotativen Bedeutungen nicht abstreifen können. Der Weltbezug der Sprache wird im literarischen Gebrauch nicht gelöscht, ja nicht einmal gemindert, sondern durch das Verfahren der Weltpräsentation durch Selbstpräsentation lediglich verändert. Anders kann es nicht sein, wenn, wie Habermas meint, in kreativer »Welterschließung« die besondere Kraft literarischer Texte liegt. Trotz deren eigensinniger Energien

aber ist Welterschließung kein Proprium allein der Literatur und anderer Künste, denn sie vollzieht sich durch das Ganze der Sprache hindurch.

127. Entsprechend ist die poetische Sprachfunktion bei Jacobson weder auf fiktionale Rede noch auf künstlerischen Sprachgebrauch beschränkt (der ja keineswegs immer fiktional operiert; Williams' Gedicht z. B. ist kein fiktionaler Text). Sie steht daher auch nicht in grundsätzlicher Opposition zum »geltungsorientierten« und »problemlösenden Sprachgebrauch«. Sie ist in ganz unterschiedlichen Sprachspielen virulent und kann dort höchst unterschiedliche Rollen spielen. Sie ist auf keine isolierte Form der Rede »spezialisiert«. Die Annahme einer solchen Isolierbarkeit verkennt die interrelationalen Beziehungen und Bewegungen zwischen den Polen, die PU 531 markiert.

128. Nicht umsonst sieht sich Habermas genötigt, eine Allgegenwart rhetorischen Sprechens zuzugestehen. Schließlich kommen die Sprachen der Moral und Politik nicht ohne »rhetorische Elemente« aus (um das Mindeste zu sagen). Zudem betont Habermas »den starken rhetorischen Zug, der die Untersuchungen von Literaturkritikern und Philosophen gleichermaßen auszeichnet. Bedeutende Kritiker und große Philosophen sind auch Schriftsteller von Rang.« (EPL 245) Wenn es sich aber so verhält, erweist sich die bei Habermas vorgenommene Separierung von »Logik« und »Rhetorik« als einigermaßen künstlich – und die bei Wittgenstein unterschiedenen Pole können nicht auf *diese* Opposition zurückgeführt werden.

129. Rhetorik ist kein Beiwerk der Sprache, auf das bei Bedarf oder Verlangen verzichtet werden könnte. In ihrem

Gebrauch ist Sprache ganz in ihrem Element. Die Art der Wortwahl, die Art der Komposition von Sätzen, die Art ihrer Reihung, die Betonung, die auf Worten im Satz und auf Sätzen innerhalb sprachlicher Sequenzen liegt, der Rhythmus, der sich hieraus ergibt, die stilistischen Kontraste und idiomatischen Eigenheiten, die sich im Sprachgebrauch unvermeidlich auftun: Hierin liegt eine *Dramaturgie* sprachlicher Vollzüge, ohne die es diese Vollzüge gar nicht gäbe. In dieser erweiterten Bedeutung bezeichnet Rhetorik eine *performative*, ihren *Vollzugssinn* betreffende Dimension der Rede, die die Ersetzbarkeit und Nichtersetzbarkeit sprachlicher Formulierungen *übergreift*. So verstanden, sind jeder Satz und jede Kombination von Sätzen, seien sie durch andere Worte ersetzbar oder nicht, an der Stelle ihrer Äußerung immer bereits rhetorisch. So verstanden, trifft zu, was Habermas an Derridas Einlassungen kritisiert: Mit Ausnahme ihrer durchgängig formalisierten Formen ist Sprache rhetorisch *all the way down*.

130. Auf eine »Einebnung« der Unterschiede zwischen Philosophie und Literatur und anderer Gattungen des Redens und Schreibens läuft diese Erkenntnis nicht hinaus. Im Gegenteil: Es lässt diese Unterschiede unter anderem als solche der Rhetorik der betreffenden Arten des Denkens, Sprechens und Schreibens erkennbar werden. So scheint es auch Habermas zu sehen, wenn er festhält, eine Angleichung von Philosophie und Literatur bringe »die Konstellationen durcheinander, in denen die rhetorischen Elemente der Sprache *ganz verschiedene* Rollen übernehmen.« (EPL 245)

131. Dennoch aber soll Reinheit von Verfahren eines rhetorischen Sprechens – wenigstens der Idee nach – im Feld der »Logik«, also des rationalen Diskurses herrschen.

»Mit dem Eintritt in eine Argumentation« sagt Habermas, »können die Teilnehmer nicht umhin, wechselseitig die hinreichende Erfüllung von Bedingungen einer idealen Sprachsituation zu unterstellen. Und doch wissen sie, daß der Diskurs von den ausgeblendeten Motiven und Handlungszwängen niemals definitiv ›gereinigt‹ ist. Sowenig wir ohne die Unterstellung einer gereinigten Rede auskommen, so sehr müssen wir uns doch mit der ›verunreinigten‹ Rede abfinden.« (Habermas 1985, 376)
Auch Argumente aber müssen in Stellung gebracht werden: vor einem mehr oder weniger opaken Hintergrund, der auf die eine oder andere Weise angezeigt, aber nicht zugleich in den Vordergrund gerückt werden kann. Wo nur mehr *Argumente* zählen würden, würden keine Argumente mehr *zählen*. Sie könnten gar nicht vorgebracht werden – weder direkt noch indirekt, unverblümt oder verblümt, weder mit Verve, Subtilität, Eleganz, Bedacht oder Charme.

132. Mit »reinen Formen« ist es im Feld der Sprache so eine Sache. Es gibt sie nicht. Sprache hat immer Dreck am Stecken; anders könnte sie nicht gedeihen.

133. Auch ein rhetorisch neutral erscheinender Stil ist ein rhetorischer Stil. Die Rhetorik einer Waschmaschinenanleitung ist eine andere als die einer philosophischen Abhandlung gleich welchen Stils. Sie versucht klar, einfach und eindeutig zu sagen, wie das Gerät zu bedienen ist. Wenn man ein günstiges Gerät ausländischer Produktion erwirbt, sieht es manchmal anders aus. Das Übersetzungsprogramm, das für die Übertragung der Originalsprache herhalten musste, verwandelt die fremdsprachigen Bedienungsanleitungen in surreale Texte, an denen man ein zweckfreies Vergnügen haben kann.

134. Eine Gleichsetzung der rhetorischen Dimension der Sprache mit ihren stärker oder schwächer literarischen Verfahren ist verfehlt. Diese leben von der Auffälligkeit der individuellen Gestalt ihrer Phrasierungen, die es erschwert oder unmöglich macht, mit anderen Worten dasselbe zu sagen. Doch auch wo diese Auffälligkeit und Nichtersetzbarkeit nicht gegeben ist (oder im Verstehen übergangen wird), bleibt im Aufbau, in der Anordnung und Akzentuierung von Sätzen ein charakteristischer Duktus der Rede erhalten. So wie man in der direkten Begegnung mit anderen nicht nicht kommunizieren kann, kann man in der mündlichen wie schriftlichen Kommunikation nicht ohne »rhetorische Elemente« kommunizieren.

135. »Unausrottbar rhetorisch« ist Sprache nicht in einem poetischen, sondern in einem allgemeinen, die performative Dramaturgie ihrer Sequenzen bestimmenden Sinn. Gleichgültig, welches Sprachspiel gespielt wird und wie es gespielt wird, es wird *gespielt*: Es werden Worte und Sätze gereiht, die auch anders hätten gereiht werden können, die aber so, wie sie gereiht werden, stets einen Unterschied machen. Einiges wird ausgesprochen, weiteres wird nahegelegt, vieles bleibt ungesagt, es wird bündig oder weitschweifig gesprochen oder geschrieben, diese oder jene Wendung in einem Satz oder Text kommt am Anfang, in der Mitte oder am Ende.

136. »Longtemps, je me suis couché de bonne heure.«
»The first time I laid eyes on Terry Lennox he was drunk in a Rolls-Royce Silver Wraith outside the terrace of The Dancers.«
Das sind die ersten Sätze in Prousts und Chandlers Romanen. Es sind eher schlichte Sätze. Weil es aber erste Sätze sind, haben sie es an ihrer Stelle dennoch in sich.

Prousts Satz intoniert ein allererstes Mal das Motiv der Erinnerung, das den gesamten Roman durchzieht.
Chandlers Satz nennt den Namen und benennt die fragile Verfassung der (bald darauf unter Mordverdacht stehenden) Figur, von der sich Philip Marlowe in *The Long Good-Bye* ein ums andere Mal verabschieden wird.
Beide Eröffnungen erwecken Erwartungen an das Folgende, Erwartungen jedoch, die an den Charakter der verwendeten Sätze gebunden sind. In der Wahl ihrer Worte kündigen sie etwas noch sehr Unbestimmtes an und legen eine Spur, die in die Welt der beiden Romane führt. Von diesen Sätzen muss sich leiten lassen, wer Zugang zu diesen Welten finden möchte.

137. Eine Rhetorik des ersten (oder letzten) Satzes gibt es auch im nicht fiktionalen Schreiben fast überall, ob in Briefen, Reportagen, Glossen, Gedichten, Testamenten, Essays, in der wissenschaftlichen Prosa und auch in philosophischen Abhandlungen.
»*Schon als Tier, hat der Mensch Sprache.*« (Herder, US 697)
»Wir haben den absolut-ersten, schlechthin unbedingten Grundsatz des Wissens *aufzusuchen.*« (Fichte 1970, 11)
»Wie das Wort ›schön‹ der Ästhetik und ›gut‹ der Ethik, so weist ›wahr‹ der Logik die Richtung.« (Frege, DG, 30)
»Language is a social art.« (Quine 1960, IX)
Das sind recht buchstäbliche Sätze am Beginn philosophischer Schriften. Mit ihnen wird behauptet, was in den betreffenden Werken ergründet und begründet werden soll. Mit dem jeweiligen Einstieg wird zugleich indiziert, wie an die Sache herangegangen werden wird. Es wird eine Tonlage gesetzt, eine Ambition kenntlich gemacht, eine Erwartung geweckt, ein Versprechen gegeben. Ob im Schreiben oder in der Musik: Kein Auftakt ist harmlos.

138. Merleau-Ponty schreibt: »Und so wie ich in der Fremde den Sinn der Worte aus ihrer Rolle im Zusammenhang der Tätigkeit der Menschen zu verstehen beginne, wenn ich an deren Gemeinschaftsleben teilnehme, so teilt sich mir ein noch schwer verständlicher Text doch zumindest in einem gewissen ›Stil‹ mit – etwa einem spinozistischen, einem kritizistischen oder phänomenologischen –, und in diesem Stil beginnt sich mir der Umriß seines Sinnes abzuzeichnen: so beginne ich, eine Philosophie zu verstehen, indem ich mich in das Innere der Seinsweise dieses Denkens versetze, den Ton, den Akzent des Philosophen mir nahezubringen versuche.« (PW 213)

139. Rhetorik als solche ist nicht manipulativ. Ihr Begriff ist neutral gegenüber den Möglichkeiten der faktiven oder fiktiven, der manipulativen oder »verständigungsorientierten« Kommunikation. Aristoteles wusste das so gut wie Platon, der seinen Sokrates nicht umsonst Mythen und Gleichnisse zum Besten geben ließ. Gadamers und Adornos in I.5 und I.6 vorgestellte Apologien der Rhetorik haben das in Erinnerung gebracht. (Vgl. Hetzel 2001)

140. Wollte man die Sprache in ihrem tatsächlichen Gebrauch und in ihrer theoretischen Ergründung von ihrer rhetorischen Verfassung befreien, bliebe nichts übrig, was der menschlichen Sprache gleichkäme.

141. So ist Charles Taylor zu verstehen, wenn er das Verlangen nach einer analytischen Säuberung der Sprache kommentiert: »And so we develop the idea of non-rhetorical speech.« Jedoch: »No human prose approaches this ideal. [...] To see the ideal fully realized, of depiction without expression, we have to go to artificial languages, to mathe-

matical representations, or machine codes.« (Taylor 1985, 267)
So ist Albrecht Wellmer zu verstehen, wenn er sagt: »Rhetorik ist nicht das Gegenteil von rationaler Argumentation, sondern eines ihrer Momente.« (Wellmer 2004, 465)
So ist Ricœur zu verstehen, wenn er sagt: »Man braucht keine Metaphysik des Eigentlichen, um den Unterschied zwischen dem Wörtlichen und dem Bildlichen zu rechtfertigen.« (Ricœur 1986, 268)
So ist Wittgenstein zu verstehen, wenn er betont, er *wolle* das sprachbezogene Verstehen ohne Scheuklappen verstehen.

142. »Ohne Scheuklappen« heißt bei Wittgenstein vor allem: ohne irreführende Hierarchien, die den Blick auf das Geflecht und Geschehen der Sprache verstellen. Darauf läuft seine Gegenüberstellung zweier Arten von »Gedanken« hinaus: In Sprache artikuliert sich nicht primär die eine und erst sekundär die andere Art des Ausdrucks und Verstehens.

143. Damit steht Wittgenstein in Opposition zu den Oppositionen, die die Strömungen eines hierarchischen Sprachdenkens beherrschen. Dieses sieht einseitige Abhängigkeiten, wo das egalitäre Sprachdenken wechselseitige Abhängigkeiten ausmacht. Im Streit dieser Parteien wirft Habermas Derrida vor, »die Zerstörung eingeschliffener grundbegrifflicher Hierarchien« zu betreiben. Er verbindet dies mit der Beobachtung, Derrida habe »ein besonderes Interesse daran, den schon von Aristoteles kanonisierten Vorrang der Logik vor der Rhetorik auf den Kopf zu stellen« (EPL 221) und damit die »parasitäre« Rolle der Letzteren zu verkennen (EPL 229 u. 234).

144. Die *Unterwanderung* begrifflicher Hierarchien aber ist eines, ihre *Umkehrung* jedoch etwas ganz anderes. Die erste Bewegung ist *gegen* hierarchische Verhältnisse gerichtet, die andere hingegen zielt auf eine *andere* Hierarchie. Entsprechend betont Derrida gegen Searle, es gehe ihm nicht darum, »einfach die Reihenfolge der logischen Dependenz *umzukehren*« (Derrida 2001b, 145). Während aber Derrida und teilweise auch Taylor zwischen diesen beiden Denkarten schwanken, vollzieht Wittgenstein allein die erste Bewegung. Denen, die einen Vorrang entweder der einen oder der anderen Art des sprachlichen Verkehrs behaupten, hätte er zurufen können: »Ein Bild hält euch gefangen.«

Funktionen der Rede

145. Von einem bloßen Zuruf allerdings lassen sich die Kritiker einer »demokratischen« Sprachauffassung kaum beeindrucken. Sie wollen Argumente sehen – und haben alles Recht dazu. Sie verlangen Erwiderungen auf die gravierenden Einwände, die sie gegen die von Wittgenstein favorisierte Auffassung der Sprache erheben. Sobald wir diesen Gehör geben, geraten wir in eine gefährliche Zone. Gefährlich ist sie für beide Seiten: für die Gegner einer »Einebnung« liebgewordener sprachphilosophischer Hierarchien nicht weniger als für die von mir vorgeschlagene Lesart von PU 531. So soll es sein. Sehen wir zu, ob sich Wittgensteins pluralistische Sicht auf die Sprache *against all odds* verteidigen lässt.

146. Wittgensteins Gedanke, so wie ich ihn bislang kommentiert habe, markiert ein Spektrum sprachlicher Verwendungsmöglichkeiten, die zusammen nicht allein charakteristisch, sondern *gleichermaßen konstitutiv* dafür sind, was menschliche Sprachen ausmacht. Wittgenstein argumentiert dafür, dass sprachliche Bedeutung von vornherein in einer Polarität der Bildung von »Gedanken« eher der einen oder der anderen Art verortet ist. Dieses offene Kontinuum des Meinens und Verstehens, nicht einer der beiden vergleichsweise extremen Pole, macht die Wirklichkeit der Sprache aus.

147. Diese Polarität ist mit etlichen anderen Polaritäten des Sprachgebrauchs und seiner theoretischen Auslegung mehr oder weniger verwandt, ohne auf diese reduzierbar zu sein. Zuletzt habe ich ein Bündel von Differenzen in Augenschein genommen, die mit Wittgensteins Unterscheidung teils konvergieren, teils divergieren. Die Frage, wie Wittgensteins Gedanke zu deuten sei, habe ich dabei vorwiegend ex negativo beantwortet: dadurch, wie er nicht oder nicht geradewegs zu verstehen ist. Der zuletzt modifizierte Begriff der Rhetorik jedoch erlaubt eine erste positive Zwischenbilanz. Seine performative Fassung *übergreift* die von Wittgenstein unterschiedenen Differenzen der Bedeutung und des Verstehens in einer Weise, die zugleich ihren Zusammenhang – ihre »Verwandtschaft« – zu erkennen erlaubt.

148. Die divergierenden Momente, die hierbei ineinanderspielen, habe ich im Vorbeigehen unterschiedlich benannt: als Differenz von »gestischen« und »thetischen« (Nr. 46), »thematisierenden« und »vergegenwärtigenden« (Nr. 47, 57, 104), »sachbezogenen« und »perspektivierenden« (Nr. 124) Arten des sprachlichen Ausdrucks. Die Rhetorik von Äu-

ßerungen – ihre Dramaturgie – verändert sich je nachdem, in welchen Relationen und Gewichtungen diese Momente an ihrer Stelle zueinander stehen und wie sie dort aufgefasst werden.

149. Von der klassischen Terminologie der »Rhetorik«, »Poetik« oder »Dialektik« und ihren Beziehungen zur »Logik« halten die PU sich fern. In Wittgensteins Werk aber gibt es ein Unterscheidungspaar, das ebenfalls geeignet ist, die fraglichen Differenzen zu erhellen. Im *Tractatus* kommt der Spannung zwischen »Sagen« und »Zeigen« eine prominente Stellung zu. Weil das Begriffspaar schon vergeben war, spielt es in den späteren Schriften jedoch nur noch eine okkasionelle Rolle, etwa in dem Passagen, die ich in Nr. 85 u. 98 kommentiert habe.

150. Im *Tractatus* stehen beide Begriffe in starrer Opposition zueinander: Was »gezeigt« werden kann oder »sich zeigt«, kann nicht »gesagt« werden – und vice versa. Das Verhältnis von »Sagen« und »Zeigen« kann aber auch relational verstanden werden: als Kennzeichnung eines Widerspiels von Ausdrucksmöglichkeiten, die *zusammen* die Sphäre sprachlichen Sinns bilden.

151. »Sagen«, in dieser abweichenden Verwendung, meint das, was ein Satz in der Anordnung seiner Komponenten Wort für Wort *thematisiert* – die Sache, von der jeweils gesprochen wird.
»Zeigen«, in dieser abweichenden Verwendung, meint das, was ein Satz in der Choreografie seiner Komponenten und an der Stelle seines Vorkommens gestisch oder bildlich *vergegenwärtigt* – eine Sicht auf die Verhältnisse, von denen jeweils die Rede ist.

»Thematisierung« und »Vergegenwärtigung«, so gefasst, sind zwei grundlegende Dimensionen sprachlicher Artikulation.
Sprachliches »Sagen« in diesem Sinn ist ein Titel für Ausdrucksformen, soweit sie ohne (größeren) Verlust durch andere Formulierungen ersetzt werden können.
Sprachliches »Zeigen« in diesem Sinn ist ein Titel für Ausdrucksformen, bei denen dies nicht (oder nur begrenzt) der Fall ist.

152. Auf der Spur der PU dürfen diese Unterscheidungen nicht im Sinn eines Entweder-Oder aufgefasst werden (Nr. 73). Sie müssen dynamisiert werden, um die Spannweite zu erfassen, innerhalb derer sich das sprachliche Geschehen vollzieht.

153. Im Sagen sind Kräfte des Zeigens und im Zeigen sind Kräfte des Sagens aktuell oder potenziell immer bereits virulent. In den unterschiedlichen Verhältnissen, in denen sie wirksam sind, tut sich die Skala der Arten von »Gedanken« auf, die Wittgensteins Gedanke umreißt.

154. In diesem Geist lässt sich Wittgensteins Gedanke so übersetzen: Ein Zeigen im Dienst eines Sagens und ein Sagen im Dienst eines Zeigens stehen einander im sprachlichen Handeln polar-konträr gegenüber. Sprachlicher Ausdruck und sprachliches Verstehen spielen sich innerhalb dieser Pole ab.

155. Eine derartige Generalisierung hätte sich Wittgenstein nicht gestattet. Sie gibt aber die Richtung vor, in der verständlich werden kann, inwiefern sich in den von Wittgenstein markierten Polen des Sprachgebrauchs unter-

schiedliche, aber gleichberechtigte Funktionen der Rede manifestieren.

156. Zu den »rhetorischen Elementen« der Sprache wird seit jeher die figürliche Rede gezählt. Das Verhältnis von buchstäblicher und figürlicher Rede ist darum ein Brennpunkt der Kontroverse um den Vorrang entweder der Logik oder der Rhetorik und erst recht für eine Betrachtung, die sich dieser Alternative verweigert.

157. Für die Kritiker aus dem Lager der »Prosa-Partei« ist die Sache klar: Es gibt einen eindeutigen begrifflichen Vorrang der buchstäblichen gegenüber der figürlichen Rede. Der Begriff der letzteren ist abhängig von dem der ersteren. Wir verstehen die übertragene Bedeutung von Ausdrücken und Sätzen nur, sofern wir ihre wörtliche Bedeutung kennen. Damit hat sich für die Kritiker der in meiner bisherigen Auslegung von PU 531 angezettelte Rechtsstreit erledigt: Es gibt eine primäre Art – einen Kernbereich – der sprachlichen Bedeutung, der gegenüber sich andere Arten der Sprachverwendung abkünftig oder »parasitär« verhalten. Die Akte kann geschlossen werden.

158. Als Wittgensteins Anwalt beantrage ich Revision in dieser Sache. Das Verfahren muss neu eröffnet werden.

159. Auch auf die Differenz zwischen buchstäblicher und figürlicher Rede lässt sich Wittgensteins Unterscheidung nicht einfachhin reduzieren. Mit *Between Walls* haben wir ein Gedicht kennengelernt, das fast ganz ohne figürliche Elemente auskommt (lediglich in dem Wort »wings« schwingt ein metaphorischer Beiklang mit). Dennoch präsentiert es ein wie in Zeitlupe entwickeltes sprachliches Bild, das an

genau dieses Arrangement von Wörtern gebunden ist. Bei derselben Abfolge und Anordnung von Wörtern könnte es sich aber auch um das Protokoll eines Hausmeisters mit Interpunktionsschwäche handeln. Eine solche Aufzeichnung könnte ohne Verlust in beliebige Sprachen übersetzt werden. So aufgefasst, erlischt das sprachliche Bild und mit ihm der poetische Gehalt des Gedichts. *Dieselbe* Anordnung von Ausdrücken kann so oder so gemeint oder so oder so verstanden werden. Notat des Dichters, Notiz des Hausmeisters: Die beiden Lesarten verhalten sich wie eine Kippfigur zueinander.

160. »Vergiß nicht, daß ein Gedicht, wenn auch in der Sprache der Mitteilung abgefaßt, nicht im Sprachspiel der Mitteilung verwendet wird.« (Z 304)

161. Im *Braunen Buch* unterscheidet Wittgenstein zwei Arten der Bestimmtheit des Ausdrucks und Eindrucks von Gesten, Mienen, Bildern und sprachlichen Einheiten. In einer »transitiven« Auffassung betreffender Phänomene werden diese als Anzeichen für etwas verstanden, das von der Art der betreffenden Erscheinungen »getrennt« (BB 245 u. 251) und unabhängig von ihnen beschrieben werden kann. In einer »intransitiven« Auffassung ist dies nicht möglich. Hier ist der jeweilige Ausdruck nicht von der konkreten Gestalt seiner gestischen, bildlichen oder sprachlichen Manifestation zu trennen. Er kann nicht auf dem Weg einer verbalen Paraphrase wiedergegeben werden. »Das Bild« – oder eine andere Art der Präsentation – »sagt sich mir also selbst.« (PG 165)

162. Buchstäblicher Sprachgebrauch kann vergleichsweise »poetisch«, figürlicher kann vergleichsweise »pro-

saisch« sein. Auch hier kommt es darauf an, *wie* von diesen sprachlichen Möglichkeiten Gebrauch gemacht wird: so, dass sie (eher) im Dienst eines Sagens, oder so, dass sie (eher) im Dienst eines Zeigens stehen.

163. Dennoch stellt die figürliche Rede einen paradigmatischen Fall des *Unterschieds* der beiden Arten von »Gedanken« dar – weil sie geeignet ist, in besonderer Weise im Dienst eines sprachlichen Zeigens zu stehen. Sie stellt daher einen Testfall für Wittgensteins Gedanken dar. Ein Testfall dieses Testfalls ist die metaphorische Rede. »Übertragung« – von Elementen eines Wortfelds in ein ihnen fremdes – ist die *Operation* der metaphorischen Rede, macht jedoch nicht ihre *Bedeutung* aus. In der Verwendung vollständiger Sätze zeichnet sich ein metaphorischer Sprachgebrauch dadurch aus, dass etwas buchstäblich Falsches oder Abwegiges gesagt wird, womit gleichwohl etwas Sinnvolles zum Ausdruck kommt. Durch diesen Gebrauch gewinnen auch viele Wörter und Wendungen eine metaphorische Bedeutung, die unter der Hand erhalten bleibt, auch wenn der in ihnen enthaltene Gegensinn längst verblasst ist. Ihre metaphorischen Wurzeln spielen dann in der umgangssprachlichen Verwendung oft keine Rolle mehr.

164. Ausdrücke wie »Flaschenhals«, »Flussbett«, »Tischbein«, »Schnittstelle« oder die Rede von »Flügeln« einer Partei oder eines Krankenhauses haben im Vokabular des Deutschen längst eine eingespielte – wörtliche – Bedeutung. »Das Tischbein ist gebrochen« ist kein metaphorischer Satz. Für solche Katachresen, aber auch Synekdochen und Metonymien stehen in der Herkunftssprache und in anderen Sprachen oft mehr oder weniger eindeutig entsprechende

Termini oder Wendungen bereit. (Eine instruktive Reihe von Beispielen hat Vico 2009, 191 ff.)

165. »Begriff« und »begreifen« führen Konnotationen leiblichen Habhaftwerdens und Festhaltens mit sich, die in der routinierten Verwendung dieser Ausdrücke getrost missachtet werden dürfen. Bei Gelegenheit aber kann diese verdeckte Bedeutungsschicht ausgepackt werden. »Ich muss ein Buch greifen können, um es begreifen zu können«, könnte eine Verächterin der Lektüre von Texten auf Tablets sagen – und schon ist das Wortfeld des leiblich Handhabbaren wieder ins Leben gerufen. (Mit dem englischen »concept« lässt sich nicht auf diese Weise spielen, dafür hält es Verschaltungen mit dem Wortfeld der Empfängnis bereit.)

166. Dies sind Anlässe zum Gebrauch der Fähigkeit, »ein Wort in dieser Bedeutung« auf eine Weise zu »hören«, in der Wörter einen Ausdruck gewinnen oder wiedergewinnen, der ihnen in ihren gängigen Verwendungen nicht zukommt. Wie im Fall der in Nr. 66 erörterten Lautgestalt arbiträrer Zeichen wird an den entsprechenden Ausdrücken eine mimetische Qualität entdeckt, kraft derer sie im jeweiligen Zusammenhang eine nicht arbiträre Physiognomie gewinnen, die durch andere Ausdrücke nicht nachgebildet werden kann. Ihre sinnbildliche Bedeutung lässt sich, so aufgefasst, nicht ohne Sinnverlust ersetzen und oft auch nicht übersetzen.

167. »Eingespielt« oder »üblich« sind in menschlichen Sprachen nicht allein buchstäbliche, sondern auch viele metaphorische (und anderweitig figürliche) Redeweisen. Die Wendung, dies oder jenes sei die »nackte Wahrheit« ist ein weit verbreiteter Topos, dem Hans Blumenberg den Ehren-

titel einer »absoluten«, schlechthin nicht durch eine andere Kennzeichnung ersetzbaren Metapher verliehen hat (Blumenberg 1998, 62 ff.; Blumenberg 2019). »Die Sonne lacht«, »Das Problem liegt auf dem Tisch«, »Ich habe das auf dem Schirm«, sind gleichermaßen konventionelle Metaphern. Soeben habe ich davon gesprochen, dass eine Bedeutungsschicht von Wörtern »ausgepackt« oder mit einer anderen »verschaltet« werden kann. Auch dies sind vergleichsweise unauffällige metaphorische Floskeln, wie sie im Deutschen zu Hause sind.

168. Metaphorische Rede kennt unterschiedliche Grade. Ihre Toten können wieder zum Leben erweckt werden. Die abgenutzten führen ein vergleichsweise unauffälliges Dasein. Starke – kreative und kraftvolle – Metaphern führen das Leben der Sprache auf neue Bahnen. Auch hier gilt: »[D]iese Mannigfaltigkeit ist nichts Festes, ein für alle Mal Gegebenes; sondern neue Typen der Sprache, neue Sprachspiele […] entstehen, andere veralten und werden vergessen«. (PU 23)

169. Tote, abgenutzte und quicklebendige Metaphern leisten zusammen einen Beitrag zur Bildlichkeit einer Sprache oder eines Idioms. Wie Blumenberg und Lakoff / Johnson (1980) gezeigt haben, lösen sich mehr oder weniger verblichene Metaphern (einschließlich der übertragenen Bedeutung von Ausdrücken wie »oben« / »unten« für die Kennzeichnung von Positionen im sozialen Feld oder »kalt« / »warm« für den Charakter von Personen) nicht einfach im Vokabular buchstäblicher Kennzeichnungen auf. Sie gehen zugleich in die subkutane Weltauslegung geschichtlicher Sprachen ein: in das, was Humboldt ihre »Weltansicht« nennt. Verblasste und verblichene Metaphern, diese – me-

taphorisch gesagt – Schläfer im Leben der Sprache, werden zu Elementen ihres Bedeutungsvorrats, die ihre Gebrauchsformen in der ganzen Breite durchziehen. Ob »subkutan«, im Modus des »Schlafens«, auf leisen Sohlen, unauffällig oder unbemerkt (um von metaphorischen zu nicht metaphorischen Bezeichnungen überzugehen): Verblichene Metaphern sind zusammen mit anderen Tropen überall virulent, ob im zeigenden Sagen einer strengen Argumentation oder im sagenden Zeigen eindeutiger Poesie – und erst recht in allem, was sich dazwischen bewegt.

170. »Tous les déclassements ne se font point par en bas.« – Frei übersetzt: »Nicht alle Abstiege vollziehen sich nach unten.« (Paul Nizan 1978, 111)

171. Die Bildlichkeit einer Sprache darf nicht zu der leeren Feststellung verleiten, es sei die Sprache im Ganzen eine metaphorische Operation. Diese Totalisierung gäbe mit dem Begriff der Metapher als einer unter anderen Arten der figurativen Rede auch den Begriff der wörtlichen Bedeutung von Ausdrücken und Sätzen preis, ohne den ein sinnvoller Begriff der Metapher und anderer Tropen gar nicht möglich wäre. Die Bildlichkeit einer Sprache ist ein Phänomen, das die Differenz zwischen buchstäblicher und figürlicher Bedeutung übergreift. Deren Differenz tut sich innerhalb der Koordinaten natürlicher Sprachen auf.

172. Worin diese Differenz besteht, zeigt sich an dem Verhältnis sprachlicher Formulierungen zu ihren möglichen Paraphrasen. Grundsätzlich lassen sich alle sprachlichen Einheiten, seien es Wörter, Wendungen, Sätze, Gespräche, mündliche Erzählungen, öffentliche Reden, Bedienungsanleitungen, Gedichte, Romane oder theoretische Werke

jedweder Art *irgendwie* paraphrasieren. Man kann im Prinzip immer (wenigstens ein Stück weit) mit eigenen Worten angeben (oder anzugeben versuchen), was mit ihnen an ihrer Stelle gesagt, getan und zum Ausdruck gebracht wurde. Wie jeweilige Elemente und Sequenzen der Rede auf Wittgensteins Skala einzuordnen sind, ergibt sich anhand des Kriteriums, inwieweit ein Bedeutungsunterschied zwischen Original und Paraphrase besteht und daran, worin er besteht, sofern er besteht.

173. Von den Begriffen der »Ersetzung« und »Übersetzung«, wie ich sie in Nr. 54 u. 70 kommentiert habe, unterscheidet sich derjenige der »Paraphrase« durch einen weiteren Umfang. Paraphrasen sind Verfahren der Wiedergabe dessen, was mit sprachlichen Formen gesagt und getan werden kann. Nur *exakte* Paraphrasen sind deckungsgleich mit der sinngleichen Ersetzung eines Satzes durch einen Satz in derselben oder einer anderen Sprache. (Im letzteren Fall ist die Paraphrase zugleich eine Übersetzung.) Exakt aber sind Paraphrasen keineswegs immer; oft geben sie den Sinn eines Satzes oder Texts nur *ungefähr* wieder, ohne den Anspruch, ihrer genauen Form zu entsprechen (wie es bei der Paraphrasierung längerer Texte ohnehin unmöglich ist). Sie geben das anderweitig Gesagte mit unterschiedlichen Graden der Entsprechung wieder, worin häufig eine hilfreiche Erläuterung liegt, die zum Verständnis der betreffenden Äußerungen beiträgt. Hierbei handelt es sich um Hinweise zu gegebenen Formaten der Rede, die mit keinem Anspruch auf Ersetzung oder Übersetzung verbunden sind. Oft geben solche Paraphrasen den Sinn eines Satzes nur tentativ – und manchmal nur sehr ungenügend – wieder. Letzteres ist vor allem bei literarischen Sätzen wie denen von Chandler und Williams der Fall. Dafür stehen hier die

Möglichkeiten einer kreativen Übersetzung, eines umsichtigen Kommentars, einer aufschließenden Interpretation bereit – Möglichkeiten, wie sie auch bei nicht literarischen Sätzen und Texten zur Verfügung stehen.

174. Auch dann, wenn die Paraphrase einer Wendung oder eines Satzes umstandslos möglich erscheint, ist ihr Verwendungssinn nicht unbedingt der Gleiche. Normalerweise bedeutet »Die Sonne lacht.« nichts anderes als »Die Sonne scheint und dies ist erfreulich.« (wobei die Sprecherin meist zusätzlich kundgibt, dass auch *sie* dies erfreulich findet). Wenn eine Dozentin ihre säumige Kohorte mit dem ironischen Kompliment begrüßt, »Ihr seid heute wieder überaus pünktlich.«, so fordert sie ihr Publikum auf, künftig pünktlich zu erscheinen. In beiden Fällen gibt die Paraphrase den Gehalt der Äußerungen mit anderen Worten annähernd wieder. Aber nur annähernd, denn eine rhetorische Differenz zwischen Original und Paraphrase bleibt selbst in diesen Fällen bestehen. Bei dem metaphorischen Satz liegt die Würze in der Kürze eines zugleich objektiven und subjektiven Stimmungsbilds, verbunden mit der Anmutung eines kosmischen Aufgehobenseins, die ausbleibt, wenn die Sonne »sticht«. Der ironisch geäußerte Satz ist eine vergleichsweise höfliche Form der Ermahnung, mit der die Angesprochenen an ihre Pflichten erinnert werden.

175. Komplexe Metaphern vermögen weitaus mehr. Nicht selten entfalten sie eine politische, philosophische oder soziologische Wirkmächtigkeit weit über den Kontext ihres Auftretens hinaus – so im Fall der seit der Antike virulenten Metapher vom »Körper des Staates« (Koschorke et al. 2007), der Propagierung einer »kopernikanischen Wende« der Philosophie in der Vorrede zur zweiten Auflage der *Kri-*

tik der reinen Vernunft oder in Habermas' Bild einer drohenden »Kolonisierung der Lebenswelt« durch systemische Imperative (TKH I, 10; TkH II, 293).

176. Ein einfaches Beispiel tut es auch. Jemand sagt: »Hans ist ein Schrank.« Überall, wo es Schränke gibt, lässt sich dieser Satz umstandslos übersetzen. Ihre *metaphorische* Verwendung aber lässt sich sowohl in der Herkunftssprache als auch in den Sprachen, die eine sinngleiche Übersetzung erlauben, *nicht* durch andere Worte ersetzen. Es müssen genau entsprechende Ausdrücke sein, damit das umrissene Bild von Hans gegeben wird. In diesem Sinn bleiben sie, obwohl sie ohne Verlust in einige andere Sprachen *übersetzbar* sind, in der jeweiligen Sprache *unersetzbar*.

177. Da es sich bei Hans nicht um ein Möbelstück handelt, muss etwas anderes gemeint sein. Die Metapher legt eine offene Reihe von Annahmen über die körperliche oder auch charakterliche Statur von Hans nahe. Er ist groß, breit, kräftig, aber nicht adipös, möglicherweise auch stark und schwer, ein wenig hölzern, ungelenk oder steif und vielleicht durch nichts zu erschüttern. Genau welche dieser und möglicher weiterer Eigenschaften Hans zugeschrieben werden, bleibt jedoch unbestimmt. Daher kann der metaphorische Satz nicht als Abkürzung für eine Reihe buchstäblicher Zuschreibungen verstanden werden, durch die er ersetzt werden könnte. Diese Unbestimmtheit oder Unterbestimmtheit gehört zum Witz der Metapher. Denn sie stellt eine Perspektive auf Hans bereit, die zwar durch buchstäbliche Zuschreibungen auf unterschiedliche Weise *ausgefüllt* werden kann, aber auf keine Reihe dieser Bestimmungen zu *reduzieren* ist. Diese *Perspektive* auf Hans ist es, die in erster Linie kommuniziert wird.

178. Die Kommunikation einer solchen Perspektive ist etwas anderes als die Kommunikation dessen, was *aus* dieser Perspektive gesehen, festgestellt, festgehalten, ersichtlich werden kann. Aus diesem Grund kann der Gehalt einigermaßen lebendiger Metaphern nicht durch eine noch so ausführliche Paraphrase (wie in meiner Aufzählung von Merkmalen) wiedergegeben werden.

179. Auch Davidson ist der Auffassung, dass metaphorische Sätze nicht durch Paraphrasen ersetzbar sind. Er zieht daraus jedoch die Konsequenz, dass von so etwas wie »metaphorischer Bedeutung« überhaupt nicht die Rede sein könne. Seine Abhandlung »Was Metaphern bedeuten« verteidigt die These, »daß Metaphern eben das bedeuten, was die betreffenden Wörter in ihrer buchstäblichsten Interpretation bedeuten, und sonst nichts.« (WMb 343) Entsprechend heißt es: »Keine Theorie der metaphorischen Bedeutung oder der metaphorischen Wahrheit kann die Funktionsweise der Metapher erklären helfen. Die Metapher bewegt sich auf den gleichen bekannten sprachlichen Gleisen wie die allerschlichtesten Sätze [...]. Was die Metapher auszeichnet, ist nicht Bedeutung, sondern Gebrauch. [...] Die Metapher sagt nur, was sich an ihrer Oberfläche zeigt – gewöhnlich etwas eklatant Falsches oder absurd Wahres. Und diese [...] Aussage bedarf keiner Paraphrase – ihre Bedeutung ist durch die buchstäbliche Bedeutung der Wörter gegeben.« (WMb 363 f.) Kurzum: »Wir müssen die Vorstellung fallen lassen, wonach die Metapher Trägerin einer Botschaft ist, wonach sie einen Gehalt hat bzw. eine Bedeutung (neben ihrer buchstäblichen Bedeutung, versteht sich).« (WMb 366 f.)

180. Diese Leugnung der Bedeutungshaftigkeit figürlicher Rede ergibt sich aus Davidsons beharrlicher Trennung

von sprachlicher Bedeutung und sprachlichem Gebrauch. »Buchstäbliche Bedeutung und buchstäbliche Wahrheitsbedingungen können Wörtern und Sätzen unabhängig von den jeweiligen Verwendungskontexten zugeordnet werden.« (WMb 346) Nach Davidson haben Sätze »Bedeutung« oder »Gehalt« allein gemäß ihrer Wahrheitsbedingungen. Im *Gebrauch* von Sätzen hingegen lassen sich diverse »Wirkungen« (WMb 367) erzielen, die über das in den entsprechenden Sätzen Gesagte hinausgehen. Dadurch aber gewinnen die verwendeten *Sätze* keinen veränderten Gehalt. Metaphern und andere Arten figürlicher Rede »regen« oder »deuten« allerlei »an« (WMb 360, 366 f.), was in den Sätzen selbst gar nicht zum Ausdruck kommt. Darin liegt für Davidson – im Unterschied zu pragmatistischen Bedeutungstheorien – die »Autonomie der Bedeutung« gegenüber dem, was mit Sätzen getan und bezweckt werden kann. (Davidson 1986a, 385; affirmativ: Liptow 2013; kritisch: Wellmer 2004, 176–183)

181. Diese Weichenstellung macht Davidsons Theorie der Metapher zu einem Paradebeispiel der »tropophobischen« Folgen des von Charles Taylor diagnostizierten »literalism« weiter Teile der empiristischen und analytischen Sprachphilosophie. (ST 221, 270, 327) Erneut haben wir es mit einer Effektenlehre zu tun, die sich mit einem rigiden Begriff der Bedeutung zufrieden gibt und alles andere in den Bereich der Wirkung des Gesagten abschiebt. »Witz und Traum können uns zwar – ebenso wie ein Bild oder ein Schlag auf den Kopf – dazu veranlassen, eine bestimmte Tatsache zu erkennen – aber nicht, indem sie diese Tatsache bezeichnen oder sie zum Ausdruck bringen.« (WMb 368) Gelungene Metaphern, meint Davidson, bringen einen dazu, etwas zu erkennen, aber sie enthalten keine Erkenntnis. Sie geben et-

was zu denken, aber Gedanken geben sie nicht zum Besten. Sie sind bloß ein Anlass, sich Gedanken zu machen.

182. Jedoch will Davidson nicht bestreiten, dass es an Metaphern etwas zu verstehen gibt. Es muss ja die buchstäbliche Bedeutung des Satzes erfasst werden und zugleich erkannt werden, dass er metaphorisch gebraucht wird. Er bestreitet weder, »daß die Metapher eine Pointe hat«, noch will er leugnen, »daß sich diese Pointe durch die Verwendung weiterer Worte verdeutlichen läßt.« (WMb 345) Doch er sucht diese Pointe an der falschen Stelle. Er sucht sie auf der Seite von »Tatsachen«, auf welche die Aufmerksamkeit gelenkt oder auch von »Visionen« und »Gefühlen«, die wachgerufen werden. (WMb 360) Er sucht sie nicht auf der Seite eines Gehalts, der in den metaphorisch verwendeten Sätzen enthalten ist.

183. Laut Davidson soll die Metapher eine potenzielle Ursache von Erkenntnissen oder auch Gefühlen sein. Jedoch kann das, was Sätze bei ihren Adressaten verursachen, weder *Pointe* dieser Sätze sein noch kann das Verstehen dieser Pointe in einem kausalen *Effekt* bestehen. Denn Pointe eines metaphorischen Satzes ist die Pointe des – so verwendeten – *Satzes*. Er hat eine Pointe oder hat sie nicht; er hat diese oder jene. Sie kann von beliebigen Adressaten verstanden oder missverstanden werden. Bei Sätzen verhält es sich hier nicht anders als bei Begriffen wie »Pferd« im Unterschied zu »Mähre«. Was Sätze nahelegen, liegt in *ihnen*; sonst könnten sie es nicht nahelegen. Worauf sie lenken, ist Teil ihrer Lenkung.

184. »Andeutung ist nicht dasselbe wie Bedeutung«, schreibt Davidson (WMb 360). Andeutungen aber sind

keine Besonderheit von Metaphern und schon gar nicht ihre Spezialität. Andeutungen sind Formen der Rede, die von einem buchstäblichen wie figürlichen Sprachgebrauch gleichermaßen realisiert werden können. Mit jeder Art von Sätzen kann etwas angedeutet werden. Mit Sätzen wie »Du siehst aber blass aus.«, »Ich habe Migräne.« oder »Es gießt in Strömen.« kann angedeutet werden, dass der für heute geplante Ausflug ausfallen muss. Oder ich sage »Die Sonne lacht.« und meine damit, »Lass uns rausgehen.« Derartige Andeutungen sind eine Form indirekter Mitteilungen, die von dem Kontext der jeweiligen Äußerungen abhängig sind. Sie sind in einer Weise situationsabhängig, wie es metaphorische Sätze von sich aus gerade nicht sind. Solange klar ist, um welchen Hans es sich handelt, kommt dem Satz »Hans ist ein Schrank.« eine situationsunabhängige Bedeutung zu. Er eröffnet eine Sicht auf Hans. Was hiermit über Hansens Eigenschaften nahegelegt wird, sind – wenn auch im Einzelnen unbestimmte – *Implikationen* dieses sprachlichen Bildes. Da Hans ein Schrank ist, ist er zumindest kein unscheinbarer Geselle – und gewiss keine Bohnenstange. Wenn jedoch ein Umzug ansteht, kann mit der Bemerkung, dass Hans ein Schrank ist, zugleich indirekt mitgeteilt werden, dass es gut wäre, ihn mit dabei zu haben. Jeder beliebige Satz kann zu Zwecken der Andeutung verwendet werden.

185. »Daß du den Ausdruck »auf N anspielen« verstehst, kannst du dadurch zeigen, daß du Beispiele des Anspielens beschreibst. Was wirst du dann beschreiben? Vor allem die Umstände. Dann, was einer sagt. Etwa auch durch seinen Blick etc. Dann, was der Anspielende tun will.« (Z 271)

186. Davidsons Auffassung, metaphorische Rede sei eine Angelegenheit kausaler Effekte im Modus der Andeutung

oder Anspielung, führt auch deswegen in die Irre, weil sie allein die kommunikative Verwendung von Metaphern berücksichtigt. Metaphern jedoch sind ein Medium nicht nur der Kommunikation, sondern ebenso des Denkens. Sollen wir annehmen, dass eine Person, die Metaphern in der inneren Rede gebraucht, sich einen – metaphorischen – Schlag auf den Kopf verpasst, um dann zu schauen, was dies für eine Wirkung auf sie hat?

187. Davidsons entscheidender Missgriff allerdings liegt darin, dass er nur die Gegenstandsseite metaphorischer Ausdrucksweisen im Blick hat: die Sache, von der jeweils die Rede ist. Die Metapher, sagt Davidson, ist zusammen mit anderen Formen der figürlichen Rede eines der »zahllosen Mittel, die dazu dienen, uns auf bestimmte Aspekte der Welt hinzuweisen« (WMb 358), »anstatt sie unumwunden auszusprechen« (WMb 367). Die »Aspekte«, auf die gelungene Metaphern hinweisen, sind für Davidson Verhältnisse, die auch »unumwunden« hätten ausgesprochen werden können, deren Zurkenntnisnahme aber von der Metaphern immerhin evoziert wird. Auf diesem Weg, meint Davidson, rufen Metaphern Einsichten oder Erleuchtungen im Hinblick auf die angesprochenen Gegenstände hervor. So erklärt sich sein überraschendes Zugeständnis: »Damit soll nicht bestritten werden, daß es so etwas wie eine metaphorische Wahrheit gibt, nur den Sätzen soll sie abgesprochen werden. Die Metapher führt uns tatsächlich zur Erkenntnis von Dingen, die wir andernfalls womöglich nicht bemerken würden, und es besteht vermutlich kein Grund, weshalb man nicht sagen sollte, diese durch die Metapher angeregten Visionen, Gedanken und Gefühle seien wahr oder falsch.« (WMb 360)

188. Die Wahrheit einer lebendigen Metapher jedoch liegt nicht vorrangig in dem, was sie über ihren Gegenstand zu erkennen gibt. Ihre Funktion liegt darin, eine Perspektive auf und Einstellung zu dem in Rede Stehenden zu artikulieren. Ihre thematisierende Rolle steht hinter ihrer vergegenwärtigenden Leistung zurück. Noch einmal PU 27: »Als ob es nur Eines gäbe, was heißt: »von Dingen reden«. Während wir doch das Verschiedenartigste mit unseren Sätzen tun.«

189. Metaphern können stimmig oder unstimmig, plausibel oder unplausibel, irreführend oder verzerrend sein wie andere Charakterisierungen auch. Sprechakte können auf andere Weise gelingen als im Medium buchstäblichen Sagens. Wie bei der Rede von der »Wahrheit der Kunst« kommt es darauf an, das Gelingen oder Misslingen der betreffenden Darbietungsarten von denen anderer Ausdrucksformen zu unterscheiden.

190. Das »Treffende« von Metaphern, das auch Davidson ihnen zuzugestehen bereit ist (WMb 371), betrifft in erster Linie die Sicht einer Sache und nicht die von ihr her zugänglichen Eigenschaften dieser Sache. Darin liegt ihr Witz oder »Wunder« (WMb 345). Die Bedeutung von Metaphern liegt in ihrer spezifischen Artikulationsleistung. Metaphern sind nicht primär sachbestimmend, sondern sichtbestimmend (und in starken Fällen sichterzeugend). Davidson verkennt die kategoriale Differenz von sprachlichem Sichtbezug und Sachbezug.

191. Am Ende seiner Abhandlung über die Metapher scheint Davidson einer Anerkennung dieser Differenz nahe zu kommen. Unter Berufung auf Wittgensteins Bemerkungen über das Aspektsehen hält er dort fest: »Sehen-als ist

nicht dasselbe wie Sehen-daß.« (WMb 370) Der Effekt von Metaphern wird nun im Sinn einer Befähigung zu einem »Sehen-als« im Unterschied zu einem »Sehen-dass« gedeutet. Aber worin besteht dieser Unterschied? Bei Davidson nur wieder in der Anregung zu einem erweiterten oder revidierten Sehen-dass. Die Aspekte, die so zutage kommen, sind ihm nichts weiter als Ansammlungen eines neu oder anders Gesehenen: Aspekte *am Gegenstand* der Rede, nicht hingegen des *Blicks* auf diesen.

192. Zwar bezieht sich auch Wittgenstein in seinen Kommentaren zum Aspektsehen häufig auf Aspekte in einem gegenständlichen Sinn; es wird *an* Gegenständen etwas entdeckt, das andernfalls nicht aufgefallen wäre. Aber dies ist in vielen Fällen nur möglich, wenn *auf* sie eine veränderte Perspektive eingenommen wird. »Die Umdeutung eines Gesichtsausdrucks ist zu vergleichen der Umdeutung eines Akkords in der Musik, wenn wir ihn einmal als Überleitung in diese, einmal in jene Tonart empfinden.« (PU 536)

193. Von Aspekten kann in einem gegenständlichen und in einem ungegenständlichen Sinn die Rede sein. Man kann Aspekte eines Gegenstands sehen oder übersehen. Um diese zu sehen, muss man ihn *unter* einem geeigneten Aspekt betrachten; andernfalls kommt der betreffende Aspekt nicht in den Blick. Die Hinsicht, in der ein Gegenstand betrachtet wird, ist (diesseits der Wahrnehmung von Objekten der Kunst) nicht selbst Gegenstand dieser Betrachtung; sie ist eine ungegenständliche Voraussetzung dieser Betrachtung. Um etwas in Sicht zu nehmen und zu bekommen, muss man über eine Sicht verfügen. (Vgl. Backhaus 2022, Kap. 2)

194. Wittgenstein erörtert Aspektsichtigkeit im Unterschied zur Aspektblindheit vorwiegend am Beispiel des Sehens und Hörens, nicht zuletzt von Zeichnungen, Bildern und Musik. »Es erhebt sich nun die Frage: Könnte es Menschen geben, denen die Fähigkeit etwas *als etwas* zu sehen, abginge – und wie wäre das? Was für Folgen hätte es? – Wäre dieser Defekt zu vergleichen mit Farbenblindheit, oder mit dem Fehlen eines absoluten Gehörs? – Wir wollen ihn »Aspektblindheit« nennen – und uns überlegen, was damit gemeint sein könnte.« (PU II, 551f.)

195. Was Aspektblinde von Aspektsichtigen unterscheidet, ist das Verhältnis, in dem sie zu den Objekten ihrer Wahrnehmung stehen. »Der Aspektblinde wird zu Bildern überhaupt ein anderes Verhältnis haben als wir.« (PU II, 552) Er wird weniger auf und in ihnen sehen – und überhaupt nicht sehen können, dass und wie künstlerische Bilder (und auf ihre Weise auch Werke der Literatur) Sichtweisen dessen präsentieren, was immer sie präsentieren. »Ja, was ist das Objekt des Malens, das Menschenbild (z. B.) oder der Mensch, den das Bild darstellt?« (PU 518)

196. Die Bildkünste lassen uns Weisen des Sehens sehen.

197. Auch in diesem Zusammenhang zieht Wittgenstein eine Analogie zwischen musikalischem und sprachlichem Verstehen. »Aspektblindheit wird *verwandt* sein mit dem des ›musikalischen Gehörs‹.« (PU II, 552) Wittgenstein fährt fort: »Die Wichtigkeit dieses Begriffes liegt in dem Zusammenhang der Begriffe ›Sehen eines Aspekts‹ und ›Erleben der Bedeutung eines Wortes‹. Denn wir wollen fragen: ›Was ginge dem ab, der die Bedeutung eines Wortes nicht *erlebt?*‹« (PU II, 553) Wer die Bedeutung eines Wor-

tes nicht zu »erleben« vermag, wird seinem Klang, seinem Rhythmus und seiner Stellung in einem Satz nichts abgewinnen können. Deswegen hätte Wittgenstein auch sagen können: Der Mangel des musikalischen Gehörs wird *verwandt* sein mit einem Mangel sprachlichen Verstehens – mit einer »Bedeutungsblindheit« (PP 47) gegenüber den Differenzen und Nuancen sprachlicher Artikulation.

198. Die Doppelstelligkeit des Aspektbegriffs (in seiner gegenständlichen und ungegenständlichen Bedeutung) betrifft auch den Sinn und das Verstehen von Sätzen. Den Aspekten, unter denen man Sätze *verstehen* kann, entsprechen Aspekte dessen, was sie zum Ausdruck bringen. Man kann Sätze (eher) als sachbestimmend oder (eher) als sichtbestimmend verstehen, weil sie an der Stelle ihrer Äußerung (eher) das eine oder das andere (oder auch beides zugleich) sind. Man kann Sätze so *oder* so und manchmal auch gleichzeitig so *und* so auffassen. Sprachbezogene Aspektsichtigkeit liegt in der Befähigung, Sätze als Ausdruck von »Gedanken« der einen oder anderen Art zu verstehen.

199. »Nothing ever looks emptier than an empty swimming-pool.«
Wir haben es mit einer Zusammenstellung von Wörtern zu einem Satz zu tun, der so oder so aufgefasst werden kann: als komparative Beschreibung eines Zustands der Leere oder als eine klangbildliche sprachliche Geste. Auch hier – an diesem Satz – lässt sich »zwischen dem ›stetigen Sehen‹ eines Aspekts und dem ›Aufleuchten‹ eines Aspekts unterscheiden« (PU II, 520). Wem der bildliche Sinn von Chandlers Satz aufgeht, ist in einer ähnlichen Situation wie der Betrachter eines Bildes, der an ihm etwas bis dahin Übersehenes wahrnimmt. »»Ich sehe jetzt *das*«, könnte ich

sagen (z. B. auf ein anderes Bild deutend). Es ist die Form der Meldung einer neuen Wahrnehmung. Der Ausdruck des Aspektwechsels ist der Ausdruck einer *neuen* Wahrnehmung, zugleich mit dem Ausdruck der unveränderten Wahrnehmung.« (PU II, 522 f.)

200. Unverändert ist und bleibt der Satz, um den es geht. Was so oder anders ausfallen kann, ist die Art seiner Verwendung und seines Verstehens. Im einen Fall verstehe ich den Satz so, dass dieser einer Charakterisierung der in ihm thematisierten Sache dient: Er behauptet etwas über das Aussehen leerer Swimmingpools. Im anderen Fall verstehe ich den Satz so, dass dieser der Charakterisierung einer Sichtweise auf die thematisierte Sache dient: Er vergegenwärtigt die Bedeutsamkeit der angesprochenen Szene.

201. Die in Chandlers Satz enthaltenen *Wörter* behalten ihre angestammte Bedeutung – aber der *Satz* gewinnt eine andere als in seiner prosaischen Lesart. Deswegen sagt Wittgenstein: »Die bildliche Verwendung eines Wortes kann ja mit der ursprünglichen nicht in Konflikt geraten.« (PU II, 554)

202. Sprachliche Zeichen und ihre Zusammenstellungen haben es an sich, so oder anders verwendet und aufgefasst zu werden. Metaphern (und andere Formen der figürlichen Rede) umgehen die begriffliche Rede nicht, sie machen einen spezifischen Gebrauch von ihr. Den Begriffen der Sprache ist in der Sprache nun einmal nicht zu entkommen, weder in einer primär sagenden noch in einer primär zeigenden Verwendung.

203. Wenn sich jemand angesichts gegebener Äußerungen fragt, »»Wie soll ich wissen, was er meint, ich sehe ja nur seine Zeichen«, so sage ich: »Wie soll *er* wissen, was er meint, er hat ja auch nur seine Zeichen."« (PU 504) Wer sagt, Hans sei ein Schrank, muss sich der bereitstehenden sprachlichen Unterscheidungen ebenso bedienen wie jemand, der sagt, Hans sei groß und breit.

204. Tropophobie braucht nicht mit Propophobie beantwortet zu werden. Deshalb ist die Rede von einem »nichtpropositionalen Gehalt« (Gabriel 2019, 36–50) oder der »Unbegrifflichkeit« (Blumenberg 1979) von Metaphern ebenso mit Vorsicht zu behandeln wie das Postulat eines »Unsagbaren« oder »Unaussprechlichen«, das sich allein »zeigen« könne (T 4.115, 6.522). Das Unsagbare ist keine Sphäre, die darauf wartet oder sich weigert, gesagt zu werden. Es ist eine Relation *innerhalb* des Ausdrucksgeschehens, in dem einiges so, einiges anders und manches vorerst gar nicht ausgesagt oder aufgezeigt werden kann. Was im Medium eines eng gefassten sprachlichen Sagens nicht artikulierbar ist, ist deshalb noch lange nicht nicht artikulierbar. Was im Medium eines weit verstandenen sprachlichen *Zeigens* artikuliert werden kann, greift auf das gleiche Vokabular zurück, dessen sich ein dezidiertes *Sagen* bedient. Darin, wie das begriffliche Repertoire gegebener Sprachen bespielt und ausgespielt wird, ergeben sich die Differenzen von primär sagender oder zeigender Rede.

205. »Die Logik der Poesie ist überpropositional«, schreibt Dewey, »auch wenn sie das verwendet, was im grammatischen Sinne als Propositionen bezeichnet wird.« (Dewey 1980, 102) Sätze oder Satzfolgen, die im »grammatischen Sinn« Propositionen sind, bedeutet das, können unter-

schiedlich verwendet werden. Entsprechend kann ihr kommunikativer und gedanklicher Sinn unterschiedliche – eher gegenständliche oder ungegenständliche – Formen annehmen. Wiewohl aus Sätzen gemacht, spielt die Poesie ihr eigenes Spiel. In anderen Schreibweisen und in der Umgangssprache sind metaphorische Sätze dagegen häufig Behauptungen so gut wie nicht metaphorische, nur dass hier statt einer sachbezogenen eine sichtbezogene Bestimmung gegeben wird. »Nicht begrifflich« ist daran nichts, es sei denn man *definiert* den Gehalt von Sätzen und Gedanken so, dass er nur buchstäblicher Rede gegeben sein kann.

206. Verstehende, die keinen Sinn für die perspektivierende Kraft der Sprache hätten, wären in praktischer Hinsicht bedeutungsblind. Philosophien der Sprache, die dieser grundlegenden Dimension keine oder nur marginale Beachtung schenken, sind es in theoretischer Hinsicht.

207. Perspektiven der Wahrnehmung haben es an sich, dass aus ihnen – von einem gegebenen Standpunkt – etwas in einer spezifischen Weise zur Erscheinung kommt und dort Relevanz und Signifikanz gewinnt. Für Perspektiven des Denkens und Handelns (die oft mit solchen der Wahrnehmung verbunden sind) gilt das Gleiche: Sie sind die Bedingung dafür, dass etwas Bestimmtes festgehalten oder in Angriff genommen werden kann. Nur vor einem Hintergrund kann etwas in den Vordergrund rücken und dort bedeutsam werden und Bedeutung erhalten.

208. Um etwas als etwas zu sehen, zu bedenken und zu behandeln bedarf es eines nicht thematischen Zugangs zu dem, was jeweils Sache ist. Ohne Vorverständnis kein Verständnis.

209. Metaphern sind dafür gemacht, Zugänge zu einem Gegenstandsbereich zu artikulieren und im kreativen Fall zu eröffnen. Metaphorische Sätze artikulieren einen bestimmten Aspekt, *unter dem* die in ihr angesprochenen Verhältnisse eine Betrachtung wert sind. Sie bieten eine bestimmte *Sicht* auf die jeweils in Rede stehenden Dinge an, deren Perspektive die Hörenden oder Lesenden teilen (aber auch zurückweisen) können. Diese Sicht zu verstehen und zu teilen, *eröffnet* ein Spektrum von Ansichten über die betreffende Sache, ohne die Verstehenden auf eine bestimmte Menge solcher Überzeugungen festzulegen.

210. PU II 575: »Das Schwerste ist hier, die Unbestimmtheit richtig und unverfälscht zum Ausdruck zu bringen.«

211. »Sicht« oder »Sichtweise« ist ein Begriff für die Einstellung *gegenüber*, den Zugang *zu* oder die Aspekte, *unter* denen einer Situation oder Sache begegnet wird. So verstanden, bilden Sichtweisen den mehr oder weniger opaken, selbst nicht im Fokus stehenden Hintergrund, *vor* dem das liegt, worauf es im Tun und Widerfahren jeweils ankommt. Sichtweisen sind kognitive und affektive Koordinaten, innerhalb derer sich Vollzüge des Wahrnehmens, Erkennens und Handelns abspielen und sie auf die eine oder andere Weise (eher weitend oder verengend, ermöglichend oder lähmend) rahmen.

212. Ähnlich sagt Heidegger in *Sein und Zeit*: »Das Verstehen macht in seinem Entwurfcharakter existential das aus, was wir die *Sicht* des Daseins nennen.« – Man kann »Sicht und Sehen so weit formalisieren, daß damit ein universaler Terminus gewonnen wird, der jeden Zugang zu Seiendem und Sein als Zugang überhaupt charakterisiert«. (SZ 146 f.)

213. Sprache operiert perspektivierend und sondierend zugleich. So hält sie den Möglichkeitsraum des Erkennens und Handelns offen. Sie bildet Perspektiven, aus denen die Welt durchmustert werden kann; sie vergegenwärtigt Perspektiven, die ein weites Spektrum von Gegebenheiten zu thematisieren erlauben – und deren Erkundung nicht selten veränderte Perspektiven erfordert.

214. Humboldt bemerkt, man könne »die Sprache als eine Weltanschauung oder als eine Gedankenverknüpfung, da sie diese beiden Richtungen in sich vereinigt, betrachten«. (VS 412)

215. Das oft undurchsichtige Verhältnis von Ansichten, Absichten und Affekten, das eine Sichtweise ausmacht, kann nicht in wörtlicher Darstellung zur Sprache kommen. Gewiss lässt sich in wörtlicher Rede *über* eine gegebene Sichtweise sprechen, lässt sie sich beschreiben und bewerten. Zu diesem Zweck aber muss sie distanziert werden und kann nicht länger in Anspruch genommen werden. Als Objekt einer vergegenständlichenden Beschreibung und Reflexion verwandelt sie sich in einen komplexen Sachverhalt, anstatt weiterhin eine komplexe Orientierung auf Gegenstände des Sprechens und Handelns zu bieten.

216. Eine Sichtweise *als* Sichtweise während der *Inanspruchnahme* dieser Sichtweise artikulieren: Das vermag die figürliche, zum Beispiel die metaphorische Rede.

217. Metaphern rücken einen Hintergrund des Verstehens und der mit ihm verbundenen Aspekte der Weltauffassung *als* Hintergrund in den Vordergrund. Sie machen Vorverständnisse *als implizite explizit.* Sie vergegenwärtigen, ar-

rangieren oder rearrangieren Bezüge, innerhalb derer sich die Rede bewegt. Metaphern arbeiten an der Artikulation – und nicht selten am Umbau – von Vorverständnissen, die das Wahrnehmen, Denken und Handeln leiten, leiten könnten oder leiten sollten. Sie stellen einen Rückhalt der Kommunikation und des Überlegens bereit.

218. Darin zeigt sich die generelle Doppelstelligkeit des Sprachgebrauchs, worauf die Apologien der Rhetorik bei Gadamer, Adorno oder auch Blumenberg (vgl. Tränkle 2022, bes. 245 ff.) verweisen. Welterschließung *geschieht* nicht nur, sie wird in den Arten der Gestaltung der Rede – wie beiläufig und unscheinbar auch immer – durch Eingriffe in die Koordinaten der sprachgebundenen Vorverständnisse *betrieben*.

219. Da alles Denken und Sprechen unvermeidlich von Perspektiven, Einstellungen und Hintergrundannahmen getragen wird, die während ihrer Inanspruchnahme nicht – buchstäblich – explizit gemacht werden können, besteht die Notwendigkeit, diese Kontextbedingungen *während* der äußeren oder inneren Rede deutlich machen zu können. Das ist es, was die Modi der Sprache in den unterschiedlichen Formen sowohl eines »zeigenden Sagens« als auch – und erst recht – eines eher »sagenden Zeigens« leisten. Figurativer Sprachgebrauch ist *konstitutiv* für das, was menschliche Sprachen ausmacht; er hat keine uneigentliche, sondern eine höchst eigentliche Funktion.

220. Unter dem Titel »Am Beispiel der Metapher« habe ich die komplementären Funktionen buchstäblicher und figürlicher Rede einmal so beschrieben:
»Eine wörtliche Äußerung artikuliert einen Sachverhalt

unter Verzicht auf eine Charakterisierung der voraussetzungsvollen Relevanz der Sache, um die es geht. Eine metaphorische Äußerung artikuliert die sichtgebundene Relevanz ihres Gegenstands unter Verzicht auf eine zutreffende satzinterne Charakterisierung ihres Objekts. Folglich ist die Zustimmung zu einer wörtlichen Aussage in erster Linie Zustimmung zur Wahrheit des im Satz Gesagten und erst in zweiter Linie Zustimmung zur Angemessenheit der Thematisierung der fraglichen Sache. Folglich ist die Zustimmung zu einer metaphorischen Aussage in erster Linie Zustimmung zur Angemessenheit der Betrachtung ihres Gegenstands und erst in zweiter Linie Zustimmung zu den Bestimmungen, zu denen diese Betrachtung führt und führen könnte. Jede der beiden Äußerungsformen hebt das hervor und legt darauf besonderes Gewicht, was die andere mehr oder weniger unbestimmt lässt.« (Seel 2002d, 35)

221. Begonnen habe ich die damalige Überlegung so:
»Die Metapher hat Konjunktur. In sprachphilosophischen Kreisen ist die Metapher dieser Tage zum trojanischen Turnierpferd geworden, aus dem mit allen Listen für und wider die Festung einer systematischen Bedeutungstheorie gestritten wird. Wie keine andere scheint diese Sprachform geeignet, das gegen das Vielformenheer der Sprache widerständige Troja der Bedeutungstheorie allen hellenischen Tropen zu öffnen und es damit in seinen Grundfesten zu erschüttern. Längst aber steht Troja voller trojanischer Pferde. Selbst die göttlichen Beobachter wissen nicht länger zu sagen, ob die alten Bastionen erfolgreich gestürmt oder die fremdsprachigen Invasoren erfolgreich eingebürgert wurden.« (Seel 2002d, 11)
Die nachfolgenden 30 Seiten analysieren und kritisieren das, was ich seinerzeit die »trojanische Illusion« genannt

habe: den Glauben, der figürliche Sprachgebrauch könnte vom Grundbegriff der sprachlichen Bedeutung freigehalten werden. Dieser Kommentar ist weder eine Übersetzung noch eine Paraphrase des anfänglichen Bilds. Sie bewegt sich innerhalb der von diesem entworfenen Perspektive auf eine umkämpfte Zone der sprachphilosophischen Diskussion.

222. So ein Verfahren ist in der Philosophie gang und gäbe. Ein sprachliches Bild legt eine Spur, auf die sich die weitere Untersuchung begibt, oder resümiert den Zugang, der den Gang der Dinge in einem Text bestimmt hat.
»Durch denselben Akt, vermöge dessen der Mensch die Sprache aus sich herausspinnt, spinnt er sich in dieselbe ein.« (Humboldt, VS 434)
»[D]er Mensch ruht, in der Gleichgültigkeit seines Nichtwissens, und gleichsam auf dem Rücken eines Tigers in Träumen hängend.« (Nietzsche 1980, 877)
»Wie Schiffer sind wir, die ihr Schiff auf offener See umbauen müssen, ohne es jemals in einem Dock zerlegen und aus besten Bestandteilen neu errichten zu können.« (Neurath 1932, 206)
»Als Konstellation umreißt der theoretische Gedanke den Begriff, den er öffnen möchte, hoffend, daß er aufspringe wie die Schlösser wohlverwahrter Kassenschränke: nicht nur durch einen Einzelschlüssel oder eine Einzelnummer sondern eine Nummernkombination.« (Adorno 1970, 164)
»Was ist das Ziel der Philosophie? – Der Fliege den Ausweg aus dem Fliegenglas zeigen.« (PU 309)

223. Sprachliche Bilder wie diese haben eine bemerkenswerte Eigenschaft. Sie können sich verselbständigen. Wenn Metaphern wie diejenigen von der »nackten Wahrheit«,

des »Gewebes der Sprache«, von der nötigen »Sättigung« von Begriffen und dem »Fassen« von Gedanken beim Hundefreund Frege (Frege 1975c, 22; DG 49 f.), vom Umbau von Schiffen auf offener See und der philosophischen Tätigkeit als Panzerknackerei oder Fliegenbefreiung – wenn solche Bilder geläufig geworden sind und sich in bestimmten Regionen des Sprachgebrauchs eingebürgert haben, gewinnen sie eine kontextunabhängige Bedeutung. Sie haben sich von Ort und Zeit ihres Aufkommens emanzipiert und sind zu geflügelten Worten geworden. Sie können nun in beliebigen Zusammenhängen gebraucht und verstanden werden.

224. Darin unterscheiden sich Metaphern von den Spielarten andeutender Kommunikation. Metaphern sind keine indirekten Sprechakte. Indirekte Sprechakte des von Searle (AB 51–79) analysierten Typs sind dadurch gekennzeichnet, dass die *Form* der geäußerten Sätze von dem *Sinn* der Äußerung dieser Sätze abweicht. Ein Sprechakt wird verwendet, um unausgesprochen einen anderen zu vollziehen. Ein Versprechen (»Ich komme morgen wieder!«) kann als Drohung vorgebracht werden, eine Feststellung (»Ich bin pleite.«) als Aufforderung oder Bitte. Der Sinn solcher Äußerungen ist nur aus ihrem jeweiligen Kontext zu verstehen. Am Ort ihrer Verwendung enthalten sie »konversationelle Implikaturen« (Grice 1979c), die von den Adressaten erkannt werden müssen, um das Gemeinte zu verstehen. In vielen solcher Fälle hätte das indirekt Gesagte auch direkt gesagt werden können: »Ich werde dich nicht in Ruhe lassen, bis …« –»Lädst du mich ein?« Das mit indirekten Sprechakten dieser Art Gemeinte *lässt* sich durch andere Worte ersetzen.

225. Auch hierbei bleibt eine rhetorische Differenz bestehen. Indirekte Sprechakte sind eine Form der andeutenden Rede (Nr. 185). Sie lenken die Aufmerksamkeit ihrer Adressaten auf den Äußerungskontext, aus dem zu erschließen ist, wie die entsprechenden Sätze verwendet werden. Das Verstehen dieser Äußerungen erfordert, ihrem Zusammenhang eine besondere Beachtung zu schenken, damit das Versprechen als eine Drohung, die Feststellung als eine Bitte aufgefasst wird. Diese sprachliche Lenkung bleibt hier an die jeweilige Äußerungssituation gebunden; eine situationsunabhängige Perspektive auf sie wird nicht vergegenwärtigt.

226. Einfache Fälle der Ironie wie das Beispiel in Nr. 174 können ebenfalls nach dem Muster indirekter Sprechakte erklärt werden. Komplexere Formen der Ironie operieren durchaus anders. Die »dramatische Ironie« erlaubt es, auf der Bühne oder in literarischen Erzählungen die Darstellung der Perspektiven von Figuren mit Perspektiven auf das Erleben und Wissen der Figuren zu kombinieren, die erheblich von deren eigener Perspektive abweichen. Dies ist ein Verfahren der imaginativen Vergegenwärtigung des Verstricktseins von Personen oder Figuren in ihnen undurchsichtige Lebensumstände, die von der Art ihrer sprachlichen Darbietung nicht abzulösen ist. (Goldie 2012, 26–29) Hier und in anderen poetischen Schreibweisen bleibt vieles in einer unauflöslichen Schwebe, so wie es Friedrich Schlegel in seinen Athenäums-Fragmenten skizziert, wenn er der romantischen Poesie die Befähigung zuschreibt, »zwischen dem Dargestellten und dem Darstellenden [...] auf den Flügeln der poetischen Reflexion in der Mitte [zu] schweben, diese Reflexion immer wieder potenzieren und wie eine endlose Reihe von Spiegeln vervielfachen«. (Schlegel 1972c, 37 f.)

227. Eine verwandte Passage bei Calvino lautet: »Eine Sache kann mindestens auf zwei verschiedene Arten und Weisen gesagt werden: auf eine Art, durch die der, der sie sagt, diese Sache und nur diese Sache sagen will; und auf eine Art, durch die man sehr wohl diese Sache sagen will, aber gleichzeitig auch daran erinnert, daß die Welt viel komplizierter, weiter und widersprüchlicher ist. Die Ironie Ariosts, das Komische bei Shakespeare, das Pikareske bei Cervantes, das Possenhafte bei Lewis Carroll, Edwan Lear, Queneau beziehen für mich ihren Wert daraus, daß man durch sie diese Art Distanz vom Detail erreicht, dieses Gefühl für die Weite der Welt.« (Calvino 1984, 36 f.)

228. Rhetorische Fragen dagegen sind in der Regel Vorkommnisse der indirekten Rede. So eine Frage stellt Wittgenstein am Ende seines *Blauen Buchs*: »Ist es sinnvoll, von einer direkten Kommunikation im Gegensatz zu einer indirekten zu sprechen?« (BB 282) Er stellt diese Frage im Rahmen der Überlegung, wie der leibliche Ausdruck von Gefühlen aufzufassen ist. Er legt nahe, dass »die Mitteilung von Gefühlen durch Gesten« ein wesentlicher Teil ihrer Kommunikation darstellt. Für abwegig hält er es jedoch, entweder den gestischen oder den verbalen Ausdruck als die direktere Art der Kommunikation zu betrachten.

229. In der *Philosophischen Grammatik* kommt es zu einem verwandten Vergleich, dieses Mal von Worten und Bildern, den Wittgenstein so resümiert: »Also ist der Tatsache, daß mir das Bild etwas sagt, nicht wesentlich, daß mir bei seinem Anblick Worte einfallen. Denn das Bild sollte doch die direktere Sprache sein.« (PG 164). »Direkte« Kommunikation kennt viele Formen, die nicht dem Muster buchstäblicher verbaler Kommunikation folgen.

230. Dies gilt auch für das sprachliche Bild. Auch es ist eine *direkte* Form der Rede, die sich von ihren indirekten Spielarten unterscheidet. Auf die *sprachlichen* Verkehrsformen bezogen, wäre Wittgensteins Frage deshalb *keine* rhetorische Frage, die ihre Antwort bereits enthält. Denn hier *ist* es sinnvoll, direktes von indirektem Sprechen zu unterscheiden – und von entscheidender Bedeutung, diese Differenzen richtig zu deuten: so nämlich, dass nicht nur die direkte und die indirekte Rede, sondern zugleich die *Varianten* sowohl der einen als auch der anderen zu ihrem Recht gelangen.

231. Analog verhält es sich in den Gebieten der *fiction* und *faction* und ihren zahlreichen Grenzregionen. Ob ein Satz, eine sprachliche Sequenz oder ein Text faktual oder fiktional gemeint ist (oder zu verstehen sich lohnt), sieht man ihnen nicht jederzeit an, wie nicht jederzeit feststeht, in welchem Sinn fiktionale Rede zur Anwendung kommt. Philosophische Gedankenexperimente haben nicht selten fiktionalen Charakter, ohne deshalb Literatur zu sein, wie umgekehrt literarische Fiktionen zu theoretischen Überlegungen inspirieren können (wie es Wittgenstein mit Lewis Carroll erging). Geschichten, die man für seine Kinder oder mit ihnen erfindet, sind weder das eine noch das andere. Alltagserzählungen changieren offen oder verdeckt zwischen Dichtung und Wahrheit. Literarische Fiktionen können ganz unterschiedlich gebaut sein – vergleichsweise bildtrunken oder nüchtern (Garcia Marquez vs. Hemingway) oder bildreich *und* spröde (Kafka, Beckett). So sehr sich die imaginative Vergegenwärtigung fiktionaler Literatur und die argumentative Phantasie der Philosophie an entgegengesetzten Polen des Sprachgebrauchs bewegen, fiktive und faktuale Rede sind in vielen Regionen der Sprache zu Hause.

232. Das bloße Vorkommen von Elementen faktualer oder fiktionaler, buchstäblicher oder figürlicher Rede usw. entscheidet allein nicht darüber, ob sprachlichen Verwendungen – eher, allein oder simultan – ein sachbestimmender oder sichtbestimmender Sinn zukommt. Erst daraus, *wie* sie dort miteinander interagieren und kooperieren, und welche dieser Formen jeweils die dominierende ist, ergibt sich ihr Status als (primär) faktuale oder fiktionale, konversationelle oder artifizielle, wissenschaftliche oder literarische Kommunikation. Ob und inwieweit die Gehalte dieser sprachlichen Vorkommnisse durch (annähernd) äquivalente Formulierungen ersetzbar sind, ergibt sich erst und allein aus der jeweiligen – oder jeweils vorrangigen – Funktion. Innerhalb dieser Funktionen sind die im bisherigen Durchgang besichtigten Varietäten des sprachlichen Ausdrucks – in unterschiedlichem Maß und unterschiedlichen Kombinationen – zugleich im Spiel. In ihnen bewegen sich die Spiele der Sprache.

233. Wenn wir PU 531 auf diese Weise beim Wort nehmen, ergibt sich eine einfache Konsequenz: Der Begriff eines »Gedankens« und seines Verstehens in der ersten der von Wittgenstein unterschiedenen Bedeutungen lässt sich ohne den Begriff eines »Gedankens« und seines Verstehens in der zweiten Bedeutung nicht zureichend fassen. Sprachliches »Sagen« und sprachliches »Zeigen« sind interdependente Begriffe.

234. Das ist die Provokation, die PU 531 für Bedeutungstheorien unterschiedlicher Couleur bereithält. Die Reaktion der Gegenpartei bleibt nicht aus. Doch nehmen wir um des Arguments willen an, die Kritiker seien zu einem Geständnis bereit. Sie geben zu, dass ihnen eine plausible Theorie der

weitreichenden rhetorischen Dimension der Sprache fehlt. Sie gestehen ferner, insbesondere die funktionale Komplementarität buchstäblicher und figürlicher Rede verkannt zu haben. Unser Begriff der sprachlichen Bedeutung, so geben sie zu Protokoll, ist daher nicht reich genug, um das »Reich einer lebendigen Sprache« zu vermessen.

235. Strafmindernd machen die Angeklagten geltend, dass sie die Prominenz und den oft guten Sinn der fraglichen Ausdrucksformen in Literatur, in der alltäglichen Rede und auch in den Diskurs der Wissenschaften hinein niemals geleugnet haben. Dass Sprache in weiten Teilen »unausrottbar rhetorisch« ist, lassen sie erklären, haben wir immer gewusst und auch immer gesagt.

236. Davidson könnte dafür plädieren, er habe zwar dem Glauben an eine metaphorische Bedeutung den Boden entzogen, an der Prominenz und Relevanz der figürlichen Rede jedoch nicht den geringsten Zweifel gelassen: »Die Metapher ist nicht nur in der Literatur ein legitimes Mittel, sondern auch in der Wissenschaft und im Rechtswesen; sie taugt zu Lob und Tadel, zu Gebet und Erhörung, zum Beschreiben und zum Vorschriftenmachen.« (WMb 345) In einem Beitrag von 1993 scheint er in einer Fußnote sogar auf Distanz zu seiner Metaphern-Abhandlung von 1978 zu gehen. »In meinem Aufsatz ›What Metaphors Mean‹ [...] habe ich mit törichter Hartnäckigkeit darauf bestanden, daß es sich um die Wortbedeutung handelt, während es mir eigentlich nur um den Vorrang der ersten Bedeutung ging.« »Erste Bedeutung« nennt er nun die wörtliche Bedeutung eines metaphorisch verwendeten Satzes, »zweite Bedeutung« hingegen alles das, »worauf uns die Metapher bringt« – das also, was sie auf dem Weg der »Andeutung«

vermittelt. (Davidson 2008b, 272) Dieses rein terminologische Zugeständnis ändert jedoch nichts an Davidsons kausaler Analyse des Effekts von Metaphern, mit der er ihre perspektivierende Ausdrucksleistung verfehlt.

237. Der einzige unter den bisher aufgerufenen Kritikern, der ein Geständnis der genannten Art ablegen *könnte*, ist Habermas. Schließlich kann sein Gedanke einer Komplementarität von »welterschließendem« und »geltungsorientiertem Sprachgebrauch« selbst als eine – wenn auch allzu zögerliche – Auslegung von Wittgensteins Gedanken (und seiner Vorstufen bei Herder und Humboldt) aufgefasst werden.

238. Das fiktive Geständnis der Kritiker aber wäre ohnehin nur ein Teilgeständnis. Denn den Kern der Anklage vonseiten der demokratischen Sprachpartei wischen sie mit großer Geste beiseite. Aus der Annahme einer *funktionalen* Komplementarität von »Sagen« und »Zeigen«, so lautet ihr Einspruch, folgt keine *logische* Gleichrangigkeit dieser Dimensionen der Sprache. Im Gegenteil: Diese Annahme (wenn sie denn überhaupt triftig ist) ist und bleibt abhängig von der Tatsache eines Primats des sprachlichen »Sagens« gegenüber dem sprachlichen »Zeigen«.

239. Es gibt eine *logische* Ordnung der Sprache, die ihren *praktischen* oder »funktionalen« Ordnungen vorausliegt: Dies ist eine Version des Einwands gegen meine Deutung der PU (im Geist Freges oder Davidsons). Eine andere Version (im Geist der Pragmatisten Searle, Habermas oder auch Brandom) lautet: Es gibt eine *praktische Grundordnung* sprachlicher Vollzüge, von denen ihre vielfältigen *weiteren Funktionen* in einem (wiederum) logischen Sinn abhängig

sind. Der Sache nach erheben beide Versionen denselben Vorwurf: Wittgenstein (und erst recht *dein* Wittgenstein), lautet er, verkennt den Vorrang des buchstäblichen gegenüber dem figurativen, des faktualen gegenüber dem fiktionalen, des direkten gegenüber dem indirekten, des »logischen« gegenüber dem »rhetorischen« Gebrauch der Sprache. Jedes Mal besteht ein begrifflicher Primat der ersten gegenüber der zweiten sprachlichen Form. »Such utterances are ›parasitical‹ on the standard cases«, lautet dieses Verdikt in Searles Kritik an Derrida, verbunden mit der rhetorischen Frage: »Does one really have to point this out?« (Searle 1977, 205)

240. Ich weiß, wovon ich rede. Denn ich war selbst lange Zeit der Meinung, die Annahme einer *funktionalen* Komplementarität der buchstäblichen und figürlichen Rede (und ihrer literarischen Verwandten) sei mit dem Befund eines *logischen* Primats der ersteren vereinbar. (Seel 2002d, 14 f., 38; Seel 2016, 291) Diese Auffassung ist es, die die Kritiker meiner jetzigen Deutung von PU 531 entgegen halten, um einen Freispruch in der Hauptsache des Verfahrens zu bewirken. Es wird also Zeit, den Irrtum des Autors einer Abhandlung über »Das Beispiel der Metapher« zu korrigieren.

Ein anderes Bild

241. Mit den Vorbehalten der Kritiker hat Wittgenstein gerechnet.
»Hier stoßen wir auf die große Frage, die hinter allen diesen Betrachtungen steht. – Denn man könnte mir einwenden:

»Du machst dir's leicht! Du redest von allen möglichen Sprachspielen, hast aber nirgends gesagt, was denn das Wesentliche des Sprachspiels, und also der Sprache, ist. Was allen Vorgängen gemeinsam ist und sie zur Sprache, oder zu Teilen der Sprache macht. Du schenkst Dir also gerade den Teil der Untersuchung, der dir selbst seinerzeit das meiste Kopfzerbrechen gemacht hat, nämlich den, die *allgemeine Form des Satzes* und der Sprache betreffend.«
Und das ist wahr. – Statt etwas anzugeben, was allem, das wir Sprache nennen, gemeinsam ist, sage ich, es ist diesen Erscheinungen gar nicht Eines gemeinsam, weswegen wir für alle das gleiche Wort verwenden, – sondern sie sind miteinander in vielen verschiedenen Weisen *verwandt*. Und dieser Verwandtschaft, oder dieser Verwandtschaften wegen nennen wir sie alle »Sprachen«."(PU 65)

242. Wittgenstein, so wird das meist gelesen, verabschiedet sich hier von dem Projekt einer systematischen Bedeutungstheorie zugunsten einer kursorischen Betrachtung der Pluralität sprachlicher Erscheinungen. Aber so verhält es sich gar nicht. Denn seine kursorisch verfahrenden Untersuchungen zielen auf ein systematisches Verständnis der Sprache, das deren Verkehrsformen in einer Weise ernst nimmt, wie es die Theorien der Kritiker nicht vermögen. Die »Trümmer eines Systems« (PU II, 575), die Wittgenstein zugunsten einer Choreografie von Fragmenten hinterlässt, geben den Blick auf die Ebenen des sprachlichen Lebens frei. Was hier in Trümmern liegt, sind die hierarchisch konstruierten Bauwerke klassischer Bedeutungstheorien. Ihr Abriss gibt den Blick frei für die tatsächliche Physiognomie des menschlichen Geistes. Dadurch werden jene »Landschaftsskizzen« möglich, die Wittgenstein im Vorwort der PU ankündigt. Gezeichnet wurden sie »auf langen und ver-

wickelten Fahrten« »kreuz und quer« durch ein »weites Gedankengebiet«, die zusammen »ein Bild der Landschaft« der Sprache und der mit ihr entstandenen Lebensform entwerfen. Entgegen der von Wittgenstein nachgeschobenen Demutsgeste ist diese aus Worten gemachte Bildergalerie weit mehr als »nur ein Album«; in *ihrer* Sprache präsentiert sie eine Werkschau der *Sprache*.

243. Eine drastische Selbstbetrachtung findet sich auch in PU 118:
»Woher nimmt die Betrachtung ihre Wichtigkeit, da sie doch nur alles Interessante, d.h. alles Große und Wichtige, zu zerstören scheint? (Gleichsam alle Bauwerke, indem sie nur Steinbrocken und Schutt übrig läßt.) Aber es sind nur Luftgebäude, die wir zerstören, und wir legen den Grund der Sprache frei, auf dem sie standen.«

244. Im Stil einer Kontrafaktur verbindet Wittgenstein hier eine fundamentalistische Metapher mit einer antifundamentalistischen Pointe. Den Grund freizulegen, auf dem alles Weitere beruht und aufgebaut werden kann, ist das Verfahren jedwedes theoretischen Fundamentalismus. Gegen dieses Verfahren ist Wittgensteins Bild gerichtet. Der »Grund«, der in den PU freigelegt werden soll, ist keine unerschütterliche Gewissheit, ursprüngliche Einsicht, kein basales Formgesetz oder sonst ein felsenfestes Theorem. Der »rauhe Boden«, auf den zurückgekehrt werden soll (PU 107), ist der faktische Vollzug sprachlicher Praktiken. Diese sollen so besichtigt werden, dass ihr Gegen- und Miteinander in der Vielfalt ihrer Formen begreiflich wird. So gesehen, ist Theorie vereinbar mit Demokratie: Sie zeichnet nicht eine der sprachlichen Formen vor allen anderen aus.

245. Eine Kontrafaktur ist auch Wittgensteins berühmte Metapher des Flussbetts der Überzeugungen, die das »Weltbild« der Lebensform einer Sprachgemeinschaft ausmachen. (ÜG 139 f.) »Mein Weltbild habe ich nicht, weil ich mich von seiner Richtigkeit überzeugt habe; auch nicht, weil ich von seiner Richtigkeit überzeugt bin. Sondern es ist der überkommene Hintergrund, auf welchem ich zwischen wahr und falsch unterscheide.« Dieser Hintergrund »kann wieder in Fluß geraten, das Flußbett der Gedanken sich verschieben. Aber ich unterscheide zwischen der Bewegung des Wassers im Flußbett und der Verschiebung dieses; obgleich es eine scharfe Trennung der beiden nicht gibt.« Wie das Verstehen, so »fließt« auch das Erkennen auf einem »Grund«, der nicht ein für alle Mal gelegt ist und vermessen werden kann, sondern sich unmerklich mit den Bewegungen des Denkens und Handelns verändert.

246. Die sprachphilosophischen Fundamentalisten kontern Wittgensteins offensiven Pluralismus mit einem Argument der Abhängigkeit: Viele Formen des Sprachgebrauchs, sagen sie, sind von einer oder einigen grundlegenden abhängig. Ihr methodisches Credo lautet: Um zu verstehen, was Sprache ist, muss ein *eigentlicher* Bereich ihrer Bedeutung und ihres Verstehens ausgemacht und analysiert werden, *bevor* ihre zahlreichen *uneigentlichen* Vorkommnisse theoretisch untersucht werden können.

247. Bei Brandom liest sich dieses Argument so: »Zu behaupten, fähig zu sein, die eigenen Behauptungen rechtfertigen zu können und die eigenen Behauptungen zur Rechtfertigung anderer Behauptungen und Handlungen zu gebrauchen – das sind nicht einfach Dinge unter anderen, die man mit der Sprache anstellen kann. Sie stehen nicht

auf der gleichen Stufe mit anderen ›Spielen‹, die man auch spielen kann, sondern sind vielmehr das, was Reden, und damit Denken, allererst möglich macht: Verständigkeit überhaupt.« (Brandom 2001, 27)
Für Brandom ist das Sprachspiel des Gebens und Einforderns von Gründen dasjenige, das den Kernbereich, die Basis aller anderen Sprachspiele bildet. »Assertion«, so verstanden, »is the fundamental speech act.« (Brandom 1994, 173, vgl. 191, 193) Das soll auch bei ihm nicht heißen, dass zahllose andere Sprachspiele nicht ebenfalls einen guten Sinn hätten. »Natürlich tun Begriffsverwender noch *viele* andere Dinge. Wir beschränken uns nicht auf das Verwenden von Begriffen beim Urteilen und Handeln und auf das Rechtfertigen dieser Verwendungen. Allerdings macht diese Version des semantischen Rationalismus (ganz im Gegensatz zu dem unterschiedslos egalitären Bild, das uns zeitgenössische neoromantische Theoretiker wie Derrida vor Augen führen) deutlich, daß solche raffinierten, später ins Spiel kommenden sprachlichen und allgemeinen diskursiven Tätigkeiten prinzipiell nur vor dem Hintergrund der Kernpraktiken aus Inferenz-und-Behauptung verstehbar sind.« (Brandom 2001, 27; drastischer noch Brandom 2009, 175 f.)

248. Man kann Derrida vorwerfen, einen »unterschiedlos egalitären« Begriff der Sprache favorisiert zu haben, aber nur deshalb, weil er es in seiner Auseinandersetzung mit Austin und Searle versäumt hat, seine Kritik an einem hierarchischen Sprachdenken mit einer revidierten Auffassung der dekonstruierten Differenzen zu verbinden. Damit hat er der demokratischen Partei nicht den besten Dienst getan. Wittgenstein dagegen ist ein »unterschiedsloser« Egalitarismus völlig fremd, da er von Anfang bis Ende der

PU ein überaus unterschieds*reiches* Bild der Sprache präsentiert.

249. Eine weitere Zielscheibe von Brandoms Polemik gegen eine Lockerung der sprachphilosophischen Sitten ist Wittgenstein selbst (so sehr Brandom ihm anderweitig verpflichtet ist). »Im Unterschied zu Wittgenstein«, besteht Brandom darauf, »daß die Sprache (die diskursive Praxis) ein *Zentrum* hat; sie ist kein Flickenteppich. Die inferentiellen Praktiken der Produktion und Konsumption von *Gründen* liegen im Zentrum der Region sprachlicher Praxis. Die sprachlichen Praktiken in den Außenbezirken bedienen sich der begrifflichen Gehalte und sind abhängig von ihnen, die im Spiel des Gebens und Einforderns von Gründen geformt werden; sie verhalten sich ihnen gegenüber parasitär.« (Brandom 2001, 26 f.)

250. »Practices of producing and consuming reasons« ist eine Wendung, die Brandom häufiger gebraucht. Schon am Anfang seines Hauptwerks *Making it Explicit* tritt sie auf: »The defining characteristic of discursive practice is the social production and consumption of specifically *propositional* contents.« (Brandom 1994, XIV) Man kann diese Formulierung als einen harmlosen Ersatz für die Floskel von jenem »game of giving and asking for reasons« auffassen, die Brandoms Werk wie ein Mantra durchzieht. So verstanden, sind beide Wendungen bedeutungsgleich. Anders gelesen, sind sie es nicht. Denn die Rede von einer »Produktion und Konsumption von Gründen« benutzt ein der Ökonomie entlehntes Vokabular in vermutlich absichtsvoller Anspielung auf Marx: Die Produktionsverhältnisse, die den Austausch von Gründen erlauben, sind kein Überbauphänomen, sie bilden eine Basis jeder menschlichen Welt.

251. Erst recht intrikat – oder »raffiniert« – wird es, wo sich Brandom an der eben zitierten Stelle und auch andernorts (Brandom 2009, 175) auf Wittgensteins Sprachbild in PU 18 bezieht, das der Sprache ein »Zentrum« abzusprechen scheint. Das mag zwar ein Topos unter Wittgenstein-Interpretinnen sein, aber Wittgenstein hat dergleichen nicht gesagt. Was er gesagt hat, ist dies:
»Unsere Sprache kann man ansehen als eine alte Stadt. Ein Gewinkel von Gäßchen und Plätzen, alten und neuen Häusern, und Häusern mit Zubauten aus verschiedenen Zeiten; und dies umgeben von einer Menge neuer Vororte mit geraden und regelmäßigen Straßen und mit einförmigen Häusern.« (PU 18)

252. Die Stadt, mit der Wittgenstein die Sprache vergleicht, hat zwar keinen zentralen Platz, aber durchaus einen zentralen Bereich: jenes »Gewinkel von Gäßchen und Plätzen, alten und neuen Häusern, und Häusern mit Zubauten aus verschiedenen Zeiten«. Diese über die Zeiten hinweg immer wieder veränderte und ergänzte Altstadt steht in Wittgensteins Bild für die Verzweigungen sprachlicher Praktiken, die sich, so sehr sie ihre eigenen Wege gehen, doch vielfältig berühren oder kreuzen. Diese Altstadt ist »umgeben von einer Menge neuer Vororte mit geraden und regelmäßigen Straßen und mit einförmigen Häusern«. »Gerade«, »regelmäßig«, »einförmig«: die Außenbezirke dieser Stadt stehen bei Wittgenstein für unterschiedliche *Fachsprachen*, in denen das pulsierende Leben in den Innenbezirken mehr oder weniger – wie es bei Habermas heißt – »gezähmt« ist. Die »suburban linguistic practices«, die dort laut Brandom vorherrschen, sind das *Gegenteil* der Verhaltensweisen im Rotlichtmilieu der Sprache, die Brandom aus ihrem Zentrum verbannen möchte.

»In the light of all this«, sagt Taylor, »it is clear that the ›regimented‹, scientific zone can only be a suburb of the vast, sprawling city of language, and could never be the metropolis itself.« (Taylor 2016, 263)

253. »Ein Bild wird heraufbeschworen, das *eindeutig* den Sinn zu bestimmen scheint. Die wirkliche Verwendung scheint etwas Verunreinigtes der gegenüber, die das Bild uns vorzeichnet. [...] In der wirklichen Verwendung der Ausdrücke machen wir gleichsam Umwege, gehen durch Nebengassen; während wir wohl die gerade breite Straße vor uns sehen, sie aber freilich nicht benützen können, weil sie permanent gesperrt ist.« (PU 426)
Warum ist diese Straße gesperrt? Weil das theoretische Verlangen nach dem Königsweg einer Freilegung ihrer reinen Formen ins Verderben führt.

254. Diese Bildinterpretationen erinnern noch einmal an den Kontrast zwischen einer egalitär und einer hierarchisch angelegten Theorie der Sprache. Von Wittgenstein her gesehen eint die einigermaßen heterogene Riege seiner Kritiker eine irreführende Vorstellung dessen, was sich im Herzen der Sprache abspielt. Sie alle betrachten und behandeln – je auf ihre Weise – bestimmte Formen des Sprachgebrauchs als grundlegend, denen gegenüber die anderen als abkünftig erscheinen.

255. Die Entgegnung auf dieses Argument der Abhängigkeit kann nun nicht mehr überraschen. Sie ist alles andere als neu. Sie findet sich der Sache nach bei Herder, Humboldt, Merleau-Ponty, Taylor, Ricœur, Derrida, Wellmer und vielen anderen. Sie lautet: Das Argument der Abhängigkeit, das die Kritiker vorbringen, ist nicht geradewegs falsch,

aber unvollständig. Unvollständig ist es, weil auch eine umgekehrte Abhängigkeit besteht. Zwischen den von Wittgenstein unterschiedenen Polen besteht nicht eine einseitige, sondern eine *wechselseitige* Abhängigkeit. Sie besteht nicht allein in funktionaler, sondern auch in logischer Hinsicht. Keine der beiden Dimensionen lässt sich von der anderen begrifflich isolieren. Das ist es, was die Kritiker nicht wahrhaben wollen.

256. »Wittgensteins Unterscheidung« ist nicht umsonst eine Unterscheidung – eine derjenigen Unterscheidungen, deren eines Glied nicht ohne eine gleichzeitige und gleichberechtigte Erläuterung des anderen analysiert werden kann, wie es bei philosophischen Grundbegriffen häufig der Fall ist.

Regeln und ihre Grenzen

257. Es ist Wittgensteins Analyse des Regelfolgens, die geeignet ist, die scheinbare Selbstverständlichkeit in Frage zu stellen, mit der die Kritiker von einem begrifflichen Primat einer »eigentlichen« gegenüber allen »uneigentlichen« Dimensionen der Rede ausgehen.

258. Die Kritiker vernehmen das mit Erstaunen. Ihre Anwälte geben eine Passage der *Philosophischen Untersuchungen* zu Protokoll, die beweisen soll, dass meine Lesart nicht nur dem Geist, sondern dem Buchstaben des Originals widerspricht.

259. In PU 141 geht es um verschiedene Arten, ein Bild aufzufassen. Der letzte Satz des Paragrafen lautet: »Ich will sagen: Es gibt hier einen *normalen* Fall und abnormale Fälle.« PU 142 schließt direkt daran an: »Nur in den normalen Fällen ist der Gebrauch der Worte uns klar vorgezeichnet; wir wissen, haben keinen Zweifel, was wir in diesem oder jenem Fall zu sagen haben. Je abnormaler der Fall, desto zweifelhafter wird es, was wir nun hier sagen sollen.
Und verhielten sich die Dinge ganz anders, als sie sich tatsächlich verhalten – gäbe es z. B. keinen charakteristischen Ausdruck des Schmerzes, der Furcht, der Freude; würde das, was Regel ist, Ausnahme und was Ausnahme, zur Regel; oder würden beide zu Erscheinungen von ungefähr gleicher Häufigkeit – so verlören unsere normalen Sprachspiele ihren Witz.«

260. Die sprachphilosophischen Fundamentalisten legen das so aus, dass sich eine Theorie der Sprache erst einmal an den Normalfall der Rede halten sollte: an ihre basalen, originalen oder Standardformen, um sich *dann auch* (bei Bedarf und Interesse) den abnormalen Verwendungen zuwenden zu können. Wittgenstein, so bringen sie vor, vertritt – wenigstens an dieser Stelle – *selbst* die von der selbsternannten demokratischen Partei kritisierte Position: Das Verstehen der »normalen« und grundlegenden sprachlichen Formen ist in einem logischen Sinn primär gegenüber allen anderen, weswegen die letzteren von den ersteren abhängig sind.

261. Doch *den* Normalfall, der paradigmatisch für alle weiteren Fälle wäre, gibt es für Wittgenstein gerade nicht. Je nachdem, wozu Sprache gebraucht wird, unterscheiden sich die »normalen« Verwendungen anders von den »ab-

normalen«. Damit die einen oder anderen verständlich sein können, muss es eingespielte Verwendungen von Wörtern, Wendungen und Sätzen geben. Und auch die Welt muss mitspielen: Viele Wörter können nur stabil verwendet werden, wenn sich die »Dinge«, von denen die Rede ist, einigermaßen konstant verhalten, ob dies nun – wie in PU 142 – das menschliche Ausdrucksverhalten oder das Gewicht eines Stücks Käse ist. Solche »Naturtatsachen« liefern, wie Wittgenstein sagt, einen oft unbemerkten Rückhalt im Gebrauch sprachlicher Formen.

262. Ohne Kontinuitäten des Gebrauchs von Wörtern und Wendungen, Sätzen und Genres der Rede verlören die sprachlichen Tätigkeiten ihren Witz. Ohne einen Begriff des »Witzes« sprachlicher Praktiken aber ist keine von ihnen zu verstehen: Das ist eine leicht zu übersehende Botschaft der Analyse des Regelfolgens bei Wittgenstein.

263. Worin besteht dieser Witz? Er besteht in der Vielfalt dessen, was man mit Worten tun kann. Diese Vielfalt lässt sich auf unterschiedliche Weise bestimmen: durch eine offene Reihe von *Beispielen* sprachlichen Tuns, wie sie Wittgenstein immer wieder gibt, und durch eine Bestimmung des *Spektrums* sprachlicher Möglichkeiten, innerhalb dessen sich die exemplarisch angeführten Formen der Rede bewegen. Eine solche Bestimmung gibt PU 531.

264. Wittgenstein ist kein sturer Regelianer, der glaubt, sprachliches Tun und Verstehen müsse mit beiden Händen am Rollator jeweils etablierter Regeln erfolgen. Im Gegenteil: Wittgensteins Analyse des Regelfolgens enthält eine ausgesprochen liberale Theorie der Beherrschung sprachlicher Regeln. Viele dieser Regeln sind nicht zuletzt

dazu da, in ihrer Befolgung allerlei zu tun, was von keiner Regel vorgeschrieben ist.

265. Regeln können und sollen in den Bereichen, in denen sie gelten, bei weitem nicht alles regeln, worum es im Denken und Handeln jeweils geht – weder ihre eigene Anwendung noch vieles, was im Zug ihrer Befolgung ausgeführt wird. Regeln in Wittgensteins Sinn sind Bedingungen der Möglichkeit der Variabilität und Kreativität menschlichen Tuns und Lassens.

266. PU 68:
»Wie ist denn der Begriff des Spiels abgeschlossen? Was ist noch ein Spiel und was ist keines mehr? Kannst du die Grenzen angeben?
Nein. Du kannst welche *ziehen*: denn es sind noch keine gezogen. (Aber das hat dich noch nie gestört, wenn du das Wort »Spiel« angewendet hast.)
»Aber dann ist ja die Anwendung des Wortes nicht geregelt; das ›Spiel‹, welches wir mit ihm spielen, ist nicht geregelt.« – Es ist nicht überall von Regeln begrenzt; aber es gibt ja auch keine Regel z. B. dafür, wie hoch man im Tennis den Ball werfen darf, oder wie stark, aber Tennis ist doch ein Spiel und es hat auch Regeln.«

267. Dieser Tage war von einem vielversprechenden jungen Tennisspieler zu lesen, der ohne Rückhand auskommt, weil er je nach Bedarf den Schläger rasch in die andere Hand nimmt, um jeweils mit der rechten oder linken Vorhand zu schlagen.

268. Welche Spiel*züge* unter welchen Umständen sinnvoll sind, regeln die Regeln eines Spiels gerade nicht. Durch ihre

Begrenzungen eröffnen sie vielmehr ein nicht festgelegtes Spektrum von Handlungsmöglichkeiten, das ohne die Regeln nicht bestünde. Das geregelte Agieren eröffnet in vielen Fällen einen Bereich des nicht geregelten Agierens. So auch in der Sprache – und vor allem hier.

269. Sprachliche Regeln stehen im Dienst des möglichen Witzes – des jeweiligen Sinns – ihres Gebrauchs. (Vgl. Figueiredo 2019) Es gehört zur Verfassung sprachlicher Regeln, dass das durch sie Geregelte begrenzt ist. Sie lassen offen, auf welche Weise man ihnen folgt. Sie stellen einen Möglichkeitsraum des Denkens und Handelns bereit. In ihrem jeweiligen Gebrauch besetzen sie diesen Raum auf je unterschiedliche Weise – mal so, wie es zu erwarten war, mal so, wie es noch nie da gewesen ist.

270. »Ich sagte von der Anwendung eines Wortes: sie sei nicht überall von Regeln begrenzt. Aber wie schaut denn ein Spiel aus, das überall von Regeln begrenzt ist? dessen Regeln keinen Zweifel eindringen lassen; ihm alle Löcher verstopfen. – Können wir uns nicht eine Regel denken, die die Anwendung der Regel regelt? Und einen Zweifel, den *jene* Regel behebt, und so fort?« (PU 84)

271. Hier zeichnet sich bereits jenes »Paradox« (PU 201) des Regelfolgens ab, das Wittgenstein aufzulösen versucht. Zunächst aber zeigt sich die Absurdität eines vollständig geregelten Handelns (gleich in welchem Bereich). Es wäre nicht länger ein Handeln, sondern ein bloßer Automatismus. Es hätte keinen Spielraum in der Ausführung gleich welcher Vollzüge.

272. Nur wo der Irrwitz wenigstens möglich ist, haben Handlungen überhaupt einen Witz.

273. »Ich bin also geneigt, auch im Spiel zwischen wesentlichen und unwesentlichen Regeln zu unterscheiden. Das Spiel, möchte man sagen, hat nicht nur Regeln, sondern einen Witz.« (PU 564)
Die konstitutiven Regeln eines Spiels erlauben die Einführung weiterer, »unwesentlicher« Regeln, mit denen Arten der Ausführung dieses Spiels festgelegt werden, z.B. solche taktischer Natur. Spiele können nun einmal so oder anders gespielt werden. In diesem Sinn ist es Spielen wesentlich, dass ihnen »unwesentliche« Regeln beigegeben werden.

274. So lässt sich der erste dieser beiden Sätze in PU 564 verstehen. Der zweite aber geht über den Unterschied zwischen wesentlichen und unwesentlichen *Regeln* hinaus. Er sagt: Die Beachtung der Regeln des Spiels stellt den Spielenden viele ihrer Handlungen frei. Sie stellt es ihnen frei, sich so oder so zum Geschehen des Spiels zu verhalten.

275. Alles das ist für Wittgenstein völlig »normal«. Es gibt nicht einen oder einige wenige Normalfälle des Gebrauchs der Sprache, sondern deren viele. Erst wenn das verstanden ist (und wie sich die normalen Fälle zu einem »abnormalen« Gebrauch verhalten), ist Sprache verstanden. Figürliche und fiktionale Rede sind so normal wie nur etwas. *Manchmal* kommt es hierbei zu abnormalen – abwegigen oder neuartigen – Verwendungen wie innerhalb der buchstäblichen Rede auch. Die Vorstellung einer abstrakt bestimmbaren Grenze zwischen diesen Polen ist eine Illusion.

276. Die Fähigkeit, Regeln zu folgen, ist eine elementare Voraussetzung vieler der menschlichen Grundfähigkeiten und somit vieler Aspekte dessen, was menschliche Angelegenheiten sind. Wie elementar diese Fähigkeit ist, hat wohl keiner so deutlich hervorgehoben wie Wittgenstein – aber bei genauer Betrachtung auch keiner so subversiv. Von Regeln geleitet werden zu können, bedeutet gerade nicht, ein Gefangener dieser Regeln zu sein. Im Gegenteil: Regeln folgen zu können bedeutet, durch die Regeln, die wir aus Gewohnheit beherrschen und beherzigen, nicht determiniert zu sein.

277. Ohne die sprachlichen Verwendungsregeln gäbe es auch die anderen Formen des Regelfolgens und Regelbewusstseins – im Spielen, in der Moral, im Recht usw. – nicht. Sprachspiele sind nicht irgendwelche Spiele; es sind diejenigen, die in der Teilnahme am Spiel des Lebens auf Abstand zu seinen Konventionen zu gehen erlauben.

278. Die von Regeln geleiteten Praktiken des Sprachgebrauchs sind normative Praktiken; in ihrer Befolgung gibt es richtig und falsch. Das ist die Bedingung dafür, sich im Modus der Verständigkeit und der Verständigung, des Gemeinsinns und des Eigensinns verhalten zu können. Zugleich ist es die Bedingung dafür, sich und andere korrigieren und geltende Regeln der Kritik unterziehen zu können.

279. Die Intersubjektivität des Beherrschens und Befolgens sprachlicher Regeln erklärt die *Objektivität* von Bedeutungen: Sie besteht darin, dass die Ausdrücke einer Sprache für eine Weile einen festliegenden Gebrauchssinn haben. (Auch mehrdeutigen, ambigen oder dunklen Ausdrücken

und Äußerungen kann dieser Charakter objektiv zukommen.)

280. Die Intersubjektivität solcherart regelgeleiteter Praktiken erklärt zugleich die besondere Art der *Subjektivität* derer, die an ihnen partizipieren: Sie können auf Basis eines mit anderen in vielen Aspekten geteilten Sprach- und Weltwissens ein anderes Verständnis jeweiliger Umstände gewinnen als diese. Erst damit haben sie überhaupt ein *Verständnis* ihrer selbst und der Welt; erst damit können sie sich verstehend zu anderen und zu sich selbst verhalten.

281. In den PU findet sich keine von diesen Verhältnissen unabhängige Ontologie. Die »objektive Welt« erscheint als Inbegriff der Wirklichkeiten, die sich im Erkennen und Handeln innerhalb historischer Lebensformen erschließen und verschließen, aber nie ein für alle Mal oder vollständig erkannt werden können, denn das sind leere Begriffe. Wirklich zu sein, bedeutet, reicher zu sein als alles, was die reichsten (und erst recht die reduktivsten) Bestimmungen darüber ausmachen können.

282. Wittgensteins Analyse des Regelfolgens stützt sich auf einen anspruchsvollen Begriff der Gewohnheit. Es sind wesentlich soziale Gewohnheiten, aus denen die Fähigkeit des Befolgens von Regeln erwächst. »Man kann nun sagen: »Wie die Formel gemeint wird, das bestimmt, welche Übergänge zu machen sind.« Was ist das Kriterium dafür, wie die Formel gemeint ist? Etwa die Art und Weise, wie wir sie ständig gebrauchen, wie uns gelehrt wurde, sie zu gebrauchen.« (PU 190)

283. Derart eingeübte *Regeln* des Sprachgebrauchs dürfen nicht mit bloßen *Regelmäßigkeiten* des Verhaltens gleichgesetzt werden. Regelmäßigkeiten stellen *faktive* Verläufe oder Verhaltensweisen dar: Sie bestehen oder bestehen nicht. Regeln dagegen haben eine *normative* Bedeutung: Sie geben vor, was im jeweiligen Tun und Lassen richtig oder falsch ist. Eine Regel zu beherrschen, heißt, diesen ihren normativen Sinn erfasst zu haben. Erst damit kann sich die Absicht bilden, der Regel entsprechend zu handeln. Nicht eine der Befolgung vorhergehende und diese absichernde Intention, nicht ein vorgängiges Meinen sichert die Anwendung der Regel, sondern die Einübung in Gewohnheiten des entsprechenden Handelns.

284. PU 198:
»Also ist, was immer ich tue, mit der Regel vereinbar?« – Laß mich so fragen: Was hat der Ausdruck der Regel – sagen wir, der Wegweiser [vgl. PU 85 u. 87] – mit meinen Handlungen zu tun? Was für eine Verbindung besteht da? – Nun, etwa diese: ich bin zu einem bestimmten Reagieren auf dieses Zeichen abgerichtet worden, und so reagiere ich nun.
Aber damit hast du nur einen kausalen Zusammenhang angegeben, nur erklärt, wie es dazu kam, daß wir uns jetzt nach dem Wegweiser richten; nicht, worin dieses Dem-Zeichen-Folgen eigentlich besteht. Nein; ich habe auch noch angedeutet, daß sich Einer nur insofern nach einem Wegweiser richtet, als es einen ständigen Gebrauch, eine Gepflogenheit, gibt.«

285. Der zweite Absatz von PU 198 kommentiert den ersten in entscheidender Hinsicht: Rein kausale Regelmäßigkeiten können den Sinn des Regelfolgens nicht erklären. Regel-

folgen ist kein den Regelbefolgern implantierter kausaler Effekt. Bloße Regelmäßigkeiten des Reagierens sind für sich genommen kein Anzeichen eines regel*haften* Verhaltens. Dieses *unterliegt* der jeweiligen Regel nicht, es *orientiert* sich an ihrer Vorgabe.

286. PU 199: »Es kann nicht nur ein einziges Mal ein Mensch einer Regel gefolgt sein. Es kann nicht, ein einziges Mal nur, eine Mitteilung gemacht, ein Befehl gegeben, oder verstanden worden sein, etc. – Einer Regel folgen, eine Mitteilung machen, einen Befehl geben, eine Schachpartie spielen sind *Gepflogenheiten* (Gebräuche, Institutionen).«

287. Die Gepflogenheiten, von denen Wittgenstein hier spricht, müssen als ein wesentlich soziales Eingespieltsein verstanden werden, da eine Regel zu beherrschen bedeutet, sie auch in den Augen anderer zu beherrschen. Warum aber? Weil die Unterscheidung zwischen richtiger und falscher Befolgung nur innerhalb einer mit anderen geteilten (oder mit ihnen teil*baren*) Praxis einen Sinn hat. Was nur in meinen Augen richtig ist (sich nur *in foro interno* als richtig erweisen kann), ist noch lange nicht richtig. Ein Verständnis von »richtig« und »falsch« – und entsprechend von »wahr« und »falsch«, »gut« und »schlecht«, »schön« und »hässlich«, »gelungen« und »misslungen«, »angemessen« und »unangemessen« usw. – zu haben, heißt, die eigene Auffassung zur Disposition stellen zu können. Derart keineswegs überall und jederzeit, aber grundsätzlich disponible Auffassungen kann nur haben, wer sie mit denen von anderen abgleichen kann.

288. In die kulturelle Sphäre dieser Unterscheidungen führt die Fähigkeit des Regelbefolgens ein. Regeln zu be-

herrschen, bedeutet, sich auf etwas zu verstehen und darin von anderen verstanden werden zu können. Ein solches Sich-auf-etwas-Verstehen setzt mich dem Urteil anderer und die anderen meinem Urteil aus. Ihm liegt ein Verständnis zugrunde, dem ich und die anderen entsprechen oder nicht entsprechen können.

289. Von Wittgensteins unglücklicher Liebe zu dem Begriff der »Abrichtung« darf man sich nicht täuschen lassen. Immer wieder – z. B. auch PU 5, 157, 189, 206, 223 – spricht Wittgenstein davon, dass die Fähigkeit, Regeln zu folgen, aus einem Prozess der »Abrichtung« hervorgeht. Was Wittgenstein so nennt, ist jedoch ein Vorgang der *Initiation*: des sukzessiven Hineingeführtwerdens in eine jeweilige Praxis. Dies geschieht durch eine Habitualisierung von Verhaltensweisen, die so lange eingeübt werden, bis sie unproblematisch – gleichsam »automatisch« (PU 166) – vollzogen werden können. Aber nur *gleichsam* automatisch, denn wer die Regel schließlich beherrscht, kann aus eigenem Urteil zwischen richtiger und falscher Anwendung unterscheiden.

290. Das Ziel jeder solchen »*Ab*richtung« ist eine neue *Aus*richtung: auf das, worauf sich eine Person von nun an versteht – und zwar in vielen Fällen so versteht, dass es zur Ausführung der betreffenden Handlungen keines Herumprobierens und keiner Überlegung bedarf – ob es sich um das Schuhebinden, das Drehen einer Schraube, das Spielen einer Tonleiter, um Addieren und Subtrahieren oder den Bau eines Satzes handeln mag.

291. In diesem Sinn kennzeichnet Wittgenstein die Fähigkeit, einer Regel zu folgen, als ein routiniertes Agieren, das gerade deshalb einen Rückhalt der menschlichen Hand-

lungsfähigkeit bereitstellt, weil es in vielen Fällen vom Aufwand des Überlegens entlastet ist.
PU 219: »Wenn ich der Regel folge, wähle ich nicht. Ich folge der Regel *blind.*«
PU 211: »Nun, wie weiß *ich's*? – Wenn das heißt: »Habe ich Gründe?«, so ist die Antwort: die Gründe werden mir bald ausgehen. Und ich werde dann, ohne Gründe, handeln.«
PU 217: »»Wie kann ich einer Regel folgen? – wenn das nicht eine Frage nach den Ursachen ist, so ist es eine nach der Rechtfertigung dafür, daß ich *so* nach ihr handle.
Habe ich die Begründungen erschöpft, so bin ich nun auf dem harten Felsen angelangt, und mein Spaten biegt sich zurück. Ich bin dann geneigt, zu sagen: So handle ich eben.««
PU 289: »Ein Wort ohne Rechtfertigung gebrauchen, heißt nicht, es zu Unrecht gebrauchen.«

292. Worauf Wittgenstein mit diesen Bemerkungen hinweist, ist der Bodensatz unserer sprachlichen und sprachgebundenen Praktiken. Hätten wir nicht tiefsitzende Gewohnheiten des Gebrauchs von Worten und Sätzen, hätten wir gar keine Basis für das Geben und Einfordern von Gründen; *mit* Gründen kann nur handeln und urteilen, wer sich auf vieles *ohne* Gründe versteht. Unser Sprachwissen und die mit ihm verbundenen Tätigkeiten statten uns mit Koordinaten eines Weltwissens, eines wenn auch stets begrenzten Sichauskennens aus, das nicht jederzeit und überall in Frage gestellt werden kann.

293. Wir haben keine Wahl: Wir müssen uns von vielen unserer Gewohnheiten tragen und leiten lassen, um überhaupt sinnvoll wählen zu können.
Könnten wir uns (was die »Naturtatsachen«, unsere sprach-

lichen Konventionen und das soziale Leben im Ganzen betrifft) nicht auf vieles verlassen, könnten wir uns auf gar nichts verlassen. Wir wären nicht einmal in der Lage, den Kurs unseres Denkens und Handelns zu verlassen, weil wir gar nicht so weit kämen, hier wie dort überhaupt einen Kurs zu haben.

294. Nur wer über ein unproblematisches Können verfügt, verfügt über die Fähigkeit, das eigene Können und das von anderen zu problematisieren.
In *Über Gewißheit* fasst Wittgenstein das so:
»Wer an allem zweifeln wollte, der würde auch nicht bis zum Zweifel kommen. Das Spiel des Zweifels selbst setzt schon die Gewissheit voraus.« (ÜG 144)
»Es gibt freilich Rechtfertigung; aber die Rechtfertigung hat ein Ende.« (ÜG 158)
»Am Ende des begründeten Glaubens liegt der unbegründete Glaube.« (ÜG 170)

295. Dieser »unbegründete Glaube« ist keiner, der nicht gegebenenfalls begründet werden könnte; es ist einer, der unter gegebenen Umständen keiner weiteren Erläuterung oder Rechtfertigung bedarf.

296. Die Fähigkeit, einer Regel zu folgen, mündet in ein praktisches Wissen darum, was in ihrer Befolgung zu tun ist – in ein Wissen darum, wie etwas geht, worauf es hierbei ankommt, wie richtig weitergemacht wird, etc. Zu diesem Verständnis können die, denen die Regel vermittelt wird, auf verschiedene Weise hingeführt werden – mit Worten, hinweisenden Gesten, durch ein Vormachen, durch Korrekturen, Ermunterungen. Dies geschieht »durch Beispiele und durch Übung«: »Ich mach's ihm vor, er macht es mir

nach; und ich beeinflusse ihn durch Äußerung der Zustimmung, der Ablehnung, der Erwartung, der Aufmunterung. Ich lasse ihn gewähren, oder halte ihn zurück, usw.« (PU 208) Dabei, heißt es im selben Paragrafen, »teile ich ihm nicht weniger mit, als ich selber weiß.« PU 210 ergänzt: »Jede Erklärung, die ich mir selbst geben kann, gebe ich auch ihm.«

297. Es ist nicht so, dass eine sprachliche oder sonstige Regel nicht erklärt werden könnte. Natürlich kann sie das – sonst könnten Regeln gar nicht gelehrt und gelernt werden. Dadurch unterscheiden sich Regeln von bloßen Regelmäßigkeiten der kausalen Reaktion auf dieses und jenes. Das Können, das mit ihrer Beherrschung gewonnen wird, ist intern mit der Möglichkeit ihrer »Erklärung« verbunden, die dem angemessenen Befolgen der Regel Ausdruck gibt. Eine Person, die sie beherrscht, *weiß* etwas und kann dieses Wissen (wenn auch mehr oder weniger gut) weitergeben. Sich darauf zu verstehen, wie hier zu handeln ist, bedeutet, *verstanden* zu haben, was hier zu tun ist. Die unproblematische und darin sichere Befolgung der Regel erlaubt es, denen, die sie noch nicht beherrschen, auf die Sprünge zu helfen (oder auch sich selbst wieder auf die Spur zu bringen).
PU 560: »»Die Bedeutung eines Wortes ist das, was die Erklärung der Bedeutung erklärt.« D. h.: willst Du den Gebrauch des Wortes »Bedeutung« erklären, so sieh nach, was man »Erklärung der Bedeutung« nennt.«

298. Was Wittgenstein »Abrichtung« nennt, ist weit mehr als bloß das. Es ist eine durch Übung erreichte Initiation in ein jeweiliges Handlungsfeld, das den Lernenden eine Ausrichtung auf und in diesem Feld verleiht – und mit ihr

die Fähigkeit einer Partizipation an der betreffenden Praxis. Diese Initiation vermittelt ein *Verständnis* des normativen Sinns der Regel, die dem praktischen Wissen um ihre korrekte Anwendung innewohnt. Sie bleibt nicht bei einer oder einigen wenigen Regeln stehen, sondern führt in eine Vielfalt von Regeln und die mit ihnen zusammenhängenden Tätigkeiten ein. Im Fall der sprachlichen Regeln ist dies ein denkbar weites Feld: das einer sozialen und historischen Welt, deren Grenzen grundsätzlich offen sind. Wegen der differenziellen Natur sprachlicher Ausdrücke, Redensarten und Genres können hier gar nicht nur einige wenige Regeln gelernt werden. Das Verstehen eines Wortes verlangt das Verstehen von unbestimmt vielen anderen, die ihre Kontur allein im Horizont einer Sprache haben, die ihrerseits im Horizont anderer Sprachen steht (mit denen sie immer wieder ein Stück weit verschmilzt).

299. Wie schon bei Humboldt, für den »Wort« und »Lebensform« miteinander korrespondierende Größen sind (I.4), liegt hierin ein Holismus des Geistigen, der dieses als ein differenzielles Geschehen auffasst. Die entsprechende Maxime bei Wittgenstein lautet:
»Wenn wir anfangen, etwas zu *glauben*, so nicht einen einzelnen Satz, sondern ein ganzes System von Sätzen. (Das Licht geht nach und nach über das Ganze auf.)« (PU 141)

300. Dieses Licht geht auf *über* der sich ständig erweiternden Szene, *in der* ein Menschenkind eine zunehmende Kenntnis sprachlicher Gepflogenheiten gewinnt. Diese beiden Bestimmungen müssen auseinander gehalten werden. Dass dieses Licht *über* der Szene aufgeht, ist aus einer Beobachtungsperspektive gesagt: Wir, die Beobachtenden, verfolgen, wie das Kind (oder eine Erwachsene) nach und

nach – mit Heidegger gesprochen – in die »Bewandtnisse« und den »Verweisungszusammenhang« der erworbenen Sprache hineinfindet. Denen hingegen, die mit Sprachen vertraut werden, geht dieses Licht inmitten ihrer Lebensumgebung auf, indem sich ihre Art der Teilnahme an dieser sukzessive erweitert.

301. Ich kannte ein Kind im Alter von zwei Jahren, mit dem ich, als seine Mutter verreist war, vor dem Einschlafen in einem Band mit Fotografien vom Mond blätterte, in dem der Himmelskörper mal bei klarer Sicht, mal zwischen Wolken, mal hinter ihnen verschwunden und dann wieder deutlich zu sehen war. Wo denn Mama sei, fragte das Kind plötzlich. Ich sagte es ihm. Es schaute mich an und sagte mit einem Strahlen: »Hinter Wolken«. Unwillkürlich hatte es eine tröstende Metapher für die Abwesenheit der Abwesenden gefunden.

302. »Ein Messer wäre schön.« Diesen Wunschsatz äußerte dasselbe Kind einige Zeit später beim gemeinsamen Essen im Kindergarten. Ein anderes Kind hatte den indirekten Sprechakt verstanden, kam der Aufforderung nach und brachte das fehlende Messer. Der Satz wurde zu einem geflügelten Wort in der Gruppe der Kinder, das bald auch ironisch gebraucht wurde, wenn jemand bei Tisch etwas Fehlendes vermisste und sich selbst auf den Weg machte, um es zu holen.

303. So wie in die sich erweiternden Bereiche des übrigen Lebens wächst ein Kind auch in die sich ausdifferenzierenden Formen des sprachlichen Lebens hinein. Die Sprache der Gründe und ihrer Rechtfertigung wächst ihm dabei ebenso zu wie das figürliche und fingierende Sprechen,

das lange bereit liegt, bevor man es zu benennen weiß. Das sprachliche Können setzt kein Wissen über die Grammatik und Logik der Sprache voraus.

304. Wittgenstein interessiert sich dafür, was Sprachen sind, nicht dagegen, wie sie entstanden sind – oder höchstens dafür, wie sie *nicht* entstanden sind: »Die Sprache ist nicht aus einem Raisonnement hervorgegangen.« (ÜG 215) Seine Gedankenspiele über sprachliches Können und seinen Erwerb dienen allein diesem Zweck: zu verstehen, was es bedeutet und wie es ist, der Welt im *clair-obscur* einer mit anderen geteilten Sprache zu begegnen. Alles, was er über Lehr-Lern-Situationen sagt, setzt bereits entwickelte sprachliche Verhältnisse voraus.

305. Die »Abrichtung«, von der Wittgenstein spricht, ist keine bloße Abrichtung: Sie macht uns verstehen.
Die »Blindheit«, von der Wittgenstein spricht, ist keine echte Blindheit: Sie macht uns sehen.
Die Befähigung, »ohne Gründe« zu handeln, erlaubt es uns, nach Gründen zu fragen.

306. Ohne das, was wir wie im Schlaf tun, wären wir nie wach.

307. Gewohnheit, Übung und Geschicklichkeit sind zentrale Topoi der Handlungstheorien bei Aristoteles, Montaigne, Pascal, Lukács oder Benjamin. Gewohnheiten des Lebensvollzugs *tragen* diesen, weil sie ihn von übermäßigem Aufwand entlasten; zugleich aber *binden* sie ihn, und das nicht selten in einem Maß, das eine aktive und aufmerksame Lebensführung hemmt. In der *Enzyklopädie der philosophischen Wissenschaften* hat Hegel diese Ambivalenz

der Gewohnheit mit besonderer Schärfe in den Blick genommen. Solange die »Seele« den Direktiven ihrer Gewohnheiten folgt, heißt es dort, ist sie den affektiven und gedanklichen Bestimmungen, denen sie unterliegt, nicht eigens gewärtig. »Sie ist insofern *frei* von ihnen, als sie sich in ihnen nicht interessiert und beschäftigt; indem sie in diesen Formen als ihrem Besitze existiert, ist sie zugleich für die weitere Tätigkeit und Beschäftigung – der Empfindung und des Bewußtseins überhaupt – offen.« Die Entlastung durch Gewohnheiten macht das Subjekt *frei für* ein selbstbestimmtes Leben. »Die wesentliche Bestimmung ist die *Befreiung*, die der Mensch [...] durch die Gewohnheit gewinnt.« Wenn das gewohnheitsmäßige Tun und Lassen jedoch überhandnimmt, belastet es die Fähigkeit zu einem bewussten Leben. Im Extrem wird sie zu einer »Gewohnheit des Lebens, welche den Tod herbeiführt oder [...] der Tod selbst ist.« (Hegel 1970b III, 183–187)

308. In dieser Tradition steht auch Wittgenstein. So sehr er den Gepflogenheiten des Regelfolgens eine für Kultur und Gesellschaft grundlegende Rolle zuspricht, er ist weder ein Konventionalist in ideologischer noch ein Relativist in epistemischer Hinsicht. Sprachliche Konventionen verändern sich nicht allein, sie eröffnen spezifische Möglichkeiten der Innovation, Transformation und Reflexion. Wie die Lebensformen, in denen sie sich herausgebildet haben, haben sie keine festen Grenzen, an denen ihr Gebrauch und ihre Umbildung Halt machen müssten.

309. Die *overstatements*, die sich bei Wittgenstein in dieser Sache finden, sind hiermit vereinbar.
ÜG 156: »Damit der Mensch sich irre, muß er schon mit der Menschheit konform urteilen.«

PU 241: »»So sagst du also, daß die Übereinstimmung der Menschen entscheide, was richtig und was falsch ist?« – Richtig und falsch ist, was Menschen *sagen;* und in der *Sprache* stimmen die Menschen überein. Das ist keine Übereinstimmung der Meinungen, sondern der Lebensform.«

PU 242: »Zur Verständigung durch die Sprache gehört nicht nur eine Übereinstimmung in den Definitionen, sondern (so seltsam dies klingen mag) eine Übereinstimmung in den Urteilen. Dies scheint die Logik aufzuheben; hebt sie aber nicht auf.«

Konsonanz und Dissonanz, so zeigen diese Sätze an, gehören nicht allein in der Musik, sondern auch im sprachlichen Geschehen zusammen. Irrtum, Zweifel und Widerstreit haben nur innerhalb eines Netzwerks einigermaßen verlässlicher Überzeugungen ihren Sinn. Die »Übereinstimmung in der Sprache« liegt in einer mit anderen bis zu einem gewissen Grad geteilten Kenntnis handelnd erschlossener Wirklichkeiten und damit auch in vielen Urteilen, an denen zu zweifeln es vorerst keinen Anlass gibt. Dieser abgedunkelte Hintergrund macht Nichtübereinstimmung, Missverstehen und Andersverstehen, Disput und Kontroverse, Konfrontation und Konversion allererst möglich.

310. Nur das in vielen Aspekten selbstverständliche Zuhausesein in einer Sprache und den mit ihr verbundenen Praktiken macht eine reflexive Befragung und Prüfung unserer theoretischen und praktischen Orientierungen möglich. Die Macht, die die Sprache *über* uns hat, verleiht uns eine Macht, die wir ihr *gegenüber* haben: in ihrem Gebrauch Sätze zu bilden, Gedanken zu entwickeln und zu Urteilen zu kommen, die je *unsere* sind. Dass Wörter, Wendungen, Floskeln, Sätze und Genres auf die eine oder andere Weise

eingespielt sind, heißt noch lange nicht, dass sie ausgespielt haben. Auf Konventionen der Sprache eingespielt zu sein, bedeutet, in *ihren* Spielen das eigene Spiel spielen zu können.

311. So gelesen ist Wittgenstein ein Repräsentant des in I.5 dargestellten vollzugstheoretischen Egalitarismus. Bei Wittgenstein besteht kein Widerspruch zwischen Konvention und Reflexion. Erstere befähigt zu Letzterer, Letztere stellt Erstere auf den Prüfstand, wo immer diese fragwürdig wird. Das konventionelle Regelbewusstsein ist für eine postkonventionelle Infragestellung desselben – gleich in welchem Bereich – prinzipiell offen. Wittgenstein ist nicht Heidegger; einen grundsätzlichen Vorrang der Sprache – oder einer Sprachgemeinschaft – gegenüber den Einlassungen der Sprechenden kennt er nicht.

312. Wittgenstein ist aber auch nicht Davidson. Obwohl beide den sozialen Charakter der Sprache hervorheben und den Umstand, dass sprachliches Verstehen nur möglich ist, wo viele der wechselseitigen Überzeugungen für wahr gehalten werden, unterscheidet sich ihre Sprachauffassung in einer zentralen Hinsicht.
Wittgenstein sagt: Nur Verstehende können interpretieren.
Davidson sagt: Nur Interpretierende können verstehen.

313. Ausgangspunkt für Davidsons Kritik am sprachphilosophischen Konventionalismus ist die Beobachtung, dass Kommunikationsteilnehmer häufig ohne große Mühe unabsichtliche Missbildungen und kreative Umformungen üblicher Formen des Redens verstehen – Redeweisen also, die gerade *keiner* (erkennbaren oder anerkannten) Regel folgen. Derartige Äußerungen und ihre Verständlichkeit,

behauptet Davidson, stellen keinen Ausnahmefall, sondern einen Normalfall der Kommunikation dar.

314. Mrs. Malaprop ist eine Figur in dem Theaterstück *The Rival* von Richard Brinsley Sheridan (1751–1816), die sich besonders gewählt auszudrücken versucht, damit aber zuverlässig scheitert. Beispielsweise spricht sie von »einer hübschen Unordnung von Epitaphen« (»a nice derangement of epitaphs«), wenn sie »eine hübsche Anordnung von Beiwörtern« (»a nice arrangement of epithets«) meint. Dies ist ein Fall dramatischer Ironie (Nr. 226): Wir sehen, dass Frau Malaprop danebengreift, sie dagegen ist über ihre Formulierung entzückt, worüber wiederum wir auf ihre Kosten entzückt sind.

315. Mit derartigen »Malapropismen«, meint Davidson nicht ohne Grund, ist in der sprachlichen Kommunikation jederzeit zu rechnen. Zumal in der mündlichen Rede ist die Wortwahl oft seltsam, bleiben Sätze oft unvollständig und ihre Anschlüsse erratisch, weswegen sie von den Adressaten stillschweigend zurechtgerückt, ergänzt, bereinigt oder in das eigene Idiom übersetzt werden müssen, wenn das Gemeinte verstanden werden soll. Für Davidson sind dies Vorgänge des Verstehens, die auf eine paradigmatische Weise zeigen, dass nicht geteilte Regeln, sondern die Fähigkeit der wechselseitigen Interpretation die Basis kommunikativen Handelns darstellt. Erstere sind lediglich Nebenprodukte des sprachlichen Verkehrs. »Es ist zwar überaus praktisch, daß viele Menschen in ähnlicher Weise reden und daher mehr oder weniger gleichartig interpretiert werden können, aber im Prinzip ist es für die Kommunikation nicht erforderlich, daß zwei Personen dieselbe Sprache sprechen. Was dem Interpreten und dem Spre-

cher gemeinsam sein muß, ist das Verständnis der Worte des Sprechers.« Davidson zieht hieraus den spektakulären Schluss, »daß es so etwas wie Sprache gar nicht gibt, sofern eine Sprache der Vorstellung entsprechen soll, die sich viele Philosophen und Linguisten von ihr gemacht haben. Daher gibt es nichts dergleichen, was man lernen, beherrschen oder von Geburt an in sich tragen könnte. Die Vorstellung, es gebe eine klar umrissene gemeinsame Struktur, die sich die Sprachbenutzer zu eigen machen und dann auf Einzelfälle anwenden, müssen wir aufgeben.« (Davidson 2008c, 162 u. 180)

316. Die notwendige Bedingung aller Kommunikation liegt für Davidson nicht in – gleichsam »blind« – befolgten Regeln, sondern in der Fähigkeit des wechselseitigen *Interpretierens* jeweiliger Äußerungen. Zwar bestreitet Davidson nicht, dass die Kenntnis und das Befolgen sprachlicher Verwendungsregeln »nützlich« ist. Dennoch soll der *Begriff* der Bedeutung nicht an den einer Übereinstimmung in sprachlichen Gepflogenheiten gebunden sein. Die Existenz sprachlicher Konventionen ändere »nichts an der philosophischen Wichtigkeit der theoretischen Möglichkeit von Kommunikation ohne gemeinsame Praktiken, denn diese Möglichkeit zeigt, daß diese Form der Gemeinsamkeit kein wesentlicher Bestandteil des Bedeutungsbegriffs und der Kommunikation sein kann.« (Davidson 2008d, 196) – »Die Kenntnis der Sprachkonventionen ist demnach eine praktische Interpretationskrücke, und in der Praxis können wir es uns nicht leisten, ohne diese Krücke auszukommen – aber es ist eine Krücke, die wir unter optimalen Kommunikationsbedingungen zu guter Letzt fortwerfen und in der Theorie von vornherein hätten entbehren können.« (Davidson 1986a, 391 f.)

317. Hierbei kommt erneut – wie in Nr. 180 – das Prinzip der »Autonomie der Bedeutung« gegenüber den Gepflogenheiten und Zwecken zum Tragen, die mit der Äußerung von Sätzen jeweils verfolgt werden können. Gestützt auf diese Prämisse, sagt Davidson, »müssen wir das Buchstäbliche der Sprache vom Konventionellen oder Eingebürgerten trennen.« (Davidson 2008c, 154)

318. Eine verräterische Bemerkung Davidsons macht deutlich, woran seine interpretationistische Sprachauffassung scheitert: »Ich möchte wissen, wie Menschen, die schon eine Sprache beherrschen (was immer das im einzelnen bedeuten mag), es zuwege bringen, ihre Fertigkeit oder ihre Kenntnisse auf wirkliche Fälle der Interpretation anzuwenden. Alles Wissen und Können, das ich auf Seiten des Interpreten voraussetze, beruht darauf, daß er über eine entwickelte Menge von Begriffen verfügt und daß er sich im Geschäft der sprachlichen Kommunikation auskennt.« (Davidson 2008c, 168) Mit erstaunlicher Nonchalance setzt Davidson voraus, dass seine Interpreten »schon eine Sprache beherrschen«. Eben das aber ist das erklärungsbedürftige Phänomen. PU 206: »Die gemeinsame menschliche Handlungsweise ist das Bezugssystem, mittels welches wir uns eine fremde Sprache deuten.« Dieses »System« ist die Bedingung dafür, sich weitere Sprachen oder befremdliche Äußerungen anzueignen. Diese von Davidson vorausgesetzte Sprachfähigkeit kann bei der Erläuterung interpretierenden Verstehens nicht übersprungen werden (Dummett 1990; Wellmer 2004, Kap. I.6; Conant 2021).

319. Füreinander interpretierbar können nur Kommunizierende sein, die einander oft auch ohne interpretative Zuschreibungen verstehen. Man darf Sprache nicht *entweder*

als ein System von internalisierten Regeln *oder* als eine kommunikative Praxis des wechselseitigen Interpretierens verstehen. Diese falsche Alternative schlagen die PU aus. Anders als Davidson wird Wittgenstein der Differenz und dem Zusammenhang von Verstehen und Interpretieren gerecht. *Mit* sprachlichen Konventionen ist für Wittgenstein zugleich die Möglichkeit und nicht selten Notwendigkeit der Interpretation gegeben. Verstehende können interpretieren, Interpretierende müssen verstehen können.

320. Davidsons Kritik orientiert sich eingestandermaßen nicht an Wittgensteins Schriften, sondern an »Kripgenstein« (Davidson 2008d, 196): an Saul Kripkes Deutung in dessen Buch *Wittgenstein on Rules and Private Language* aus dem Jahr 1982. Kripke liest Wittgenstein als einen hartgesottenen Konventionalisten, für den die Übereinstimmung in gemeinsamen Regeln und Urteilen das A und O allen Verstehens ist (eine Auffassung, die Kripke selbst keineswegs teilt). Einen solchen blanken Konventionalismus vertritt Wittgenstein aber gerade nicht. Denn richtig muss es heißen: Obwohl – wenigstens im Prinzip – jede sprachliche Äußerung interpretationsbedürftig sein kann und das Interpretieren keineswegs nur eine »Ausnahmeerscheinung« (Dummett 1990, 270) ist, müssen wir uns in allem Interpretieren auf eine eingespielte Kenntnis vieler der Verwendungen in unseren jeweiligen Sprachen verlassen. Sprachlich zu handeln, heißt für Davidson *und* Wittgenstein, für andere interpretierbar zu sein, aber dieses Interpretieren und Interpretiertwerden ist für Wittgenstein nicht die ultimative Bastion sprachlichen Verstehens.

321. PG 47: »Es geschieht natürlich, daß ich Zeichen *deute*, Zeichen eine Deutung gebe; aber doch nicht immer, wenn

ich ein Zeichen verstehe! (Wenn man mich fragt »wieviel Uhr ist es?«, so geht in mir keine Arbeit des Deutens vor; sondern ich reagiere einfach auf das, was ich sehe und höre. Es zückt einer das Messer auf mich, dann sage ich nicht: »ich deute das als eine Drohung.«)«
»Deuten« ist für Wittgenstein eine Form des Verstehens, die dann gefragt ist, wenn sich die Bedeutung von Worten, Sätzen, Texten etc. nicht von selbst versteht. Diese Art des Verstehens kann aber nur aktiviert werden, wo es auf beiden Seiten – derer, die sich äußern und derer, die verstehen wollen – ein Repertoire von Bedeutungen und grammatischen Kenntnissen gibt, die sich von selbst verstehen. Mit Wittgensteins eigenen Worten: »Eine Interpretation ist doch etwas, was im Zeichen gegeben wird. Es ist *diese* Interpretation im Gegensatz zu einer andern. (Die anders lautet.) Wenn man also sagte: »jeder Satz bedarf noch einer Interpretation«, so hieße das: kein Satz kann ohne einen Zusatz verstanden werden.« (PG 47)

322. Wenn kein Satz »ohne Zusatz« verstanden werden könnte, könnte gar kein Satz verstanden werden. Dass nicht wenige Sätze nur *mit* »Zusatz« verstanden werden können, ist damit völlig vereinbar. Beides ist in der alltäglichen Rede gang und gäbe und andernorts nicht minder (von Grenzfällen wie *Finnegans Wake* einmal abgesehen). Die Fähigkeit zu interpretieren ist alles andere als ein marginaler Aspekt der Sprachbeherrschung. Dass auch hier die Grenzen beweglich sind, hebt den Unterschied zwischen unmittelbarem und interpretierendem Verstehen keineswegs auf.

323. Wittgensteins Abwehr des »Deutens« als einer *Absicherung* des Regelfolgens darf daher nicht als *Abwehr* des

Deutens als *einer* wesentlichen Leistung des Verstehens verstanden werden.
PU 198: »»Aber wie kann mich eine Regel lehren, was ich an *dieser* Stelle zu tun habe? Was immer ich tue, ist doch durch irgendeine Deutung mit der Regel zu vereinbaren.« – Nein, so sollte es nicht heißen. Sondern so: Jede Deutung hängt, mitsamt dem Gedeuteten, in der Luft; sie kann ihm nicht als Stütze dienen. Die Deutungen allein bestimmen die Bedeutung nicht.«
Dass Deutungen *allein* die Bedeutung von Wörtern und gesprochenen oder geschriebenen Sätzen nicht bestimmen, schließt nicht aus, sondern ausdrücklich ein, dass sie diese bestimmen *können* – und zwar ganz gleich, um was für Wörter, Sätze, Äußerungen oder Texte es sich handeln mag.

324. Wittgenstein kommentiert diese Überlegung in PU 201:
»Unser Paradox war dies: eine Regel könnte keine Handlungsweise bestimmen, da jede Handlungsweise mit der Regel in Übereinstimmung zu bringen sei. Die Antwort war: Ist jede mit der Regel in Übereinstimmung zu bringen, dann auch zum Widerspruch. Daher gäbe es hier weder Übereinstimmung noch Widerspruch.
Daß da ein Mißverständnis ist, zeigt sich schon darin, daß wir in diesem Gedankengang Deutung hinter Deutung setzen; als beruhige uns eine jede wenigstens für einen Augenblick, bis wir an eine Deutung denken, die wieder hinter dieser liegt. Dadurch zeigen wir nämlich, daß es eine Auffassung einer Regel gibt, die *nicht* eine *Deutung* ist; sondern sich von Fall zu Fall der Anwendung, in dem äußert, was wir »der Regel folgen«, und was wir »ihr entgegenhandeln« nennen.«

325. Was aber heißt es, einer Regel »entgegen« zu handeln? Die Beantwortung dieser Frage führt ins Herz der Deutung von PU 531.

326. Einer Regel zu folgen bedeutet, ihr nicht entgegen zu handeln. Es bedeutet, ihr so zu entsprechen und folglich so zu handeln, wie jeder, der sie beherrscht und beherzigt, es tun würde. »Darum«, sagt Wittgenstein im folgenden Paragrafen, »ist ›der Regel folgen‹ eine Praxis. Und der Regel zu folgen *glauben* ist nicht: der Regel folgen. Und darum kann man nicht der Regel ›privatim‹ folgen, weil sonst der Regel zu folgen glauben dasselbe wäre, wie der Regel folgen.« (PU 202)

327. Worin unterscheidet sich das Befolgen einer Regel von dem bloßen Glauben, sie zu befolgen? Nochmals Wittgensteins Antwort: Dadurch, dass das Befolgen einer Regel eine normative »Praxis« ist, die unter ihren Verwendern *verbindlich* ist, weil sich nur unter ihnen ein Verständnis ihrer *richtigen* oder *falschen* Anwendung etablieren kann (vgl. Nr. 287). »Richtig« und »falsch« nämlich bedeutet, nicht allein nach meinem Gutdünken angemessen oder unangemessen zu sein, sondern auch nach dem Urteil (potenzieller) anderer. Würde eine Regel nur für mich gelten (in dem Sinn, dass sie nur für mich gelten *könnte*), so würde sie überhaupt nicht *gelten*. Denn nichts würde eine Person hindern, der vermeintlichen Regel immer wieder auf eine andere Weise zu »folgen«, das heißt sie mal so, mal so und dann wieder anders zu verstehen. Das aber würde bedeuten, sie – die Regel – und sich – das eigene Handeln – überhaupt nicht zu verstehen. Es wäre nichts gegeben, nach dem man sich richten, an dem man sich ausrichten und in Bezug auf das man korrigiert werden oder sich korrigieren könn-

te. Es gäbe keinerlei Grund, ein Wort oder einen Satz so oder anders zu gebrauchen und sonstige Verrichtungen so oder anders auszuführen. Die Verbindung zur Rationalität und damit Verständlichkeit des Handelns könnte gar nicht zustande kommen oder wäre gekappt.

328. Wer nach einer Regel handeln kann, kann ihr auch entgegen handeln. Beides gehört zusammen. Regelkompetenz schließt die Kompetenz ein, auf verschiedene Weise von der Befolgung jeweiliger Regeln abzuweichen: sie zu verletzen, sie abzuändern, ihnen einen anderen Sinn zu geben. Die Beherrschung sprachlicher Regeln stellt es uns auf vielfältige Weise frei, ihnen entgegen zu handeln.

329. Man muss schon ein wenig addieren können, um sich dabei verrechnen zu können (denn andernfalls rechnet man gar nicht). Erst recht muss man addieren können, um fähig zu sein, absichtlich falsch zu addieren. Genauso muss man sich mit Behauptungen auskennen, um die Kunst der Lüge zu beherrschen. Deshalb sagt Wittgenstein: »Das Lügen ist ein Sprachspiel, das gelernt sein will wie jedes andere auch.« (PU 249). In der Fähigkeit, Behauptungen aufzustellen, liegt die Möglichkeit, nicht nur Falsches, sondern absichtlich Falsches zu behaupten.

330. Wer sich absichtlich – zu seinen Gunsten – verrechnet, rechnet ganz richtig, aber gibt ein falsches Ergebnis an. Wer absichtlich die Unwahrheit sagt, behauptet Falsches, aber behauptet nicht falsch. Mit der Behauptung ist alles in Ordnung. Sie wird ernsthaft vorgebracht, nur eben nicht aufrichtig (denn auch dies beides ist nicht dasselbe). »Eine Lüge hat eine besondere Umgebung. Es gibt da vor allem ein Motiv. Eine Veranlassung.« (PP 145) Was immer die

Motive einer Lüge sein mögen (die ja durchaus auch edel sein können), mit ihr wird keine sprachliche, sondern – in den übelwollenden Fällen – eine moralische Regel verletzt. In diesem Sinn kann »man zwar sagen, daß der Lügner die Sprache mißbraucht, aber das heißt nicht, daß er der Sprache etwas antut, sondern dem Belogenen.« (Davidson 2008b, 273)

331. Man kann sich auch selbst belügen. Ethisch und politisch gesehen, ist die Lüge *kein* Sprachspiel wie jedes andere, auch dann nicht, wenn die Lüge dem Schutz von anderen dient.

332. Anders als beim falschen Rechnen liegt in Fällen eines Entgegenhandelns gegen sprachliche Regeln keineswegs immer ein Versagen, eine Schusselei oder ein Betrug. Im Gegenteil: Oft liegt hierin ein besonderer Witz des Sprachgebrauchs. Einer bestehenden Regel entgegen handeln zu können, ist ein wesentlicher Teil des Sprachvermögens selbst.

333. Auf Mrs. Malaprop freilich trifft dies nicht zu. Sie gebraucht die Wörter »derangement« und »epitaph« falsch – und gibt ihren Adressaten damit Anlass, ihre gestelzten Worte zu interpretieren, indem sie diese Ausdrücke durch andere »ersetzen« (PU 201), die das Gemeinte richtig zum Ausdruck bringen. Eine solche Reparaturleistung aber ist in anderen Fällen weder nötig noch angebracht. Wenn Frege »Sinn« und »Bedeutung« terminologisch verwendet, verleiht er diesen Begriffen eine neue Bedeutung. Diese Festlegungen lassen sich sprachlich auch anders fassen (»Intension« vs. »Extension«; »Bedeutung« vs. »Bezug«), aber diese Übersetzungen enthalten für sich genommen keine Korrek-

tur; sie versuchen, das Gemeinte lediglich klarer zum Ausdruck zu bringen. (PG 77: »Wollen wir, für unsere Zwecke, den Gebrauch eines Wortes bestimmten Regeln unterwerfen, so stellen wir seinem fluktuierenden Gebrauch einen anderen an die Seite, indem wir einen charakteristischen Aspekt des ersten in Regeln fassen.«)

334. Wenn eine Firmenwerbung verkündet, Geiz sei »geil«, wird diesem Prädikat ein veränderter Nimbus verliehen, der dazu beiträgt, einem Laster den Anschein einer Tugend zu geben. Ersetzbar ist an diesem Slogan nichts. Nur in dieser unüblichen Wortzusammenstellung enthält er seine anzügliche Botschaft. Wer sich auf Wörter versteht, kann sie (aus mangelndem Verständnis, aus Versehen oder mit voller Absicht) entgegen ihrer bis dahin eingespielten Bedeutung verwenden, ihnen neue Tricks beibringen oder sich auf Neuschöpfungen verlegen.

335. Arno Schmidt bemängelte an Stifters *Nachsommer*, in dem ganzen Roman gebe es nur eine einzige sprachliche Innovation: dort, wo es heißt, dass ein Tropfen auf die Wasserfläche eines Brunnens »pippte« (Schmidt 1990, 81).

336. »Und gibt es nicht auch den Fall, wo wir spielen und – ›make up the rules as we go along‹? Ja auch den, in welchem wir sie abändern – as we go along.« (PU 83) – »Das Neue (Spontane, ›Spezifische‹) ist immer ein Sprachspiel.« (PU II 570)

337. Dasselbe gilt für Lesarten. Man kann Sätze und Texte (und beliebige andere Äußerungen) entgegen des mit ihnen ursprünglich Gemeinten oder der vorrangigen Art ihrer Darbietung verstehen. Stifters *Nachsommer* aus dem Jahr

1857 lässt sich in seinem zwanghaften Ordnungssinn mit ein wenig subversiver Phantasie als eine Parodie des Genres des Bildungsromans lesen, wie sie Flauberts *L'Éducation sentimentale* von 1869 durchaus absichtsvoll präsentiert.

338. »Es gibt kein richtiges Leben im falschen.« Aus dem Kontext gerissen, kann dieser Schlusssatz des langen Aphorismus 18 in Adornos *Minima Moralia* in einen zynischen Satz verwandelt werden, der entgegen seiner Bedeutung an dieser Stelle der Leserschaft einen Freibrief in Sachen moralischer Rücksichtslosigkeit ausstellt. Wittgensteins Schriften können mitdenkend nur verfolgt werden, wenn man nicht allen ihrer oft widerstreitenden Hinweise folgt. Kein bedeutendes philosophisches Werk kann produktiv angeeignet werden, ohne es hier und da – und manchmal im Ganzen – gegen den Strich zu lesen.

339. Einer Regel entgegen zu handeln, so zeigen diese Beispiele, kann Verschiedenes bedeuten: einen Fehler zu machen, eine verdeckte Absicht zu verfolgen, von einer bisherigen Bedeutung abzuweichen, ein gegenteiliges Verständnis vorzubringen oder gleich »ein anderes Spiel« (PG 184) zu beginnen. Ausdrücke, Sätze und Satzverbindungen anders zu verwenden als es bisher üblich, normal und korrekt war, kann ebenso Zeichen eines Unvermögens wie eines Vermögens sein. Manchmal liegt beides nah beieinander; manchmal ist eines die Quelle des anderen, manchmal ist eines vom anderen kaum zu unterscheiden. Da sprachliche Regeln offene Grenzen haben, liegt es nicht ein für alle Mal fest, wann ihre Überschreitung eine Übertretung und wann ihre Übertretung eine Überschreitung ist. »Das Verstehen fließt« und mit ihm das, was einen sinnvollen Gebrauch sprachlicher Formen ausmacht. Zum Guten oder Schlech-

ten kann an ihm *sich* etwas zeigen, das so nicht intendiert war oder das er an seinem Ort und zu seiner Zeit weder sagen noch zeigen konnte und sollte.

340. In allen diesen Fällen aber gilt: Es sind die für eine Zeit eingespielten Konventionen gegebener Sprachen, die ihren Verwendern den Raum der Freiheit je ihres Denkens, Sprechens und Handelns eröffnen. Nur in Abhängigkeit von der Sprache können sie die Fähigkeit erwerben, unabhängig zu denken und zu handeln. Allein dieses *Bestimmtsein* durch eine große Varietät sprachlicher Praktiken erlaubt es ihnen, auf ihre Weise *bestimmend* zu sein.

341. Dazu muss nicht fortwährend einer Regel entgegen gehandelt werden. Der Spiel*raum* des Handelns, den die jeweils etablierten Regeln des sprachlichen Gebrauchs geben und den sie lassen, ist nicht zu verwechseln mit den zahlreichen Spiel*feldern*, die sich im sprachlichen Tun und Lassen eröffnen. Diese müssen, können und dürfen jeweils anders bespielt werden. Den Regeln solcher Spiele zu folgen, bedeutet nicht, die der anderen zu brechen. Sie sind Regeln eigenen Rechts – desjenigen Rechts, das sich aus dem internen Sinn der jeweiligen Spielart ergibt.

342. Welche Regel verletzt die figürliche Rede? Gar keine: Sie gebraucht ihre Wörter nicht *in* einem, sondern *für* einen besonderen Sinn. An welchen Regeln vergeht sich die fiktionale Rede? An gar keinen: Sie gebraucht ihre Sätze nicht *in* einem, sondern *für* einen besonderen Sinn. Diese Arten der Rede operieren lediglich mit einem anderen »Witz« als ihr jeweiliger Konterpart. Diese und andere Formen eines vermeintlich uneigentlichen Sprachgebrauchs, wo immer sie auftreten, nehmen sich nichts gegenüber dem Regel-

werk der Sprachen heraus; sie spielen es lediglich auf eigene Weise aus.

Eine systematische Auslegung

343. Die Kritiker bleiben unbeeindruckt. Mit deinem Exkurs über das Regelfolgen, sagen sie, hast du weiter an deinem Bild von Wittgensteins Bild der Sprache gemalt, aber uns kein Argument gegen unseren hauptsächlichen Einwand geliefert. Selbst wenn deine Deutung der Analyse des Regelfolgens bei Wittgenstein plausibel (und mit seinen übrigen Ansichten kompatibel) wäre, bleibt in deiner gesamten Betrachtung eine Asymmetrie bestehen, die du nicht leugnen kannst. Das Verstehen figürlicher Rede bleibt jederzeit abhängig von der Kenntnis der wörtlichen Bedeutung der Ausdrücke, die in ihnen verwendet werden. Eine umgekehrte Abhängigkeit jedoch besteht nicht; das Verstehen wörtlicher Bedeutungen von Ausdrücken und Sätzen hängt nicht von einem Verständnis ihrer möglichen figürlichen Verwendung ab. Sie sind nicht umsonst *nicht wörtlich* zu verstehen, genauso wie die fiktionale Rede *nicht* dafür einsteht, das mit ihr Gesagte sei geradewegs wahr.

344. Zur Unterstützung dieses Einspruchs führen die Kritiker einmal mehr Wittgenstein selbst – mit einer rhetorischen Frage – ins Feld: »Ist es denn erstaunlich, daß ich den gleichen Ausdruck in verschiedenen Spielen verwende? Und manchmal auch, gleichsam, zwischen den Spielen?« (PU II 511) Damit wir uns und andere überhaupt verstehen können, bedarf es gesicherter Bedeutungen der verwende-

ten Ausdrücke, und dies unabhängig von den Kontexten bestimmter, mehr oder weniger gängiger »Sprachspiele«. Das, bringen die Kritiker vor, ist alles andere als erstaunlich, denn in ganz unterschiedlichen Kontexten verwendet werden zu können, ist gerade – um unsererseits dieses Wort zu bemühen – der »Witz« sprachlicher Zeichen und ihrer Kombinationen. Was ein Schrank ist, lässt sich nicht mit dem Hinweis auf Hans erläutern; was »lachen« bedeutet, erklärt sich nicht durch einen Blick auf die Sonne. Dieser Tatsache wird deine »egalitäre« Behandlung der Vielfalt der Arten der Sprachverwendung nicht gerecht. Um diesen begrifflichen Primat des »logischen« gegenüber dem »rhetorischen«, des buchstäblichen gegenüber dem anderweitigen Sprachgebrauch kommst du nicht herum.

345. Gewiss: Das Verstehen von Sätzen ist davon abhängig, dass man die Bedeutung der verwendeten Wörter kennt und damit die Rolle, die sie auch in anderen Sätzen spielen können. *Welchen* Beitrag sie dort leisten aber, hängt von der Art der Verwendung der betreffenden *Sätze* ab. *Deren* Beitrag kann höchst unterschiedlich ausfallen: eher sagend oder zeigend, eher sachbestimmend oder sichtbestimmend. Erst in der Auslegung dieser Differenzen entscheidet sich, was es mit dem Verhältnis von wörtlicher und nicht wörtlicher Bedeutung und Rede auf sich hat.

346. »Wörtliche Bedeutung« ist ein Kapitel in Searles Band *Ausdruck und Bedeutung* überschrieben. Dort wird die wörtliche Bedeutung von Sätzen mit Hilfe der Unterscheidung von Satzbedeutung und Äußerungsbedeutung definiert. Die wörtliche Bedeutung von Sätzen besteht demnach darin, dass »Satzbedeutung« und »Äußerungsbedeutung« zusammenfallen. Dort hingegen, wo beide differie-

ren, liegen indirekte, fiktionale oder figürliche Sprechakte vor: uneigentliche Formen der Kommunikation, die von der regelkonformen Ausführung der betreffenden Sprechakte abweichen.

347. Diese Annahme ist auch bei Searle mit holistischen Prämissen verbunden. Denn die wörtliche Bedeutung von Sätzen lässt sich »nur vor dem Hintergrund gewisser Annahmen über die Kontexte verstehen, in denen die Sätze korrekt geäußert werden können« (AB 139). Zur korrekten Verwendung von Sätzen und ihrem Verständnis sind stets »sprachliche und außersprachliche Hintergrundinformationen« oder »Hintergrundannahmen« vonnöten (AB 53 u. 144 ff.), die sicherstellen, dass die betreffenden Sätze so aufgefasst werden, wie sie gemeint sind. Wenn ich einen Big Mac bestelle, erwarte ich nicht, Ware mit einem Volumen von einem Kubikmeter serviert zu bekommen, die so verpackt ist, dass ich sie nur mit einem Vorschlaghammer zu öffnen vermag (AB 149 f.). So war die Bestellung nicht gemeint. Analog setzt ein ernsthaftes Versprechen eine Kenntnis sowohl dessen voraus, was die Person, der es gegeben wird, für Wünsche hat, als auch dessen, wie sich das Versprechen einlösen lässt. (Searle 1971, Kap. 3) Die wörtliche Bedeutung von Sätzen ist insofern an ein Verständnis der Art von Situationen gebunden, in denen ihre Äußerungen *als* wörtliche verständlich und sinnvoll sind. Der Begriff der wörtlichen Bedeutung von Sätzen impliziert den der Kenntnis eines *typischen* Kontexts oder »Hintergrunds« seiner Verwendung, in dem die Identität von Satzbedeutung und Äußerungsbedeutung gesichert ist oder gesichert wäre.

348. »Satzbedeutung« erweist sich somit für Searle als derjenige Fall der »Äußerungsbedeutung«, in dem Sätze in

ihren unterschiedlichen Modi entsprechend einer »Standardszene« (AB 151) verwendet werden können. *Wörtliche* Satzbedeutung, folgt daraus, ist identisch mit *regelkonformer* Äußerungsbedeutung. »In unserer gesamten Diskussion«, resümiert Searle, »habe ich den Begriff der Äußerungsbedeutung nur dort erörtert, wo Äußerungsbedeutung mit Satzbedeutung zusammenfällt, das heißt nur dort, wo der Sprecher wörtlich meint, was er sagt.« (AB 157)

349. Searles Hinweis auf den Hintergrund typischer Äußerungskontexte will nicht besagen, dass die wörtliche Bedeutung von Sätzen von ihrem jeweiligen Verwendungskontext abhängig wäre. Im Gegenteil: Ihre Verwendung und ihr Verständnis ist an *standardisierte* Kontexte gebunden, deren Kenntnis ihnen eine eindeutige Bedeutung verleiht, ganz gleich, wann und wo – in welcher *besonderen* Situation – sie verwendet werden. »Einen Big Mac, bitte!« Zum Standard der Verwendung dieses Satzes gehört, dass nach einem essbaren Gegenstand verlangt wird, der sich mit zwei Händen umgreifen lässt (und nicht um den größten Laptop von Apple, ein Plastikspielzeug für Hunde oder eine Skulptur von Claes Oldenburg). So verstanden, hat der Satz eine kontext*un*abhängige Bedeutung.

350. »On the twentieth of September 1793 I set out on a journey from London to Oxford.« (Searle 1977, 201) Diesen Satz bringt Searle in seiner Kritik an Derrida als ein Beispiel für die kontextunabhängige Bedeutung von Sätzen vor. Searles Erläuterung lautet: »A meaningful sentence is just a standing possibility of the corresponding (intentional) speech act. To understand it, it is necessary to know that anyone who said it and meant it would be performing that speech act determined by the rules of languages that give

the sentence its meaning in the first place.« (Searle 1977, 202) Wörtliches Denken und Sprechen wird als Instanz eines regelkonformen Sprachgebrauchs verstanden – als diejenige, die den konstitutiven Regeln der entsprechenden Sprechakte gehorcht. »The answer is that the speaker and hearers are masters of the sets of rules we call the rules of language, and these rules are recursive. They allow for the repeated application of the same rule.« (Searle 1977, 208)

351. Flüchtig betrachtet, kann es so aussehen, als liege diese Überlegung auf Wittgensteins Linie (zumindest wenn man Searles in I.3 kommentierten intentionalistischen Prämissen beiseite lässt). Bereits in der in Nr. 107 zitierten Passage heißt es bei Wittgenstein: »Ich lese aus der Mitte einer Erzählung den Satz: »nachdem er das gesagt hatte, verließ er sie wie am vorigen Tage.« Verstehe ich den Satz? – Das ist nicht ganz leicht zu beantworten. Es ist ein deutscher Satz, und insofern verstehe ich ihn. Ich wüßte, wie man diesen Satz gebrauchen könnte, ich könnte einen Zusammenhang für ihn erfinden.« (PG 43)

352. Wir verstehen einen »isolierten« Satz (PU 525), sagt Wittgenstein, wenn wir wissen oder uns vorstellen können, wie er in einem gegebenen Kontext sinnvoll verwendet werden kann. Auch Wittgenstein greift dabei gelegentlich auf den Begriff des »Hintergrunds« zurück. »»Verstehen« nennen wir nicht *einen* Vorgang, sondern mehr oder weniger mit einander verwandte Vorgänge, auf einem Hintergrund des tatsächlichen Gebrauchs der gelernten Sprache.« (PG 11) Dergleichen sagt auch Searle. Wittgenstein jedoch ergänzt: »Und doch verstehe ich ihn [den Satz aus der Mitte einer Erzählung] nicht in dem Sinne, wie ich ihn verstünde, wenn ich die Erzählung gelesen hätte. (Vergleiche ver-

schiedene Sprachspiele: Beschreibung eines Sachverhalts, Erfinden einer Erzählung etc. Was ist in dem einen, was im andern Fall ein sinnvoller Satz?)« (PG 43)

353. Searle orientiert sich daran, wie Sätze in »Standardfällen« verwendet werden. (Searle 1977, 204 f.) Wer sich der wörtlichen Rede befleißigt, spielt nach den Grundregeln der Sprache; wer dies nicht tut, weicht von diesen ab. Wittgenstein kommt ohne derartige Standards aus. Das ist ein Unterschied ums Ganze.

354. »Mit Bedeutung«, konstatiert Searle, »ist es am einfachsten, wo ein Sprecher einen Satz äußert und genau das wörtlich meint, was er sagt.« (AB 51) Die Bedeutung der Äußerung, das mit ihr Gemeinte, folgt in diesem Fall der Bahn der Satzbedeutung. Von dieser Bahn jedoch, wie Searle weiß, kann jederzeit abgewichen werden. Daher muss die »wörtliche Bedeutung von Sätzen [...] scharf davon unterschieden werden, was ein Sprecher mit dem Satz meint, wenn er ihn äußert, um einen Sprechakt zu vollziehen, denn was der Sprecher mit seiner Äußerung meint, mag sich auf vielerlei Weise von der wörtlichen Satzbedeutung unterscheiden. Beispielsweise mag ein Sprecher beim Äußern eines Satzes etwas anderes meinen als das, was der Satz bedeutet – wie dies bei der Metapher der Fall ist; er mag sogar das Gegenteil dessen meinen, was der Satz bedeutet – wie dies bei der Ironie der Fall ist; oder er mag meinen, was der Satz bedeutet, aber noch etwas mehr meinen – wie dies im Fall von Konversationsimplikaturen und indirekten Sprechakten der Fall ist. [...] Strenggenommen ist der Ausdruck ›wörtliche Bedeutung des Satzes‹ ein Pleonasmus, denn all die anderen Bedeutungsarten – ironische Bedeutung, metaphorische Bedeutung, indirekte Sprech-

akte und Konversationsimplikaturen – sind ja überhaupt keine Eigenschaften von Sätzen, sondern vielmehr von Satzäußerungen, die Sprecher machen.« (AB 139 f.)

355. Satzbedeutung, so folgt daraus, *ist* wörtliche Bedeutung: Das, was ein Satz bedeutet, ist das, was ein Satz *wörtlich* gemeint und verstanden bedeutet. Nur auf dieser Basis kann man anderes oder weiteres mit einem Satz zu verstehen geben und an ihm verstehen. Nicht nur *haben* einigermaßen wohlgeformte Sätze stets eine wörtliche Bedeutung, eine andere *können* sie gar nicht haben. Die wörtliche Bedeutung von Sätzen ist diejenige, die ihnen in ihrer formgerechten und darum ordnungsgemäßen, regelkonformen und ernsthaften Verwendung zukommt. Nur *Äußerungen*, die von dieser Art der Verwendung von Sätzen abweichen, können eine andere Art der Bedeutung haben; mit ihnen lässt sich anderes meinen und zu verstehen geben als das, was der betreffende Satz sagt.

356. Was aber geben die Äußerungen zu verstehen, die nicht den von Searle ausgezeichneten Standardformen der Rede entsprechen? Sie geben etwas zu verstehen, das im Prinzip *ebenfalls* in wörtlicher Rede hätte gesagt werden können, aber entweder *noch* nicht klar, d. h. wörtlich gesagt werden *kann* oder aus Gründen der Abkürzung, Abwechslung, Zuspitzung, Verzierung oder Verdichtung nicht wörtlich gesagt werden *soll* – irreguläre Äußerungsformen, die dennoch irgendwie sinnvoll sind.

357. Aber doch nur irgendwie. Denn grundsätzlich, meint Searle, »kann alles, was gemeint werden kann, in der Sprache exakt zum Ausdruck gebracht werden.« (AB 136) Die Frage, die Searle am Anfang seines eigenen Metaphernauf-

satzes stellt, ist daher alles andere als unschuldig: »Warum verwenden wir Ausdrücke metaphorisch, anstatt genau und wörtlich zu sagen, was wir meinen?« (AB 98) Sofern Metaphern nicht bloß aus Verlegenheit um das treffende Wort verwendet werden, lautet die Antwort, dienen sie der Aktivierung der Auffassungsgabe der Adressaten. Um hinter das mit der Metapher eigentlich Gemeinte zu kommen, d.h. auf eine »Paraphrase«, welche »die Wahrheitsbedingungen der metaphorischen Äußerung« wiedergibt, müssen sie einen Umweg machen und insofern »zur Verständigung mehr beitragen als ein passives Aufnehmen« (AB 138). Das »Prinzip der Ausdrückbarkeit«, das bereits seit Searles Theorie der *Sprechakte* von 1969 hinter dieser Auffassung steht, hat in der Tat »weitreichende Konsequenzen. [...] Es folgt aus ihm, daß Fälle, in denen der Sprecher nicht genau sagt, was er meint – die wichtigsten Beispiele hierfür sind Unaufrichtigkeit, Vagheit, Ambiguität und Unvollständigkeit –, für die sprachliche Kommunikation theoretisch unwichtig sind.« (Searle 1971, 36; vgl. AB 136) Sprachliche Äußerungen, die sich nicht umstandslos durch wörtliche Rede ersetzen lassen, sind letztlich bloß ein Ersatz für diese.

358. Die Abweichung vom Pfad der sprachlichen Tugend kommt bei Searle einem Sündenfall nahe. »The price we pay for deliberately going against ordinary language is metaphor, oxymoron, and outright neologism.« (Searle 1983, 157)

359. Die Konsequenzen, die sich hieraus für das Spektrum nicht nur der figürlichen Rede ergeben, haben wir besichtigt. (Der Gedanke, dass figürlicher und fiktionaler Sprachgebrauch dafür geschaffen ist, den »Hintergrund« unseres

Verstehens, der ihm so wichtig ist, *als* Hintergrund zum Ausdruck zu bringen, hat Searle nicht einmal gestreift.) Daraus, dass Sätze immer auch eine wörtliche Bedeutung haben, wird gefolgert, dass sie gar keine andere haben können. Das, was figürlicher, fiktionaler und poetischer Sprachgebrauch zur Sprache bringen, kann nicht – ernsthaft – so gemeint sein, wie sie es zur Sprache bringen. Alles, was so artikuliert wird, wird nach dem Schema der Anspielung, Andeutung oder der indirekten Rede modelliert. Der Sinn aller dieser Sprachformen soll nichts mit einem Gehalt zu tun haben, den ihre Sätze und Satzverbindungen enthalten.

360. Searles Theorie ist sicher ein extremer Fall dieser Modellierung. Mutatis mutandis aber gilt Vergleichbares – wenn auch auf andere Art und in anderem Ausmaß – für die übrige Riege der Kritiker. Frege expatriiert die unbotmäßigen Arten der Rede aus dem Kernbereich des Wahr- oder Falschseins von Gedanken. Davidson kommt trotz seines Antikonventionalismus zu demselben Ergebnis wie Searle: Sätze, wie immer sie gebraucht werden, können keine andere als ihre wörtliche Bedeutung haben. Auch Habermas verweist den bildlichen Sprachgebrauch in den Bereich der »indirekten Verständigung«, deren Andeutungen einer »schlussfolgernden Verarbeitung« bedürfen (TkH I, 388, vgl. 444 f.; EPL 245). Brandom schließlich begnügt sich mit einer Theorie des inferenziellen Navigierens zwischen eigenen und fremden assertiven Ansprüchen und Festlegungen, ohne den »anderen Spielen, die man auch spielen kann«, eine ergänzende Analyse zu widmen. Hier wird die Leerstelle am deutlichsten, die die anderen Kritiker – wenn auch vergeblich – auszufüllen versuchen.

361. Die bisherigen Betrachtungen haben Zweifel daran gesät, dass ein bildlicher Sprachgebrauch überhaupt eine Verletzung sprachlicher Regeln darstellt. Sie haben aufgezeigt, dass eingefahrene Metaphern und andere Arten der figürlichen Rede ebenso zum konventionellen Repertoire einer Sprache gehören können wie buchstäbliche Wendungen und Sentenzen auch. Sie haben daran erinnert, dass wörtliche und nicht wörtliche, faktuale und fiktionale Sätze, Sequenzen und Texte gleichermaßen – wenn auch mit einem anderen »Witz« – ernsthaft vorgebracht und gemeint sein können. Zugleich haben wir gesehen, dass Rhetorik im »dramaturgischen Sinn« (Nr. 129, 135) als solche nichts mit der Differenz von wörtlicher und nicht wörtlicher, faktualer und fiktionaler Rede zu tun hat, da die Choreografie sprachlicher Äußerungen immer bereits das mit ihnen Vorgebrachte auf bedeutsame Weise akzentuiert.

362. Diese und weitere Arten der Rede können in vielen Fällen *unmittelbar* – ohne »schlussfolgernde Verarbeitung« und anderen Interpretationsaufwand – verstanden werden. Wenn ein Schutzgelderpresser meinen Laden besucht und mir verspricht, morgen wieder zu kommen, muss ich nicht darüber nachdenken, ob er mir droht, so wenig wie ich ins Grübeln verfalle, was gemeint ist, wenn jemand mir sagt, Hans sei ein Schrank oder wenn ich, zu spät kommend, für meine Pünktlichkeit gelobt werde. Dass es sich keineswegs immer so verhält, versteht sich von selbst. Unmittelbares und mittelbares Sprachverstehen kommt und geht in Graden – und dies auf beiden Seiten der Differenz von wörtlicher und nicht wörtlicher Rede. Auf beiden Seiten aber könnte es nicht kommen und gehen, wenn es sich nicht auf dem Boden eines weitgehend verlässlichen Verstehens bewegen würde.

363. Jeder geübte Gebrauch der Sprache hält sich immer bereits inmitten dieser Verhältnisse auf, in denen sich oft ohne weiteres versteht, in welchem Sinn Sätze und ihre Äußerung aufzufassen sind. Das meint Wittgenstein, wenn er sagt: »Einen Satz verstehen, heißt, eine Sprache verstehen.« (PG 21)

364. Die von Searle (und auch Habermas und Brandom auf je ihre Weise) zum Originalmodus der Rede erhobene »Identität« von Satzbedeutung und Äußerungsbedeutung führt in die Irre. Denn eine solche Identität besteht, wie das Beispiel der Metapher demonstriert hat, auch in den Fällen figürlicher und poetischer Rede, in denen – *anders* als bei der indirekten Rede – den verwendeten *Sätzen* eine eigene, oft unersetzliche Form des Ausdrucks zukommt. Dieser Gehalt kommt ebenfalls den jeweiligen *Sätzen* zu und nicht lediglich ihrer Äußerung. Wir haben es hier mit einer *alternativen* Art der Koinzidenz von Satzbedeutung und Äußerungsbedeutung zu tun. Dem sprachlichen Meinen und Verstehen steht von vornherein die *eine oder andere* Art der Artikulation und Auffassung offen.

365. Der *point of departure* der alternativen Auslegung des Verhältnisses von Satzbedeutung und Äußerungsbedeutung ist leicht zu benennen.
Searle sagt: Satzbedeutung ist aktuelle oder potenzielle *wörtliche* Äußerungsbedeutung.
Wittgenstein sagt: Satzbedeutung ist aktuelle oder potenzielle Äußerungsbedeutung.

366. In der Auslassung der Prämierung der wörtlichen Rede streicht Wittgenstein die theoretische Grundunterscheidung der sprachphilosophischen Fundamentalisten.

Er streicht den Primat der vermeintlich eigentlichen gegenüber der vermeintlich uneigentlichen Rede. Sein Grundbegriff, soweit von Sätzen die Rede ist, ist schlicht der des sinnvollen Satzes – in der ganzen Breite dessen, was mit Sätzen geäußert und getan werden kann. Entsprechendes gilt für das Verstehen. Einen Satz zu verstehen, bedeutet, wenigstens eine seiner möglichen sinnvollen Verwendungen zu kennen.

367. Das Prädikat »sinnvoll« muss hier in einer allgemeinen Bedeutung aufgefasst werden. Sinnvoll in diesem allgemeinen Sinn ist die Äußerung von Sätzen, die aus der eigenen oder aus einer fremden Perspektive einen *mehr oder weniger* guten Sinn ergeben, mag dies aus der eigenen Perspektive auch ein Widersinn sein.

368. Widersinn und blanker Unsinn sind nicht dasselbe. Vor diesem muss das Verstehen kapitulieren, an jenem schärft es seine kritischen Instrumente.

369. Eine Formel in Habermas' *Theorie des kommunikativen Handelns* lautet: »Wir verstehen einen Sprechakt, wenn wir wissen, was ihn akzeptabel macht.« (TkH I, 400) Das ist eine recht verkürzte Bestimmung, da wir auch Äußerungen verstehen, die keineswegs akzeptabel sind, und auch solche, von denen wir noch nicht wissen können, ob sie es sind. In einer späteren Abhandlung finden sich differenzierte Versionen. »Einen sprachlichen Ausdruck verstehen heißt zu wissen, wie man ihn verwenden könnte, um sich mit jemandem über etwas zu verständigen.« – »Die Orientierung an der *möglichen* Gültigkeit von Äußerungen gehört zu den pragmatischen Bedingungen nicht erst der Verständigung, sondern schon des Sprachverstehens.« (Habermas 1999b,

136 f.) Hier wie dort aber schränkt Habermas diese Bestimmungen ein: Sie sollen nur Sprechhandlungen gelten, »die unter Standardbedingungen ausgeführt werden. Damit soll sichergestellt sein, daß ein Sprecher nichts anderes meint als die wörtliche Bedeutung dessen, was er sagt.« (TkH I, 400; vgl. 442 f.)

370. Diese Sicherheitsverwahrung unter »Standardbedingungen« ist entbehrlich. Akzeptabel können sprachliche Vorkommnisse nun einmal in ganz unterschiedlichen Hinsichten sein. Habermas' Erweiterung der »Akzeptabilitätsbedingungen« von Sprechakten gegenüber einer eng verstandenen Wahrheitssemantik muss deshalb ihrerseits erweitert werden. Dann lässt sich das in PU 531 Gesagte auch als eine Unterscheidung von Arten der positiven oder negativen Akzeptierbarkeit von sprachlichen Vollzügen jedweder Art auffassen. Sprechakte sind »akzeptabel«, sofern und soweit sie an ihrer Stelle einen relevanten, aufschlussreichen, zutreffenden, begründeten, geistreichen, überraschenden, fesselnden oder anderweitig sinnvollen Beitrag leisten. *So* sieht der Zusammenhang von »Bedeutung und Geltung« (TkH I, 397 ff.) aus.

371. Einen Satz zu verstehen, heißt demnach, eine mögliche Verwendung zu kennen oder sich vorstellen zu können und somit zu verstehen, in welchem Sinn er einen gelungenen oder misslungenen Zug der Rede darstellt oder darstellen könnte. Das sprachliche Tun variiert mit den Bedingungen des Gelingens. Dieses hängt wesentlich von der Art der Stimmigkeit oder Unstimmigkeit sprachlicher Vollzüge ab: von der Art ihres erreichten oder verfehlten Treffens und Zutreffens, ihres Wahr- und Schlüssigseins, ihrer Relevanz oder Irrelevanz, ihrer Konfiguration und Komposition.

372. Für alle diese Fälle gilt: »Der Satz ist aus Wörtern zusammengesetzt, und das ist genug.« (PU II, 501) Hierauf bezieht sich Wittgensteins in Nr. 344 von den Kritikern zitierte rhetorische Frage: »Ist es denn erstaunlich, daß ich den gleichen Ausdruck in verschiedenen Spielen verwende? Und manchmal auch, gleichsam, zwischen den Spielen?« (PU II, 511) Das sollte in der Tat alles andere als erstaunlich sein. Schließlich werden Sätze aus Wörtern gebildet. Etwas mit ihnen meinen und das Gemeinte verstehen kann nur, wer sich mit den betreffenden Wörtern auskennt (also zumindest eine oder einige ihrer Bedeutungen kennt). Ganz gleich, um was für Arten der Äußerung es sich handelt, man muss die eingespielten Regeln der Verwendung der betreffenden Wörter kennen – selbst da, wo von ihnen abgewichen wird. Die gängigen Verwendungen sprachlicher Ausdrücke können von kundigen Benutzern erläutert werden oder sie finden sich in einschlägigen Lexika. Personen, die nicht wissen, was sie mit Sätzen wie »Hans ist ein Schrank.«, »Die Sonne lacht.«, oder »Weite Teile der Sprachphilosophie unterliegen einer trojanischen Illusion.« anfangen sollen, kann dadurch geholfen werden, dass ihnen die Bedeutung von »Schrank« und »Sonne« oder der Plot der *Ilias* nahegebracht wird.

373. Wörterbücher aber sind keine Sätzebücher. Ihre Lemmata sind Ausdrücke einer Sprache oder in Fachbüchern Begriffe einer Disziplin. In ihnen finden sich die Bedeutungen der betreffenden Stichworte übersetzt oder erklärt. Dabei können *Beispiel*sätze die Verwendung der betreffenden Wörter angeben (und auch Beispiele ihrer figürlichen Verwendung). Diese stehen im Dienst der Explikation der betreffenden Ausdrücke. Sätzebücher hingegen kann es nicht geben (es sei denn, es handle sich um Sammlungen

von geflügelten Worten). Sie wären nicht nur uferlos, da aus einem endlichen Schatz von Wörtern unendlich viele Sätze gebildet werden können. Sie wären auch sinnlos, weil isolierte Sätze nicht nur in einem Sinn oder einigen feststehenden Sinnen, sondern ganz verschieden gebraucht werden können – auch deshalb, weil die Wörter, aus denen sie gebildet sind, oft alles andere als eindeutig sind.

374. Der Eindruck einer grundlegenden Asymmetrie zwischen wörtlicher und nicht wörtlicher Rede, die mir die Kritiker in Nr. 343 vorgehalten haben, entsteht aus einer Verkennung des Verhältnisses von Wörtern und Sätzen. Wörter haben in der Verwendung von Sätzen mehr oder weniger angestammte und eingespielte Bedeutungen. Auf sie greift die Bildung weiterer Sätze gleich welcher Art zurück. Sätze – gleich welcher Art – sind nur insoweit verständlich, als ihre Wörter es sind. Wie und wozu sie dort verwendet werden aber, legt das Vokabular einer Sprache nicht fest. Dass Sätze aus *Wörtern* – gleich welcher Art – gemacht werden, bedeutet nicht, dass *Sätze* – von Haus aus, eigentlich, in erster Linie – für einen buchstäblichen Gebrauch gemacht sind. Darin liegt der Fehlschluss der Kritiker: Weil Sätze aus Wörtern gemacht werden, folgern sie, sind sie vorrangig für eine wörtliche Verwendung von Sätzen gemacht.

375. Die wörtliche Bedeutung von Sätzen kommt ihnen nicht gleichsam absolut, unabhängig von charakteristischen Möglichkeiten ihrer Verwendung zu; sie kommt ihnen in bestimmten Weisen ihrer Verwendung zu. Wie aber sind die für die wörtliche Bedeutung von Sätzen »charakteristischen« Verwendungen aufzufassen, wenn sie nicht durch den zirkulären Hinweis auf ihre regelkonforme, ordnungs-

gemäße, eigentliche Verwendung zu erklären ist? Es handelt sich um diejenigen Gebrauchsweisen, die Wittgenstein am ersten Pol der Artikulation von »Gedanken« verortet.

376. Die wörtliche Bedeutung von Sätzen muss funktional aufgefasst werden.

377. Wörtlich werden Sätze verwendet, soweit und solange sie in der Funktion der sachbezogenen Rede gebraucht werden. *Nicht wörtlich* dagegen sind Sätze zu verstehen, die in sichtbezogener Funktion verwendet werden. Dass es hierbei ein Mehr oder Weniger und zahllose Gewürzmischungen gibt, haben wir gesehen. Je eindeutiger das Vorkommen eines Satzes die eine dieser Funktionen erfüllt, desto eindeutiger bewegt er sich an einem der Enden des Wittgenstein'schen Spektrums.

378. Deshalb sagt Wittgenstein: »Die Anwendung bleibt ein Kriterium des Verständnisses.« (PU 146) Je nachdem, wie sprachliche Einheiten in Gebrauch genommen und aufgefasst werden, enthalten, erfordern oder ermöglichen sie eine andere Art des Verstehens.

379. Die Kritiker zeichnen die sachbestimmende Rede gegenüber der sichtbestimmenden als die einzig grundlegende aus. Damit wird stillschweigend *eine* der von Wittgenstein unterschiedenen Dimensionen der Sprache – und mit ihr eine der Arten des »Gedankens« – vor der anderen ausgezeichnet und zur »Standardform« des Sprachgebrauchs erhoben. Das bedeutet: Eine insgeheim *funktionale* Bestimmung wird als die *logisch* primäre ausgegeben, ohne zu berücksichtigen, dass diese beiden Funktionen sich komplementär zueinander verhalten – und dass der *Begriff*

der einen Sprachfunktion nicht unabhängig von dem der anderen zu entwickeln ist.

380. Der Eindruck eines logischen Gefälles entsteht, soweit und solange das Geschehen an Wittgensteins zweitem Pol lediglich als eine Form der indirekten oder auf andere Weisen andeutenden und damit letztlich wörtlichen Kommunikation aufgefasst wird. Dann versteht sich diese einseitige Abhängigkeit von selbst. Sobald aber die *positive* Rolle der bildlichen Sprachverwendungen, oder genauer: ihre positiven Roll*en* innerhalb und außerhalb einer im engeren Sinn literarischen Sprachverwendung erkannt und anerkennt werden, gilt dies nicht länger. Sie werden als konstitutive Arten des Sprachgebrauchs erkennbar, die je eigene – irreduzible – Funktionen erfüllen.

381. Die einen sprachlichen Formen genügen Erfordernissen, denen die anderen nicht genügen – und vice versa. Art und Grad der Akzeptierbarkeit beziehen sich im einen Fall darauf, ob und inwiefern der betreffende Satz die jeweils thematische Sache zutreffend charakterisiert und an seiner Stelle einen berechtigten oder anderweitig gelungenen Zug im betreffenden Sprachspiel darstellt. Art und Grad der Akzeptierbarkeit beziehen sich im anderen Fall darauf, ob und inwiefern der betreffende Satz eine treffende Perspektive auf den jeweiligen Gegenstandsbereich artikuliert und an seiner Stelle einen berechtigten oder anderweitig gelungenen Zug im betreffenden Sprachspiel darstellt. »Berechtigt oder anderweitig gelungen«: Sinnvolle Äußerungen können auf »verschiedenartigste« Weise akzeptabel, gelungen bzw. stimmig sein. Sie können wahr oder falsch, irreführend oder deplatziert, inakzeptabel, misslungen und unstimmig sein, ohne allein deswegen bereits unverständlich zu werden.

382. Dass jemand wirr daherredet oder blutarme Figuren erfindet, Argumentations- oder Handlungsstränge nicht zu verbinden weiß, bedeutet ja keineswegs immer, dass die betreffenden Sätze (allesamt) sinnlos wären. Den Möglichkeiten eines stimmigen oder unstimmigen Sprachgebrauchs sind keine Grenzen gesetzt. (Vgl. Jung / Schlette 2019)

383. »Milch mir Zucker!« (PU 498) ist eine unsinnige Aufforderung. In einer WG von Wittgenstein-Leserinnen könnte sie dennoch eine sinnvolle Anwendung gefunden haben – als Codewort für die Bitte, den Kaffee mit Milch und Zucker serviert zu bekommen.

384. Korrekt gebildete Sätze haben immer eine wörtliche Bedeutung, die sich aus der Art der Zusammenstellung der verwendeten Ausdrücke ergibt. So auch in Chandlers Satz. Man kann ihn als eine – buchstäbliche, wenn auch obskure – Tatsachenbehauptung über leere Swimmingpools verstehen oder als eine – ebenfalls buchstäbliche und gar nicht obskure – Beschreibung des mentalen Zustands, in dem sich die Ichfigur bei diesem Anblick befindet (oder als beides zugleich). Diese wörtlichen Lesarten jedoch gehen an dem figurativen Sinn des Satzes vorbei, mit dem eine bedeutsame *Perspektive* auf diesen und die anderen Schauplätze des Romans zugleich eröffnet und dargeboten wird. Bei einem so bescheidenen Satz wie »Die Sonne lacht.« dagegen fällt eine wörtliche Lesart wegen seines offenen Anthropomorphismus umgehend flach. Es können eben nicht Himmelskörper, sondern nur Menschen lachen (oder auch Pferde, wenn wir Musils Beobachtung Glauben schenken wollen). Wieder anders verhält es sich mit Brandoms Aussage, diskursive Praxis zeichne sich durch die »soziale

Produktion und Konsumption« propositionaler Gehalte aus. Eine eher wörtliche Lesart ersetzt diesen sprachlichen Manierismus durch die Rede von einem »Austausch von Gründen«. Eine eher metaphorische Interpretation, wie ich sie oben gegeben habe, sieht darin den Aufruf zu einer postmarxistischen Weltsicht. Und so weiter; mit Behauptungssätzen kann man dieses oder jenes tun.

385. An dieser Stelle spielen die Kritiker ihre letzte Trumpfkarte aus. Mit Wittgenstein, wenden sie ein, hast du in Nr. 201 gesagt: »Die bildliche Verwendung eines Wortes kann ja mit der ursprünglichen nicht in Konflikt geraten.« Wenn man das auf *Sätze* überträgt, wie du es gerade wieder getan hast, sieht man aber doch, dass sie sehr wohl miteinander in Konflikt geraten! Denn dann *steht* – mit Wittgensteins Ausdruck – ihre »ursprüngliche« Bedeutung mit ihrer bildlichen oder fiktionalen im Konflikt. Hier, in der bildlichen Verwendung, wird von der ursprünglichen – *wörtlichen* – Bedeutung *abgewichen*; im umgekehrten Fall aber geht der Gebrauch und das Verstehen auf diese – die *wörtliche* – Bedeutung *zurück*. Was zu beweisen war: Es besteht eine einseitige, nicht hingegen eine wechselseitige Abhängigkeit.

386. Dieser Trumpf aber sticht jetzt nicht mehr. Denn damit wiederholen die Kritiker nur ihr irregeleitetes Verständnis der wörtlichen Bedeutung von Sätzen bzw. ihrer Äußerung. Dass die *Wörter* in einem Satz eine – bis dahin – eingespielte, »ursprüngliche« Bedeutung haben, entscheidet gerade nicht darüber, ob (und in welchem Maß) diese *Sätze* in wörtlicher oder nicht wörtlicher Bedeutung gebraucht werden.

387. Es ist das Argument der limitierten Ersetzbarkeit, das diese wechselseitige Abhängigkeit exponiert. Kehren wir also zu diesem Ausgangsbegriff zurück.

388. Die Übersetzbarkeit eines Satzes, so habe ich in Nr. 171–176 argumentiert, kann seine Ersetzbarkeit einschließen, muss es aber nicht. Sie schließt diese dann ein, wenn die Übersetzung die Bedeutung des ursprünglichen Satzes *vollständig* wiedergibt. Vergleichsweise liberale Anforderungen dagegen stellt die *graduelle* Übersetzbarkeit von Sätzen dar. Zwar haben wir gesehen, dass nahezu kein Ausdruck oder Satz restlos übersetzbar ist, wenn wir der potenziell mimetischen und gestischen Qualität von Wörtern und von Sätzen eingedenk bleiben. (Nr. 66 u. 166) Das spielt aber keine Rolle, wenn es allein oder vor allem auf den Sachbezug von Sätzen ankommt. Hier *sind* entsprechende Sätze ohne relevanten Verlust ersetzbar bzw. übersetzbar. Bei eindeutig oder vorrangig sichtbezogenen Sätzen dagegen sind keine Ersetzungen, sondern meist nur annähernde Übersetzungen möglich.

389. Auf dieses Widerspiel und seine innere Dynamik zielt PU 531. Wittgenstein fasst die Prozessualität des Sprachgebrauchs anhand des Kriteriums der Grade einer bedeutungsgleichen Ersetzbarkeit bzw. Nichtersetzbarkeit von Sätzen. Mit ihm markiert er das Spektrum der Möglichkeiten sprachlichen Ausdrucks und Verstehens.

390. Bedeutungsgleich ersetzbar sind Sätze, wenn sich ihr Sachbezug durch eine entsprechende Ersetzung nicht ändert. Durch das Kriterium des zu erhaltenden Sachbezugs und seiner Wahrheitsbedingungen unterliegt diese Ersetzbarkeit durch Sätze (in derselben oder einer anderen Spra-

che) deutlichen Grenzen. Intensionale und indexikalische Kontexte müssen ebenso beachtet werden wie die Verwendung von Fremdwörtern, terminologischen Festlegungen oder sprachlichen Neuschöpfungen.

391. Primär sichtbezogene Sätze dagegen lassen sich nicht bedeutungsgleich ersetzen. Entsprechend unterliegt ihre dennoch mögliche Übersetzung durch das Kriterium ihrer weitgehend zu erhaltenden Vergegenwärtigungsleistung anderen Restriktionen. Nicht auf die exakte Repräsentation von Sachverhalten, sondern auf die Stimmigkeit der Präsentation des sprachlichen Bildes kommt es hier an.

392. *Restriktionen* der Ersetzbarkeit und Übersetzbarkeit sind in dem Begriff der wörtlichen Bedeutung von Sätzen ebenso enthalten wie in dem Begriff der nicht wörtlichen Bedeutung. In Bezug auf die Möglichkeiten ihrer Ersetzung und Übersetzung sind der Transposition *beider* Arten von Sätzen – wenn auch unterschiedliche – Grenzen gesetzt.

393. Diese Demarkationen liegen nicht ein für alle Mal fest. Sie ergeben und verändern sich innerhalb gegebener Sprachen und den Situationen ihrer Verwendung. Inwiefern und inwieweit Sätze auf der einen oder anderen Seite stehen, unterliegt dem Prozess des sprachlichen Meinens und Verstehens. Die einen Arten des Umgangs mit Sätzen lassen sich nur in Abgrenzung von den anderen theoretisch bestimmen. Wo die Grenzen der Ersetzbarkeit und Übersetzbarkeit sprachlicher Einheiten liegen, lässt sich nur von beiden Seiten her erkennen.

394. *Wann* ein Satz durch einen anderen substituierbar oder nicht substituierbar ist, entscheidet sich an der Art

seiner Verwendung und Auffassung. In den meisten Fällen entscheidet dies *sich*, ohne dass es im Reden und Verstehen etwas zu entscheiden gäbe. Manchmal aber müssen die Beteiligten zu einer Entscheidung darüber kommen, wie ein Satz gemeint oder zu nehmen ist. Für die Theorie gibt es an dieser Stelle nichts zu tun – außer zuzugestehen, dass hier etwas zur Entscheidung stehen kann.

395. *In der Sprache* tut sich die Differenz zwischen ersetzbaren und nicht ersetzbaren Formen der Rede auf. Diese »elastische« (PP 397) Bewegtheit macht ihre Bewegung aus.

396. Daraus folgt: Der Begriff der wörtlichen Bedeutung von Sätzen impliziert bereits einen Begriff der nicht wörtlichen Verwendung von Sätzen. Die eine lässt sich von der anderen nicht ohne einen Begriff dessen abgrenzen, wovon jeweils abgegrenzt wird. Jeder Versuch, die eine Art sprachlichen Gehalts von der anderen methodisch zu isolieren, muss fehlschlagen. Sprachliche Verwendungen – und mit ihnen: Sprache überhaupt – ist durch eine Polarität von Graden der Ersetzbarkeit und Übersetzbarkeit ihrer jeweiligen Einheiten gekennzeichnet. Solange diese nicht erfasst wird, bleibt das Geschehen der Sprache unverstanden.

397. »Sprachliche Einheiten« aber sind nicht allein Wörter und Sätze, sondern auch Sprechweisen, Denkweisen, Schreibweisen und Texte aller Art. Wittgensteins Unterscheidung darf weder mit der Differenz von wörtlicher und nicht wörtlicher Sprachverwendung *gleichgesetzt* (Nr. 159) noch auf einen strikten *Gegensatz* buchstäblicher im Unterschied zu figürlicher, poetischer oder fiktionaler Rede reduziert werden. Dagegen spricht die in Nr. 129–141 besichtigte rhetorische Instrumentierung aller Sprachverwendung und

mit ihr der Umstand, dass ihr mit purifizierten Gegenüberstellungen nicht beizukommen ist.

398. Diese performative Dimension des Sprachgebrauchs erinnert daran, dass sich die Signifikanz sprachlicher Formen aus ihrer Stellung innerhalb der jeweiligen Funktionen und Genres der Rede ergibt. Ob und in welchem Maß sprachliche Einheiten diese oder jene Funktion erfüllen, ergibt sich nicht allein daraus, ob ihre Verwendungen eindeutig oder mehrdeutig, beschreibend oder bewertend, faktual oder fiktional, buchstäblich oder bildlich operieren, sondern erst dadurch, in welchem Maß, in welchem Verhältnis, mit welcher Ausrichtung und in welcher Vielfalt sie dies tun.

399. Es ist die auch analytisch nicht stillzustellende Spannweite der Sprache, auf deren unvoreingenommener Erkundung die in I.2 vorgestellte »revisionistische« Partei besteht. Nicht entweder »Prosa« oder »Poesie« stellen den Grundbegriff der Sprache bereit. *Zusammen* stehen die überlieferten Begriffe für den Spielraum der Sprache ein. Die so verstandene *Polarität* von »Prosa« und »Poesie« gehört zum *Grundbegriff* einer jeden Sprache. In diesem Sinn hat sie bei meiner »Übersetzung« des Gedankens von PU 531 in Nr. 154 Pate gestanden. Nicht Priorität und Nachrangigkeit, sondern Polarität und Parität regieren im Bereich der Sprache.

400. Wittgensteins Insistieren auf einem weiten Begriff der sprachlichen Bedeutung und ihres Verstehens enthält drei kritische Thesen.
i. Es besteht kein *performativer* Vorrang eines »logischen« gegenüber einem »rhetorischen« Sprachgebrauch.

ii. Es besteht kein *funktionaler* Vorrang des ersten gegenüber dem zweiten der in PU 531 unterschiedenen Pole der Rede.
iii. Es besteht kein *logischer* Vorrang des ersten Pols gegenüber dem zweiten (und deshalb auch kein *methodischer* Vorrang bei ihrer theoretischen Untersuchung).

401. Jede dieser kritischen Thesen hat eine konstruktive Kehrseite; jede hebt einen interdependenten Zusammenhang sprachlichen Gehalts und Verstehens hervor – Grundverhältnisse der Sprache, die nur zusammen analysiert werden können.

402. i. Sprachliches »Sagen« und »Zeigen« gehen – wenn auch mit sehr unterschiedlicher Gewichtung – zusammen. Sprachliche Vollzüge unterliegen einer Dramaturgie, die Teil der Bedeutung der jeweiligen Äußerungen und Genres der Rede ist. Erst die Anerkennung dieses inneren Zusammenhangs macht denjenigen Vorrang verständlich, der *entweder* dem Sagen *oder* dem Zeigen (einem »Zeigen im Dienst eines Sagens« und einem »Sagen im Dienst eines Zeigens«) zukommen kann, ebenso wie die vielen Formen der Umgangssprache, in denen kein solcher Vorrang besteht. So oder so: Das Gefälle oder Gleichgewicht zwischen Sagen und Zeigen sind als Fälle ihrer Wechselwirkung zu begreifen.

403. ii. Die beiden von Wittgenstein unterschiedenen Arten sprachlichen Gehalts verhalten sich komplementär zueinander. Primär sachbestimmender steht primär sichtbestimmende Rede gegenüber. Zusammen eröffnen sie ein weites Spektrum der Artikulation, das – wiederum: in vielen Arten und Graden – kontrastive ebenso wie simul-

tane Aktualisierungen dieser Modulationen ermöglicht. Sprachliches Tun vollzieht sich als eine Interaktion dieser Weisen des Ausdrucks und der Kommunikation.

404. iii. Die Begriffe der Grundfunktionen der Rede können ebenso wie diejenigen der Ersetzbarkeit und Nicht-Ersetzbarkeit des in ihnen zur Sprache Kommenden nur wechselseitig erläutert werden. Sprachliches Meinen und Verstehen bewegt sich jederzeit durchweg *inmitten* der von Wittgenstein markierten Polarität, deren Dynamik durch das fundamentalistische Postulat *einseitiger* Abhängigkeiten verfälscht wird. Die Aufhebung dieses Postulats macht den Platz frei für die Erkenntnis, »daß das Reich einer lebendigen Sprache, Demokratie ist«.

Auf der Kippe

405. Generalisierende Thesen dieser Art finden sich bei Wittgenstein nicht. Insofern ist meine Aneignung der Hinweise von PU 531 auch eine Enteignung. Anders kann es kaum sein. Die resümierenden Thesen sind das Ergebnis einer kommentierenden und interpretierenden Auslotung dieses einen Paragrafen und seiner Stellung innerhalb des Buchs. Übersetzen heißt auch hier, das Original in andere Worte und eine andere Sprache zu versetzen – zugunsten einer Auslegung, die zwar nicht immer seinem Buchstaben, aber doch seinem Geist entgegen kommt.

406. Dieser Geist hat seinen Ort in der Form der PU. Sagen und Zeigen halten sich in ihrem Stil die Waage. Fortwäh-

rend versichert sich der Text der Perspektiven, aus denen die »volle Sprache« in den Blick genommen werden kann. Damit sie in Sicht kommen kann, muss der Text Sichtweisen herstellen und vergegenwärtigen, die das, worauf es ankommt, zu erkennen erlauben. Wittgenstein zeigt, was er tut und tut, was er zeigt. Deswegen kann sich eine Interpretation der PU (und anderer Texte Wittgensteins) nicht auf einzelne ihrer Sätze oder Paragrafen beschränken. Sie muss auf den Duktus und Rhythmus ihrer Anordnung achten, gerade wenn sie einzelne Sequenzen auf ihre Konsistenz und Konsequenz hin überprüfen will. Das Hin und Her, das Vor und Zurück, die Konfiguration der Gedankensplitter und Denkbilder sind dabei ein wesentlicher Teil der Argumentation, von dem sich eine auslegende Übertragung nur emanzipieren darf, nachdem sie sich ihr ausgesetzt, nicht aber unterworfen hat.

407. Diese Stillage ist so ungewöhnlich nicht. In seinen sprachphilosophischen Exerzitien führt der junge Herder mit expressiver Kraft die Varietäten des Sprachgebrauchs vor, denen er ein volles Bürgerrecht im »Reich der Sprache« verschaffen will. Analog verfährt Derrida in seiner Auseinandersetzung mit Austin und Searle. Die Volten, die er dort schlägt, haben ebenfalls den Sinn, nicht nur zu sagen, sondern mit simultaner Geste zu zeigen, wie sehr der Gebrauch der Sprache immer bereits über die Grenzen ihrer vermeintlichen Standardformen hinaus geht und hinaus ist. Derartige Verflechtungen von Thematisierung und Vergegenwärtigung, Ausführung und Vorführung, Argument und Arrangement finden sich auch bei Nietzsche, Adorno, Stanley Cavell oder Roland Barthes. Das von ihren Texten Repräsentierte ist von der Art ihrer Präsentation nicht zu trennen.

408. Oszillierende Schreibweisen dieser Art sind an kein bestimmtes Thema gebunden. Sie können überall in der Philosophie aktiviert werden, sei es durchgängig, sei es lediglich intermittierend. Vielleicht bewegt sich alle originäre Philosophie seit Platon – wenigstens dann und wann – auf diesem Grat. Das philosophische Schreiben hat die Lizenz, auf der Kippe zwischen Sagen und Zeigen zu operieren. Ob es diese Option ergreift, steht ihm frei.

409. Wittgenstein jedenfalls hat diese Option ohne Reserve (wenn auch, sofern man ihm Glauben schenkt, wider Willen) ergriffen. Trotzdem bleiben die *Philosophischen Untersuchungen* ein Sonderfall. Sie bewegen sich nicht allein auf dem Grat zwischen Philosophie und Literatur, sie *sind* ein veritables Stück Literatur. Das Buch kann im Ganzen als eine Vergegenwärtigung des Denkprozesses gelesen werden, der zu dem Text geführt hat, den seine Leserschaft vor sich hat. So gelesen, gehört es in die Tradition der modernen Bewusstseinsliteratur von Proust, Musil über Woolf bis hin zu Beckett und Bernhard. So gelesen, löst es keine philosophischen Probleme, enthält keine Theorie oder Therapie, zeigt nicht den einen rechten Weg des Denkens, sondern »sagt sich selbst«. Es führt eine unabgeschlossene und unabschließbare Denkbewegung vor Augen, die zu gedanklichen Haltepunkten nur gelangt, um sie hinter sich zu lassen.

410. Darum können die PU *entweder* als ein veritables Stück Literatur *oder* als ein veritables Stück Philosophie gelesen (oder im Wechsel zwischen beiden Lesarten genossen) werden. Eine auslegende Aneignung ihres *philosophischen* Gehalts jedoch muss den *literarischen* Gehalt des Buchs »verletzen«. Denn hier geht es darum zu ermitteln,

ob, inwieweit und inwiefern der Autor mit seinen Betrachtungen recht hat – sowohl mit der Art seiner Betrachtung als mit den Gedanken, zu denen diese ihn führt. Die philosophische Behandlung eines derart philosophischen *und* literarischen Texts muss den einmaligen Fluss seiner Gedanken und Gesten bis zu einem gewissen Grad auf sich beruhen lassen.

411. Von solchen Ausnahmefällen abgesehen aber bleibt die Philosophie, wie Albrecht Wellmer schreibt, »das Paradigma einer diskursiven Praxis, bei der es vor allem um den *wahrheitsermöglichenden Hintergrund* unserer gewöhnlichen Wahr-falsch-Unterscheidungen geht. Insofern zeigt sich in der Philosophie in paradigmatischer Weise, inwiefern der gewöhnliche Streit um die Wahrheit *potentiell* immer auch schon ein Streit um die Sprache ist, in der wir über die Wahrheit streiten. [...] Wenn aber wahre Überzeugungen letztlich nur auf dem Hintergrund eines richtigen Verständnisses von etwas, eines angemessenen Vokabulars, angemessener begrifflicher Unterscheidungen möglich sind, dann ist der Streit um Verständnisse, Sichtweisen, Vokabulare oder Begrifflichkeiten immer auch zugleich ein Streit um die Wahrheit. *Deshalb* – und nicht, weil man Verständnisse, Vokabulare und Texte in einem *wörtlichen* Sinne wahr nennen kann – macht auch die Rede von der Wahrheit von Texten Sinn.« Diese beiden Dimensionen sprachlicher Stimmigkeit befinden sich in stetiger Interaktion. »Und das gilt nicht nur für philosophische Texte. Weil vielmehr der Streit um die Wahrheit potentiell immer auch schon ein Streit um die Sprache ist, in der wir über die Wahrheit streiten, gilt die Interdependenz von richtigen Verständnissen und wahren Überzeugungen ganz generell.« (Wellmer 2004, 466 f.)

412. Insofern handelt es sich bei dem Ineinanderspiel sprachlicher Kräfte und Mächte um weit mehr als nur eine Finesse des philosophischen Denkens, Schreibens und Verstehens. In der Umgangssprache – in den Vollzügen der Rede, in denen es für Herder auf eine »behagliche Prosa« ankommt – ist die »Option« einer synchronen Verbindung von sagender und zeigender Rede weit mehr als nur das. Sie ist der vielgestaltige Normalfall der Konversation und Kommunikation, wie er in den mittleren Bereichen zwischen den von Wittgenstein unterschiedenen Polen liegt. Hier geht es aus der Warte einer hierarchisch angelegten Sprachauffassung in einer Weise drunter und drüber, die jedem Versuch einer theoretischen Begradigung spottet. Eben dieses Gewimmel und »Gewinkel« aber macht das Zentrum des sprachlichen Lebens aus, weswegen sich das Geschehen der Sprache eigentlich immer auf einer Kippe bewegt, nicht anders als eine Untersuchung, die ihm auf die Spuren zu kommen versucht.

III. Nachbetrachtungen

Die Sprache aus der Interaktion ihrer Gebrauchsweisen heraus zu bedenken – das ist die Empfehlung, die Wittgenstein im Einklang mit der von Herder und Humboldt begründeten Tradition bereit hält. »Eine Menge wohlbekannter Pfade« führen von hier aus »in alle Richtungen« (PU 534). Diese sollen jetzt nicht mehr begangen, sondern nur noch angezeigt werden: durch mal thetische, mal gestische Wegweiser in dem Gebiet, durch das sich eine von Einzäunungen ungehinderte Philosophie der Sprache bewegt.

Nur nicht vom gewundenen Weg abkommen.

Sprache macht uns mit der Weite des Wirklichen bekannt. Sie hält die Gegenwart für Vergangenheit und Zukunft offen. Sie lässt empfinden, wie sonst nicht zu empfinden, fühlen, wie sonst nicht zu fühlen, denken, wie sonst nicht zu denken, und handeln, wie sonst nicht zu handeln wäre. Sie lässt uns miteinander vertraut und füreinander fremd werden, wie es sonst nicht zu haben wäre. Sie lässt uns versprechen und verzeihen, lügen und betrügen, zweifeln und verzweifeln. Mehr kann man nicht verlangen.

Eine Theorie der Sprache ist kein Versuch über die Sprache allein. Sie erinnert an das widerspenstige Zusammenspiel menschlicher Fähigkeiten, das es ohne Sprache nicht gäbe, obwohl es sich beileibe nicht auf sprachliche Vollzüge beschränkt. Sich auf Sprache zu verstehen, ist das Betriebssystem der »komplizierten Lebensform« (PU II, 489) der Menschen, aber ihr Kennen und Können geht in dieser Art des Verstehens nicht auf.

Gesten

Sprache weist immer schon über sich hinaus. Sie ist auch dort im Spiel, wo man nichts von ihr hört oder sieht.

Spiele der Sprache werden nicht nur mit Worten gespielt.

Sprache in der Mitte der Weltbezüge aufzusuchen, die sich mit ihr ausformen, darf nicht bei einer Erkundung lediglich verbaler Praktiken stehen bleiben.

Für die Ursprungstheoretiker des 18. Jahrhunderts und ihre späteren Nachfolger kommt der Gebärde eine entscheidende Rolle bei der Sprachentstehung zu. Mit Gebärden verbundene Laute lösen sich nach und nach voneinander, wodurch die Laute zu Zeichen werden, die eine Bedeutung unabhängig vom situationsgebundenen gestischen Ausdruck gewinnen und einen Beitrag zur Gliederung zunehmend komplexer Äußerungen leisten. Auch in entwickelten Sprachen führt dies nicht zu einer durchgängigen Separierung von Wort und Gebärde. Im Gegenteil: Das nonverbale gestische und mimische Repertoire erweitert sich zusammen mit dem gestischen und klanglichen Repertoire der mündlichen wie der schriftlichen Rede.

»Und so muß denn hier«, schreibt Merleau-Ponty diese Erzählungen fort, »der Sinn der Worte letzten Endes durch die Worte selbst hervorgebracht sein, oder vielmehr genauer, deren begriffliche Bedeutung sich bilden auf Grund und aus ihrer *gestischen Bedeutung*, die ihrerseits der Sprache selbst immanent ist«. (PM 212 f.)

Leibgebundenes Ausdrucksverhalten wandert als sprachliche Geste in den Duktus der Rede ein; sprachliches Unterscheidungsvermögen differenziert das Spektrum des leiblichen Ausdrucks.

Die Vielfalt der synchronen und asynchronen Kombinationen von Sagen und Zeigen steigert sich exponentiell. Auch hiermit »ändert sich die Szene ganz«. Die *verbale* Interaktion von Sagen und Zeigen bleibt in der mündlichen Rede, aber nicht allein dort, mit derjenigen zwischen ihr und der *leiblichen* Kommunikation verbunden.

In der *Philosophischen Grammatik* notiert Wittgenstein:
»Es ist sonderbar: Wir möchten das Verstehen einer Geste als ein Übersetzen in Worte erklären, und das Verstehen von Worten als ein Übersetzen in Gesten.
Und wirklich werden wir Worte durch eine Geste und eine Geste durch Worte erklären.« (PG 42)

Sonderbar ist das Erklären einer leiblichen Geste durch Worte und umgekehrt deshalb, weil es sich um heterogene Arten des Ausdrucks handelt. Dennoch, konstatiert

Wittgenstein, kann das Erklären von Gesten oder Worten gelegentlich durch eine Art »Übersetzung« der einen in die andere Artikulationsweise erfolgen. Wenn mir jemand den Vogel zeigt oder mit der Hand vor den Augen hin und her fährt, liegen Übersetzungen wie »Du spinnst wohl!« oder »Du hast sie nicht alle!« bereit. Selbst in solchen Fällen aber kann die erläuternde Übersetzung den körperlichen Akt nicht ersetzen. Arten des Grüßens durch eine Verbeugung, durch Händeschütteln oder andere Arten der Berührung dagegen lassen sich gar nicht übersetzen, sondern lediglich umschreiben. Das kommunikative Austarieren von Distanz und Berührung bleibt an das leibliche Agieren gebunden. Seine Facetten kann eine verbale Paraphrase nur so unzureichend erfassen wie eine buchstäbliche Paraphrase den Sinn figürlicher Rede.

Umgekehrt verhält es sich ähnlich. Sätze wie »Ist mir doch egal« oder »Bin ich Jesus?« können durch ein Schulterzucken oder durch trotzig verschränkte Arme verdeutlicht werden, ohne jedoch dasselbe zu sagen.

Deshalb fährt Wittgenstein fort:
»Andererseits sagt man »ich verstehe diese Geste« in dem Sinn wie: »ich verstehe dieses [musikalische, M.S.] Thema«, »es sagt mir etwas«, und das heißt hier: ich folge ihm mit einem bestimmten Erlebnis.« (PG 43)
Einer Geste gleich welcher Art zu »folgen«, bedeutet, diese *als* Geste aufzufassen und entsprechend auf sie zu reagieren. Dieses »Erleben« der Geste kommt ohne Übersetzung aus; in ihm liegt das Verstehen.

Unsere Körper sprechen, ob wir es wollen oder nicht.
Unsere Stimmen klingen, ob wir es merken oder nicht.

Stimmen

Stimmlagen der gesprochenen Sprache prägen, modifizieren oder unterminieren das mit ihr Gesagte auf unterschiedliche Weise. Der Sinn mündlicher Äußerungen hängt auch von ihrer lautlichen Ausführung ab. Je nach Intonation kann sich ein Versprechen in eine Drohung, eine Feststellung in ihr Gegenteil, ein Scherz in eine Beleidigung, artikulierte Rede in sinnfreies Lallen und wieder zurück verwandeln.

In seinem Dialog *Eupalinos oder der Architekt* lässt Paul Valéry die Figur des Sokrates sagen: »Das eigentlich Wirkliche einer Rede ist schließlich dieser Singsang; die Färbung einer Stimme, die wir zu Unrecht für Einzelheiten und Zufälle halten.« (Valéry 1973, 66)

Geschriebene Sprache nimmt ihrerseits Stimmlagen der gesprochenen auf und eignet sie sich auf ihre Weise an. Man lese nur Valérys oder einen anderen kunstgerechten Dialog. Tonarten des Schreibens können Worte mit zusätzlicher Bedeutung aufladen wie in Chandlers Satz, sie können eingefahrene Konnotationen konterkarieren wie in Brinkmanns Zersingen des Wortes »Süden« oder ihren Sinn gleich ganz verdrehen wie in Carrolls Nonsensgedicht *Jabberwocky*.

Artistische Operationen dieser Art machen das Klangspiel der Sprache auf besondere Weise hörbar. Die anderen Arten der Rede haben meist einen unauffälligeren, aber dennoch ihren eigenen *sound*.

Eine eigene Stimme zu haben und zu erheben, bedeutet, auf diesen Klaviaturen spielen zu können, wie es auch im gestischen und mimischen Repertoire der Gehörlosensprache möglich ist. Solch eine Stimme kann nur entwickeln, wer die Stimmen der anderen aufnehmen, auf sie eingehen, ihnen antworten und sich ihnen entgegenstellen kann.

Wer keine fremden Stimmen im Ohr hat, wird keine eigene finden.
Wer nur fremde Stimmen im Ohr hat, hat die eigene verloren.

In ihren Essay *Die Wiederholungsstimme. Über die Strafe der Echo* hat Petra Gehring diese Verhältnisse ex negativo erkundet. Dem antiken Mythos zufolge wurde die Nymphe Echo von Hera dazu verurteilt, die Endsilben aller an sie gerichteten Worte wiederholen zu müssen. Ihre Stimme wurde auf das fragmentarische Nachsprechen der Stimme der anderen beschränkt; sie hatte nicht einmal mehr Macht über ihr Schweigen. Angesichts dieses grausamen Schicksals stellt Gehring die Frage, »inwieweit eine solche Stimme noch eine Stimme ist – und inwieweit diejenige, die so reden muss, noch ein vernünftiges oder sogar ein lebendiges Wesen sein kann, verstehen wir nämlich ›Lebendigkeit‹ als die Möglichkeit, eine aktive, das Anerkennungsspiel des Kommunizierens überhaupt noch *mitspielende* Position zu haben.« (Gehring 2019, 83–108, 95)

Dieses Mitspielen besteht darin, an den Varietäten der Sprache und ihrer Sprecherinnen in eigener Variation teilzuhaben und hierbei den anderen ein mitsprechendes Gegenüber zu sein. Mit Worten hantieren, mit Gebärden reden, mit Stimmen gestikulieren – diese sich überkreuzenden

Wege stehen einer ungezwungenen Bewegung im Echoraum der Sprache jederzeit frei.

Mündliche, von Angesicht zu Angesicht geführte Konversationen sind der Nährboden des Austauschs und der Erzeugung sprachlicher und nicht sprachlicher Bedeutsamkeit und Bedeutung. Auf diesem Boden wachsen selbst die Werke der Künste und Wissenschaften, so sehr diese sich von dem Parlando alltäglicher Unterhaltungen entfernen. In der schriftlichen Kommunikation, je lebendiger sie ausfällt, hallen die Stimmen und Stimmungen der mündlichen nach.

Musik

Die Resonanzen der Sprache erstrecken sich überallhin – auch in die Sphäre der nicht sprachlichen Künste. Wittgensteins häufig gezogene Analogien zwischen Musik und Sprache heben das hervor. Sie haben einen zweifachen Sinn: Sie verdeutlichen die Dimensionen des gestischen und lautlichen Zeigens innerhalb der wortsprachlichen Kommunikation und zugleich die Verwandtschaft musikalischer Verläufe mit den Kompositionen eines begrifflichen Sagens.

»Das Verstehen der Musik ist weder eine Empfindung, noch eine Summe von Empfindungen. Es ein Erlebnis zu nennen, ist aber dennoch insofern richtig, als *dieser* Begriff des Verstehens manche Verwandtschaft mit anderen Erlebnisbegriffen hat. Man sagt »Ich habe diese Stelle diesmal ganz anders erlebt«. Aber doch sagt dieser Ausdruck ›*was geschah*‹ nur für den, der in einer besonderen, diesen Situationen angehörenden Begriffswelt zu Hause ist.« (Z 305)

Das ihr Geschehen mitvollziehende Hören von Musik verlangt Fähigkeiten des Unterscheidens und damit die Kenntnis von Unterscheidungen, wie sie außerhalb der Musik bereitliegen.

»Weist das Thema auf nichts außer sich? Oh ja! Das heißt aber: – Der Eindruck, den es mir macht, hängt mit den Dingen in seiner Umgebung zusammen – z. B. mit unserer Sprache und ihrer Intonation, also mit dem ganzen Feld unserer Sprachspiele.
Wenn ich z. B. sage: Es ist, als ob hier ein Schluß gezogen würde, oder, als ob hier etwas bekräftigt würde, oder, als ob *dies* eine Antwort auf das Frühere wäre, – so setzt mein Verständnis eben die Vertrautheit mit Schlüssen, Bekräftigungen, Antworten voraus.« (Z 307 f.)

PU 535: »Was geschieht, wenn wir lernen, den Schluß einer Kirchentonart als Schluß zu *empfinden*?«

Diese Bemerkungen verweisen auf die innere, durch nichts substituierbare Stimmigkeit musikalischer Prozesse und musikalischen Sinns, deren Vernehmen und Beurteilung ohne ein Vertrautsein mit den Arten der Schlüssigkeit und Stimmigkeit sprachlicher Prozesse nicht möglich wäre. Nur eingebettet in das »ganze Feld unserer Sprachspiele« gewinnen die Spielarten der Musik ihre unverwechselbare Stellung.

Musik, das akzentuiert Wittgensteins Begriff ihres »Erlebens«, ist eine Darbietung menschlichen Bewegtseins oder Bewegtseinkönnens, die ihre Hörerinnen auf eine eigene Weise bewegt. Dieses Sichbewegenlassen ist alles andere als beliebig. Es folgt der klanglichen und rhythmischen Artikulation der musikalischen Bewegung in einem Modus des Verstehens.

»Du redest doch vom *Verstehen* der Musik. Du verstehst sie doch, *während* du sie hörst! Sollen wir davon sagen, es sei ein Erlebnis, welches das Hören begleitet?« (Z 304)

So aber sollte man nur reden, wenn das hörende Dabeisein als eine Form der *Aufnahme* des Gehörten begriffen wird. Dann handelt es sich um »charakteristische« Begleitvorgänge, die konstitutiv für die Wahrnehmung des Charakters der musikalischen Darbietung sind. (II.97) Es ist dieses Mitgehen, das für Wittgenstein die primäre Form der musikalischen Erfahrung ist. »Das Erlebnis ist diese Stelle, so gespielt (*so*, wie ich es etwa vormache; eine Beschreibung könnte es nur *andeuten*).« (PU II, 503)

Die Zeichen eines derartigen Verstehens sind ebenso vielfältig wie die Möglichkeiten der Erläuterung musikalischer Prozesse. Konzentriertes Hinhören, Vormachen, Nachmachen, Mitsummen oder -brummen (sogar bei ihrer Ausübung, wie im Spiel von Pablo Casals und Glenn Gould), Mitsingen, wenn sie mit Worten verbunden ist, leibliches Mitbewegen, Tanzen – all das bereits sind Formen des Eingehens auf den musikalischen Verlauf. Auch kann Musik durch Musik ausgelegt werden – etwa durch Transpositionen, *cover versions*, Improvisation über Standards und weitere Arten der Anverwandlung.

Richtig ist aber auch: »Über einen feinen ästhetischen Unterschied läßt sich *Vieles* sagen.« (PU II, 561) Musik kann weit über ein bloßes »Andeuten« hinaus wortsprachlich kommentiert und interpretiert werden – durch Hinweise und Deutungen, die das Hören vielfältig instrumentieren. Mehr noch als beim gestischen Ausdruck oder der poetischen Rede aber kommt nichts davon einer Übersetzung nahe.

Das »in die Musik sich einmischende Sprechen«, führt Wellmer in seinem *Versuch über Musik und Sprache* aus, stattet ihr Vernehmen, sei es stillschweigend, sei es ausdrücklich mit Hinsichten ihres Aufnehmens aus. »Musik ist, wie alle Künste, an sprechende und reflektierende Tiere adressiert, und das Moment der Reflexion und Zusammenhangsbildung, das zur genuin musikalischen Erfahrung gehört, erschöpft sich nicht in der Unmittelbarkeit des Spielens oder Hörens.« (Wellmer 2009, 103)

Das Reden über Kunst gehört zu den Künsten dazu.

Musik spielt sich jenseits der Sprache, aber nicht in einem Jenseits der Sprache ab, so wie die Wortsprache sich diesseits der Musik, aber nicht ohne Berührung mit ihrem Singsang bewegt.

Es gehört zum Verstehen weit über die Musik hinaus, seine Objekte für sich bestehen und, sei es mit, sei es ohne Worte, »für sich selbst sprechen« zu lassen. Deshalb, sagt Aaron Ridley in *The Philosophy of Music*, ist »Wittgenstein's distinction« – diejenige in PU 531 – gerade mit Rücksicht auf die Musik von erheblicher Signifikanz. »If Wittgenstein is right (…) then the symbiotic relation between the two uses of ›understanding‹ will be characteristic, not only of understanding as it applies to language, but of understanding full stop.« (Ridley 2004, 167 u. 32)

Die Spiele der Musik partizipieren an denen der anderen Künste. »Die Musik«, schreibt Wellmer, »kann am vorgegebenen, außermusikalischen Sinn eine Dimension erschließen, durch welche dieser selbst in ganz neuer Beleuchtung und mit neuer Komplexität aufgeladen erscheint; umgekehrt können außermusikalische Sinn- und Erfahrungsgehalte eine innermusikalische Entwicklung des musikalischen Materials anstoßen. Es gibt in dieser Konstellation kein Erstes: Außermusikalischer Sinn und musikalisches Material sind gleichermaßen Determinanten wie Resultate eines komplexen Prozesses, in dem sich die Medien der verschiedenen Künste teils nach ihrer eigenen Logik und teils nach einer Logik wechselseitiger Inspiration, wechselseitiger Korrespondenz und auch wechselseitiger Subversion entwickeln.« (Wellmer 2009, 27 f.)

Künste

Keine der Künste steht unter den Künsten allein, keiner unter ihnen kommt ein Primat zu, alle haben sie Affären miteinander und handeln ihre Differenzen immer wieder anders aus. Die nicht sprachlichen Künste führen die Sinnlichkeit der Sprache über die Sprache hinaus; die sprachlichen nehmen die Sinnlichkeit der nicht sprachlichen auf; die sprachlichen wie die nicht sprachlichen Künste bringen Intensitäten des Ausdrucks hervor, die auf keines ihrer Elemente zurückzurechnen sind.

In der freihändigen Verfilmung von *The Long Good-bye* (USA 1973) von Robert Altman kommt kein Swimmingpool vor. Leere oder gefüllte Swimmingpools, in oder an denen ein Mord geschehen ist oder geschehen zu sein scheint, sind dennoch ein Topos im Kino: so in Billy Wilder, *Sunset Boulevard* (USA 1950), Jacques Deray, *La Piscine* (Frankreich 1969), François Ozon, *Swimming Pool* (Frankreich 2003) oder Luca Guadagnino, *A Bigger Splash* (Frankreich-Italien 2015). Der Film *The Ice Storm* von Ang Lee (USA 1997) verweilt für 72 Sekunden bei einem leeren, winterlich verlotterten Swimmingpool, in dem zwei verlorene Jugendliche sich zaghaft küssen. In ihrer Serie *Pool Without Water* (Svarbova 2017) hat die Fotografin Maria Svarbova die Kälte blitzblanker, atmosphäreloser Hallenbäder ausgelotet, Bilder, die beinahe so aussehen als wären es fotografierte Papiermodelle von Thomas Demand. Je auf ihre Weise strafen diese bildlichen und klangbildlichen Imaginationen das Wellness verheißende Poolversprechen Lügen – in einem starkem Kontrast zu David Hockneys Gemälde *A Bigger Splash* (1967, Tate Britain), das dieses Versprechen wenigstens in einem Bild erfüllt.

Ob Bild, Bewegtbild, Musik, Tanz, Theater, Installation, Skulptur, Literatur oder Architektur: Die Künste stellen Konfigurationen menschlichen Selbstseins im Anderssein aus, stören sie auf, zeichnen sie nach und zeichnen sie vor, schreiben sie um und spielen sie in ihren Versuchsanordnungen durch. Sie gehen uns etwas an, weil sie ein fortwährendes Experiment damit vollziehen, was uns überhaupt etwas angehen kann. Künstlerischen Darbietungen zu folgen, ihrer inne zu werden, sich von ihnen mitnehmen zu lassen – darin liegt eine spezifische Form ihres Verstehens, ganz gleich, ob und in welchem Maß es von verbalen Charakterisierungen begleitet wird.

Die Beziehung zwischen der Pluralität der Künste und derjenigen der Sprache ist alles andere als gleichgültig. »Meine These war«, resümiert Wellmer am Ende seines Musikbuchs, »daß jedes Verständnis von Sprache unzureichend wäre, das neben der Wortsprache nicht auch die Wurzeln der musikalischen, bildlichen oder tänzerischen Ausdrucks- und Darstellungsformen in sich beschlösse. Die verschiedenen Medien hängen *in* der Sprache miteinander zusammen; auch wenn jedes seine eigenen, irreduziblen Gestaltungs- und Ausdrucksmöglichkeiten hat, gehört doch zu jedem einzelnen die latente Präsenz aller anderen, nicht zuletzt auch der Wortsprache, die ihrerseits durch eine latente Intermedialität zu kennzeichnen wäre.« (Wellmer 2009, 323)

Die sei es latente, sei es manifeste Kommunikation der nicht sprachlichen mit den sprachlichen und der sprachlichen mit den nicht sprachlichen Künsten sowie beider Kommunikation mit der nicht künstlerischen Rede verweist auf die Verfassung der Sprache im Ganzen. In der Interaktion der Künste spiegelt sich diejenige der heterogenen Formate und Formen der Wortsprache. Sie spiegelt sich darin, dass es hier wie dort »kein Erstes« gibt, von dem her sich alles Weitere aufschlüsseln ließe. Insofern kann die egalitäre Interaktion der Künste als ein Modell für den gestische, klangliche und begriffliche Ausdrucksformen durchmischenden Vielvölkerstaat der Sprache angesehen werden.

Vernehmen

Das Spielfeld der Künste ist bloß eines unter den Feldern des menschlichen Gewahrseins, in denen die Wortsprache auch dort mitspielt, wo sie keine Hauptrolle spielt. Sprache enthält Weltkenntnis, aber Weltkenntnis geht nicht in Sprachkenntnis auf.

Das phänomenale Bewusstsein empfindender Lebewesen ist nicht sprachlich verfasst. Lust und Schmerz, Wohlgefühl und Unbehagen sind Zustände des Verspürens, die »für sich selbst sprechen«, eben weil sie überhaupt nicht sprechen. Bei denen jedoch, die sich an der Hand der Sprache durch die Wirklichkeiten ihres Lebens bewegen, ist das Bewusstsein dieser Zustände oft von Kennzeichnungen infiltriert, die die Qualität ihres Vernehmens verändern. Freude kann von Vorfreude, Erwartung von Zuversicht und Hoffnung (PU 574–587), Verliebtsein von purer Begierde, Vorgeschmack von Nachgeschmack, harmloser Kopfschmerz von aufkommender Migräne, Zwiebelgeruch von Kaffeeduft, Samt von Kordsamt unterschieden werden. Das Aufmerken auf tausenderlei Unterschiede, die hier gemacht werden können, modifiziert das Bemerken ebenso wie das Bemerkte.

Auch dort, wo das leibliche Spüren von prädikativen Bestimmungen durchsetzt ist, bleibt das subjektive Sichanfühlen durch nichts ersetzbar. Jedoch kann es im leiblichen Ausdruck angezeigt, mit Worten beschrieben oder umschrieben und so auf eine Weise kommuniziert werden, die verlässliche Zuschreibungen und entsprechende Arten der Anteilnahme anderer möglich macht.

Wittgenstein kommentiert diese Verhältnisse so: »Ich kann der Empfindung des Anderen *so sicher* sein, wie irgend eines Faktums. Damit aber sind die Sätze »Er ist schwer bedrückt«, »25 x 25 = 625« und »Ich bin 60 Jahre alt« nicht zu ähnlichen Instrumenten geworden. Es liegt die Erklärung nahe: die Sicherheit ist von anderer *Art.* – Sie scheint auf einem psychologischen Unterschied zu deuten. Aber der Unterschied ist ein logischer.« (PU II, 569)

Um einen logischen Unterschied handelt es sich, weil die *Sätze* über das eigene Empfinden und dasjenige anderer einen anderen Status haben als Sätze der Mathematik oder biografische Auskünfte. Unterschiedliche Arten von Fakten werden auf unterschiedliche Arten erfasst. Weswegen Wittgenstein anfügt: »Die Art der Sicherheit ist die Art des Sprachspiels.«

Die Art der Sicherheit unterschiedlicher Arten von Gedanken bedeutet nicht, dass das, wovon hierbei die Rede ist, selbst von der Art eines Sprachspiels sein müsste. Sprache kreist nicht um sich selbst; sie bezieht sich auf alles, worauf man sich mit Worten beziehen kann, einschließlich der Worte, mit denen dies geschieht.

Anders als Empfindungen geben Gefühle spontane Einschätzungen von Objekten und Situationen. Sie sind intentional auf Umstände gerichtet, die als entgegenkommend oder abweisend, erfreulich oder bedrohlich, liebens- oder hassenswert verbucht werden. Sie melden, dass die Luft rein, dass Gefahr im Verzug ist, dass Zuversicht oder Zweifel, Vertrauen oder Misstrauen – oder beides – angebracht ist.

Gefühle sind Arten der Auffassung dessen, was sie veranlasst und worauf sie sich beziehen. In einer verstetigten Form werden sie in Gestalt von Intuitionen zu Instanzen sedimentierter Erfahrung, die dem Verhalten bis auf Abruf eine vorreflexive Orientierung bieten.

Affektive Reaktionen haben oft einen propositionalen Gehalt. Sie enthalten Urteile über Sach- und Lebenslagen, die sprachlich explizit gemacht und damit in reflexiver Einstellung zur Disposition gestellt werden können. Dann steht zugleich die zwar paraphrasierbare, aber nicht in Worte zu transponierende Qualität des Gefühls auf dem Spiel; es steht in Frage, ob man ihm trauen darf oder sollte. Gefühle können in einer Weise in Zweifel gezogen werden, wie es bei der Faktizität von Empfindungen nicht möglich ist.

Das Wie des Fühlens und das Was des Gefühlten können innerhalb der Emotionen und erst recht zwischen ihnen in einen Widerstreit geraten.

Die Wahrnehmung durch die Sinne ist gleichermaßen doppelt disponiert. Episoden der Wahrnehmung erschöpfen sich nicht in Konstellationen oder Kaskaden einer begrifflich instrumentierten Wahrnehmung-*dass*. Ihr unvermeidliches Komplement hat die Form einer Wahrnehmung-*wie*: das Gewahrsein einer Fülle von Aspekten und Nuancen des jeweils Wahrgenommenen, die nicht zugleich – oder überhaupt nicht – begrifflich fixiert werden können.

Der Sound der Trompete von Miles Davis, den ich überall heraushöre; das von Nebel umfangene Sonnenlicht über dem See; die Konfiguration der Kommenden, Gehenden und Wartenden auf einem Bahnsteig usf.: Kaum ein Feld der Wahrnehmung wird allein im Modus einer Wahrnehmung-*dass* erschlossen; jedes eröffnet sich zusammen mit aktuellen oder potenziellen Prozessen einer Wahrnehmung-*wie.* Gegenüber einem Wahrnehmen-dass können diese in unterschiedlichem Maß in den Vordergrund treten, bis zu dem Punkt, an dem man sich ihnen um ihrer selbst willen überlässt. Das geschieht, wenn unsere Aufmerksamkeit bei der Momentaneität und Simultaneität des jeweils Erscheinenden verweilt. Eine derartige Verselbständigung des Wahrnehmens-*wie* ist die Eintrittskarte in Sphäre ästhetischer Wahrnehmung.

Dieser Wahrnehmungsmodus ist eine Mitgift des begrifflichen Vermögens, das es erlaubt, einen Gegenstand, eine Szene, eine Situation, ein Geschehen herauszugreifen, um der Besonderheit ihrer oft synästhetischen Präsenz anschauend inne zu werden. Im Verzicht auf eine von Begriffen geleitete theoretische und praktische Verfügung konzentriert sich das Vernehmen auf die inkommensurable Gegenwart der fraglichen Phänomene.

Ein solches Innehalten ist nur temporär möglich. Denn für das sonstige Tun ist beides, das Begreifen und Zugreifen, das bestimmende Sichfestlegen und Sichausrichten unerlässlich.

»Der Geist«, notiert Hegel, »ist das Denken überhaupt, und der Mensch unterscheidet sich vom Tier durch das Denken. Aber man muß sich nicht vorstellen, daß der Mensch einerseits denkend, andererseits wollend sei und daß er in der einen Tasche das Denken, in der anderen das Wollen habe, denn dies wäre eine leere Vorstellung. Der Unterschied zwischen Denken und Willen ist nur der zwischen dem theoretischen und praktischen Verhalten, aber es sind nicht etwa zwei Vermögen, sondern der Wille ist eine besondere Weise des Denkens: das Denken als sich übersetzend ins Dasein, als Trieb, sich Dasein zu geben.« (Hegel 1970c, 46 f.)

Theoretische und praktische Orientierungen sind ebenfalls doppelt konfiguriert. Wissen-*wie* und Wissen-dass, sich *auf* etwas zu verstehen und *etwas* zu verstehen, gehören in Vollzügen des Erkennens und Handelns zusammen. Wissen verlangt Handeln und Handeln verlangt Wissen: sowohl in der Form eines *knowing how* als auch eines *knowing that.* Ohne ein unproblematisches Können, ohne Gewandtsein und Bewandertsein in diesem und jenem wären Denkende und Handelnde nicht in der Lage, eigene Überzeugungen und Ziele zu haben, zu ihnen zu stehen und ihnen zu folgen. Sie wären ihren Eingebungen und Antrieben überlassen, ohne sie steuern zu können. Sie hätten keine Gewohnheiten, die den Rückhalt ihres Sinnens und Trachtens bilden. Sie wären nicht in einer Welt zugange, in der Wissen auf Können und Können auf Wissen beruht.

Nicht alle Arten von Gedanken kommen in Form von Sätzen daher. Gefühle können Gedanken enthalten, die nie zu einem Ausdruck finden. In vielen Handlungen manifestieren sich Überzeugungen, die nie gedacht worden sind. »Ein Satz, und daher in einem anderen Sinne ein Gedanke, kann der ›Ausdruck‹ des Glaubens, Hoffens, Erwartens, etc., sein. Aber Glauben ist nicht Denken. (…) Als ich mich auf diesen Stuhl setzte, glaubte ich natürlich, er werde mich tragen. Ich dachte gar nicht, daß er zusammenbrechen könnte.« (PU 574 f.)

Vieles wird geglaubt, ohne dass es je gedacht worden ist. »Macht alles, was uns nicht auffällt, den Eindruck der Unauffälligkeit? Macht uns das Gewöhnliche immer den *Eindruck* der Gewöhnlichkeit?« (PU 600) Nein: Viele gewohnheitsbedingte Annahmen fallen als Annahmen genauso wenig auf wie der Umstand, dass sie nicht auffällig werden. Sie mussten – oder müssen – nicht länger gemacht und also gedacht werden, um das Tun und Lassen zu grundieren.

Im Kontrast hierzu fährt Wittgenstein in PU 575 fort: »Aber: »Trotz allem, was er tat, hielt ich an dem Glauben fest, …« Hier wird gedacht, und etwa immer wieder eine bestimmte Einstellung erkämpft.« In diesem Fall findet ein ausdrücklich mit sich zu Rat gehendes – oder mit sich ringendes – Überlegen statt, von dem es bei Wittgenstein heißt, »die Sprache selbst ist das Vehikel des Denkens«. (PU 329)

Nicht jede Art des Denkens aber bewegt sich auf diesen Bahnen. Das berührt Wittgenstein, wenn er sagt: »Gedankenloses und nicht gedankenloses Sprechen ist zu vergleichen dem gedankenlosen und nicht gedankenlosen Spielen eines Musikstücks.« (PU 341) Das »nicht gedankenlose« Spielen von Musik wird genauso wenig von einer Abfolge sprachförmiger Gedanken begleitet sein wie ein gedankenreiches Komponieren.

Die Hälfte eines langen Satzes bei Proust beschreibt die Arbeitsweise des fiktiven Komponisten Vinteuil. »Eine Stimme, jene Stimme Vinteuils, die von der Stimme anderer Komponisten durch einen weit größeren Unterschied getrennt ist, als wir ihn zwischen den Stimmen zweier Personen oder sogar zwischen dem Brüllen und dem Schrei zweier Tierarten wahrnehmen; ein wirklicher Unterschied, jener nämlich zwischen dem Denken irgendeines Musikers und dem ewigen Forschen Vinteuils, der Frage, die er sich unter unzähligen Formen stellte, seiner gewohnten Art der Spekulation, die aber so befreit war von analytischen Formen des Denkens, als übe er sie in einer Welt der Engel aus, so daß wir ihre Tiefe zwar ermessen können, aber sie ebensowenig in die menschliche Sprache zu überführen vermögen, wie vom Körper längst befreite Geister es könnten, wenn sie von einem Medium beschworen und nach dem Geheimnis des Todes befragt werden.« (Proust 2011 V, 364)

Wenn es ein Denken gibt, das sich von seinen »analytischen Formen« weitgehend entbindet, dürfen Denkprozesse nicht generell mit sprachlichen Gedankenprozessen gleichgesetzt werden. Selbst ein ausdrücklich sprachliches Räsonieren spielt sich nicht allein im Medium verbalisierter Gedanken ab.

Prozesse des *Überlegens* sind nicht mit den *Überlegungen* identisch, auf die sie sich implizit oder explizit stützen und in die sie münden.

In der Reichweite des sprachlich instrumentierten Denkens gedeiht dasjenige Denken, das sich nicht oder nicht nur auf den Bahnen der Sprache bewegt. Insofern ist Wittgensteins Satz, die »Sprache selbst« sei »das Vehikel des Denkens« sowie auch seine Bemerkung in der *Philosophischen Grammatik*: »*In der Sprache* wird alles ausgetragen.« (PG 143) ebenso mit Vorsicht zu genießen wie Humboldts in I.3 kritisierte Behauptung, man könne sich Sprache und Denken »nie identisch genug denken.« Bedacht kann auch handeln, wer sich gar nichts dabei gedacht hat.

Handeln

Handlungen im Sinn eines wissentlichen Beabsichtigens und Tuns gibt es allein in der Welt des Handelns – in einer sozialen und kulturellen Welt, in der Handlungen von Handelnden *als* Handlungen beschrieben und beurteilt werden.

Diese Zuschreibungen sind wahr oder falsch je nachdem, ob die Ereignisse, um die es geht, deswegen eingetreten sind, weil die Betreffenden dies und jenes wussten und wollten, weil es aus ihrer Sicht angebracht war, sich so oder anders zu verhalten, weil es den Versuch wert schien, weil sie zu ihrem Tun angestachelt, in ihm unterbrochen, von ihm abgelenkt wurden oder ihnen das Intendierte aus anderen Gründen gelang oder misslang. An diesem Verständnis unserer selbst und der anderen führt kein Weg vorbei. Die Zurechnung einer Handlung ist allein aus der Perspektive derer möglich, die selbst Handelnde sind – die mit- und übereinander die Sprache des Handelns sprechen.

Das ist eine Sprache der äußeren und inneren Ursachen, die Handlungsmöglichkeiten aufgetan oder verstellt haben; es ist eine Sprache der Gründe, die für das Ergreifen oder Vermeiden von Optionen ausschlaggebend waren; es ist eine Sprache des Erzählens, die von kürzeren oder längeren Begebenheiten des Tuns und Widerfahrens berichtet.

So sehr diese Sprachen isoliert verwendet werden können, meist treten sie in Verschränkungen auf. Handeln kann und handelnd ist, wer sich von Gründen bewegen zu lassen vermag: Personen, für die die eigenen Gründe als Ursachen ihres Verhaltens wirksam sein können und es häufig auch sind. Eine Handlung als Handlung zu verstehen, bedeutet, zu erkennen oder wenigstens zu vermuten, welches die für ihren Vollzug verantwortlichen Gründe waren und wie es um ihre Rationalität bestellt gewesen ist.

Sobald es nicht um einzelne Handlungen, sondern um das Verstehen von Handlungsverläufen, mehr oder weniger ausgreifenden Tätigkeiten bis hin zu biografischen und geschichtlichen Entwicklungen geht, ist die Sprache des Handelns zugleich eine Sprache des Erzählens. Sie gilt dann den Umständen, mit denen Individuen oder Kollektive in ihrem Handeln zurechtkommen mussten, was ihnen dabei widerfahren ist und wie sie sich dazu verhalten haben. Diese Erzählungen können eher schildernd oder bewertend ausfallen; sie dienen der Rekonstruktion, Rechtfertigung oder Kritik eigenen oder fremden Handelns.

Handlungen größerer Reichweite, Episoden und Sequenzen des persönlichen und geschichtlichen Lebens verlangen danach, erzählt zu werden, weil sich die Verwicklungen dessen, was sich im Zuge des Erstrebten, Vorgefallenen und Erlebten ereignet hat, anders gar nicht nachvollziehen lassen. So sehr dies jeweils einmalige und meist unwiederholbare Bahnen sind, so sehr können sie plausibel oder verzerrend, beschönigend oder niedermachend, glaubhaft oder unglaubhaft wiedergegeben werden, je nachdem, auf welche Aspekte der durchlaufenen Situationen das Augenmerk gerichtet wird.

Die changierenden Verhältnisse von Geschehen und Vollbringen, Erwartbarem und Unerwartbarem, des Glückens und Scheiterns können nicht ein für alle Mal wiedergegeben werden, weil sie sich mit dem zeitlichen Abstand zu den Ereignissen für die Betroffenen wie für Dritte anders darstellen können.

Unerlässlich für das Selbstverständnis von Personen und Gemeinschaften sind die Varianten und Variationen des Erzählens auch deshalb, weil sie dafür geschaffen sind, das Was, das Wie und das Warum von Handlungs- und Lebensprozessen *zusammen* zu vergegenwärtigen.

Für dergleichen bedarf es – trotz ihrer Meriten in diesem Feld – keiner hohen Literatur. Die Alltagssprache hält alles Nötige bereit. Dass Salz statt Zucker in den Kuchenteig gerührt wurde, ist schon eine Geschichte wert; sie erklärt, warum kein genießbarer Kuchen zustande kam und malt das Entsetzen des Bäckers aus.

Von Erklärungen, Begründungen und Erzählungen ist der Möglichkeitsraum der Sprache ebenso durchsetzt wie von den übrigen der in diesem Buch besichtigten Ausdrucksformen. In Konversationen kommen viele von ihnen zusammen, überlagern einander und interagieren miteinander, weswegen auch sie ein Modell für das nie ruhende Stellwerk der Sprache bereitstellen. Ausrufe, Interjektionen, idiomatisches Sprechen, Gesten, Stimmen, Blicke, Distanznahme und Berührung, Zuspruch und Zurückweisung, Argumentation und Animation, Erinnern und Planen, Konstatieren und Phantasieren, Klagen und Klatschen – diese und viele weitere Modi der Kommunikation haben hier ihren Platz, während sie ihren Platz ständig wechseln.

Dieses Wechselspiel der Artikulation erweitert den Begriff des in I.4 vorgestellten bedeutungstheoretischen Holismus. Sagen und Zeigen, verbale und nonverbale Artikulation, diskursive und präsentative Rede arbeiten einander zu oder einander entgegen, umspielen einander und gehen unterschiedliche Verbindungen ein. Das im kommunikativen Umgang aufgeführte Konzert der nicht allein wortsprachlichen Ausdrucksmittel ist ein zentraler Schauplatz der alltäglichen Rede, an dem die Beteiligten, ob sie es wollen oder nicht, mit Leib und Seele Anteil nehmen.

Rationalität

Die systematische Auslegung von Wittgensteins Unterscheidung hat die Grunddisposition der Sprache als ein Zusammenspiel von sichtbestimmenden und sachbestimmenden Sprachfunktionen erläutert. Relationen des Wie und des Was machen den Sinn der Rede aus. *Wie* eine Sache gesehen, aufgefasst oder angegangen wird und *was* dabei gesehen, aufgefasst oder angegangen wird, wird in unterschiedlichen Gewichtungen gleichzeitig artikuliert.

Eine egalitäre Bedeutungstheorie spricht der Kraft von Gedanken nicht das Geringste ab. Im Gegenteil: Sie erweitert und bereichert den Begriff des Gehalts von Sätzen und der Rationalität ihres Gebrauchs.

Akzeptierbar oder nicht akzeptierbar können Gedanken, Sprechhandlungen und größere Einheiten der Rede auf vielfältige Weise sein. Auf ihre Weise richtig oder unrichtig, angemessen oder unangemessen, zulässig oder unzulässig, stimmig oder unstimmig, relevant oder irrelevant können alle Arten der Rede im Spektrum von Wittgensteins Unterscheidung sein.

Um Wahrheit kann es dabei in verschiedenen Hinsichten gehen. Die Wahrheit sachbestimmender Rede liegt in einer zutreffenden Thematisierung dessen, wie es sich mit etwas verhält, verhalten hat, verhalten wird, verhalten könnte oder verhalten soll. Die Wahrheit sichtbestimmender Rede liegt in der aufschließenden Vergegenwärtigung von Zugängen zu Bereichen des Fühlens, Denkens und Handelns. Die Wahrheit der Literatur und anderer Künste liegt in der Exposition von Erfahrungsgehalten und Sinnbezügen, die sich einer diskursiven Explikation entziehen.

Die Wahrheit von Metaphern, wenn man so reden möchte, ist keine metaphorische Wahrheit. Die Wahrheit einer literarischen Fiktion, wenn man so reden möchte, ist keine fiktive Wahrheit. Am Wort soll es nicht liegen. Ob man in jeder dieser Hinsichten den Wahrheitsbegriff bemühen sollte, ist eine Sache des philosophischen Geschmacks. Keine Geschmacksfrage aber ist die Anerkennung des Umstands, dass die Stimmigkeit aller dieser Ausdrucksformen in Frage stehen kann.

Auch im liberalsten Verständnis aber passt die Unterscheidung von Wahr und Falsch nicht auf alle Fälle der Stimmigkeit oder Unstimmigkeit (verbaler wie nonverbaler) kommunikativer Akte. Ein verlogener Gruß ist unwahr lediglich in einem attributiven Sinn – so wie ein falscher Ton in einer Unterredung oder in der Musik. Ein gelungener Toast bei einem Bankett, ein aufmunternder Zuspruch an einem Krankenbett oder ein Bonmot im Gespräch dürfen sich Über- und Untertreibungen erlauben.

Hier wie überall ist das Verstehen von Äußerungen an Einschätzungen ihrer Akzeptierbarkeit gebunden – daran, ob und inwieweit sie glaubhaft, wahr, schlüssig, bedenkenswert, einschlägig, zündend, geistreich, fesselnd, betörend, zartfühlend, entgegenkommend usw. oder im Gegenteil unwahrhaftig, falsch, einseitig, verzerrend, banal, nichtssagend, beleidigend, verletzend, abstoßend usw. sind.

In Prozessen des Verstehens laufen solche Einschätzungen oft stillschweigend mit. Sobald aber das Wie und das Was der Kommunikation in Frage stehen oder in Zweifel gezogen werden, sind ausdrückliche Überlegungen erforderlich, mit denen das Für und Wider der Möglichkeiten des Verstehens und mit ihnen der Akzeptierbarkeit des Vorgebrachten erwogen werden. Dann treten die Sprachen der Gründe in den Vordergrund, mit denen sowohl die Kommunikation als auch das Kommunizierte auf den Prüfstand gelangen.

Einstellungen und Überzeugungen müssen nicht eigens beglaubigt werden, solange sie nicht mit den Anforderungen des Denkens und Handelns kollidieren. Um Gründe für das eigene Tun und Lassen zu haben, muss man sie nicht vor sich haben. Aber um sich nach bestem Wissen zurechtfinden zu können, muss man sie vor sich bringen und gegenüber anderen vorbringen können, wann immer ihre Tragfähigkeit und Tragweite fraglich werden.

Viele Gründe sind nicht gedanklicher Natur. Ein aufkommender Sturm ist ein Grund für eine Sturmwarnung, ein Zahnschmerz für einen Arztbesuch, ein mulmiges Gefühl dafür, Vorsicht walten zu lassen, eine Leidenschaft zumindest prima facie dafür, ihr nachzugeben, eine gewalttätige Handlung dafür, Anklage zu erheben – usf. *Als* Gründe aber können sie nur in der Sprache zur Geltung kommen, nicht anders als diejenigen, die selbst bereits – wie Rossis irriger oder Wittgensteins wahrer Gedanke – sprachlich verfasst sind.

Gründe können für alles Mögliche sprechen: für Ansichten und Absichten, Einstellungen und Erfahrungsweisen in theoretischer und instrumenteller, strategischer und kooperativer, lebenspraktischer und moralischer, privater und politischer, ästhetischer und weltanschaulicher Hinsicht. Die Arten der Gründe, die hierbei bereitstehen oder mobilisiert werden müssen, haben einen unterschiedlichen Status und unterschiedliche Stärken. Sie sind nicht in derselben Weise belastbar. Entsprechend gilt auch hier: »Die Art der Sicherheit ist die Art des Sprachspiels.«

Wittgenstein ist kein blinder Kontextualist. Für ihn gehören die Kontextgebundenheit von Sätzen und die Möglichkeit ihrer kontextüberschreitenden Bedeutung zusammen. Ihren genauen Sinn erhalten Sätze durch die Art ihrer aktuellen oder potenziellen Verwendung. Die Berechtigung aber, die Gültigkeit und das Gelingen, die ihnen dort zukommt, reicht oftmals weit über den Ort ihrer aktualen Verwendung hinaus.

Rationalität ist keine eintönige, sie ist eine vieltönige Gabe. Tugenden und Laster liegen in ihrer Ausübung nahe beieinander.

Kraft ihrer Differenzen können sich unterschiedliche Arten von Gründen unterstützen und ergänzen, ebenso aber in die Quere kommen und widerstreiten. Sie können sich gegeneinander abdichten oder füreinander öffnen. Sie können sich gegenseitig blockieren, informieren oder inspirieren. Sie können als Agenten der Freiheit wirken oder zu Handlangern des Dogmatismus, der Orthodoxie und des Fanatismus mutieren.

Das Überlegen kann nach der einen oder anderen Seite hin ausschlagen. Es kann sich zu den interrationalen Beziehungen zwischen Arten von Gründen taub oder hellhörig verhalten.

Es liegt im Begriff einer Fähigkeit, dass sie unter Niveau gebraucht oder ihre Aktualisierung versäumt werden kann. Des Überlegens fähige Wesen sind mit einer fragilen Kompetenz ausgestattet, die sie nicht davor schützt, sondern in besonderem Maß dazu disponiert, in Verwirrung zu geraten und sich selbst in die Irre zu führen. Diese Unsicherheit und Unwägbarkeit des Überlegens reicht so weit, dass man sich angesichts einer Person, die durchgängig überlegt *handelte* und in diesem Sinn ganz und gar überlegt *wäre*, fragen müsste, ob sie überhaupt überlegen *kann*, weil sie niemals von einem Misstrauen in die eigenen Festlegungen umgetrieben würde.

Überlegen zu können heißt, mit Gründen zu eigenen und fremden Beweggründen auf Distanz gehen zu können – eine Distanz, die der eigenen Lebensbewegung im Kleinen oder Großen bis auf weiteres eine andere Ausrichtung gibt. Sich von Gründen ansprechen, umtreiben und verstören zu lassen, ohne sich in ihrem Kreislauf zu verlieren, erhält die Bewegungsfreiheit des eigenen Vernehmens, Denkens und Handelns.

Freiheit

Die Offenheit für Gründe – das Lebenselement der Rationalität – gedeiht oder verkümmert innerhalb des in I.5 verfolgten Widerspiels von Macht und Gegenmacht der Sprache: der Macht, den die Sprache über die Sprechenden hat und derjenigen der Sprechenden gegenüber der Sprache.

Die Gegenmacht, die den Sprechenden zukommt, entspringt dem doppelten Fokus sprachlicher Artikulation und ihres Verstehens: dem Umstand, dass die Sprechenden den perspektivierenden Sichtweisen und sachbezogenen Vorurteilen, die in gegebene Sprachen eingelagert sind, nicht einfach unterliegen. Sie unterliegen ihr nicht bloß, weil sie diese Vorgaben in den Akten ihres Denkens und Sprechens moderieren und modifizieren können.

In dieser Dynamik des Sprachgebrauchs konvergieren der bedeutungstheoretische und der vollzugstheoretische Egalitarismus. Nur in dem Vermögen, sich durch gegebene Sprachen und die Einlassungen von anderen bestimmen zu lassen, gewinnen die Sprechenden die Freiheit, sich im eigenen Denken und Handeln selbst zu bestimmen.

Das Überlegenkönnen, gepaart mit der Fähigkeit, den eigenen ausschlaggebenden Gründen zu folgen, verleiht Personen einen Spielraum gegenüber dem äußeren und inneren Determiniertsein, das sie in vielen Hinsichten nicht abstreifen können. Den durch Sprache, Erziehung, Konvention, Sitten und Gebräuchen mitgegebenen Dispositionen ebenso wie den eigenen Antrieben, Motiven, Wünschen und Überzeugungen nicht unbesehen folgen zu müssen – das macht Willensfreiheit aus.

Diese kann nicht auf naturgesetzlich verstandene Kausalprozesse zurückgeführt werden. Davidsons »anomaler Monismus« und McDowells »entspannter Naturalismus« haben aus unterschiedlichen Perspektiven in diese Richtung gewiesen. (Davidson 1990; McDowell 2001, 115; McDowell 2009b)

Mag der physikalische Lauf der Welt auch determiniert sein, derjenige der sprachlichen Spiele ist es nicht.

Das Überlegen eröffnet denen, die sich auf es einlassen, eine in ihren Verläufen unbestimmbare Zukunft, die aus keiner dem Überlegen überlegenen Warte geschlossen werden kann.

Es ist der Gedanke des Gedankens – in Freges engem und erst recht in Wittgensteins weitem Sinn – der dies verständlich macht.

Nur in der Teilhabe an Spielen der Sprache kommt die Zirkulation von Gedanken in Gang. Nur an diesen Spielen Beteiligte können Gedanken haben, äußern und verstehen. Das Geflecht, zu dem sie sich verbinden, kann nicht von außen verfolgt, sondern nur von innen, im Mitvollzug ihrer Verbindungen, zugänglich werden. Es gibt Gedanken allein in den Reichweiten ihres Verstehens.

Beobachtendes *im Unterschied* zu teilnehmendem Verhalten ist selbst eine Form der Teilhabe am sprachlichen Verkehr. Ziel der Betätigung ist dabei nicht das Eingehen auf oder die Kooperation mit einem Gegenüber, sondern die Behandlung, Untersuchung oder Kontemplation beliebiger Gegenstände. Die Beobachtungen, die sich hierbei ergeben, sind kommunizierbare Gedanken wie alle anderen auch.

Teilnahme und Beobachtung stehen in einem asymmetrischen Verhältnis zueinander. Beobachtung setzt Befähigung zur Teilnahme voraus, Teilnahme schließt Befähigung zur Beobachtung ein. Die Möglichkeit von Willensfreiheit hat ihren Grund darin, dass keine – auch keine naturwissenschaftliche – Beobachtung hinter die Bedingungen ihrer und aller Teilnahme an den Spielen der Sprache gelangt. (Seel 2006)

Ausdrückliche, im Überlegen vorgebrachte Gründe sind mehr oder weniger triftige Gedanken. Im Prozess des Überlegens werden sie rational und kausal wirksam: Sie verändern die Überzeugungen und Absichten, Aussichten und Erwartungen derer, die überlegt haben.

So sehr aber Gedanken, wie Frege sagt, »gemeinsames Eigentum« vieler sein können, die *Vernetzung* dieser Gedanken mit oft zahllosen anderen Gedanken im geistigen Haushalt von Personen ist kaum jemals dieselbe.

Derselbe, mit anderen geteilte, teilbare oder für andere verständliche Gedanke hat im Gefüge der Überzeugungen von Personen einen Ort, den er in keinem anderen hat.

Ein Gedanke kann aus unterschiedlichen Gründen für wahr oder falsch, irreführend oder erhellend, relevant oder irrelevant gehalten werden; er kann mit Überzeugungen und Affinitäten in Verbindung stehen, mit denen er in der Auffassung anderer nicht verknüpft ist, weil sie andere Kenntnisse und Präferenzen haben. An dem Gedanken ändert das nichts, wohl aber an der Stellung und dem Gewicht, die er im Verständnis verschiedener Personen hat.

Das Haben, Erwägen und Verstehen von Gedanken sind neuronale Zustände und Prozesse. Gedanken sind es nicht. Gedanken sind – ersetzbare oder nicht ersetzbare – Gehalte sprachlicher Ausdrucksformen, die in Zustimmung oder Ablehnung verständlich sind. In den Gehirnen derer, die sie sich zu eigen machen oder von sich weisen, sind sie nicht aufzufinden. Es gibt sie nur auf den unübersichtlichen, sozial konstituierten Spielfeldern der äußeren wie inneren Rede.

Die Verständlichkeit von Gedanken reicht unbestimmt weit. Das ist eine Konsequenz des in I.3 vorgestellten und in I.4 erörterten semantischen Holismus. Noch die klarsten und deutlichsten Sätze, mit denen wir uns mit anderen und mit uns selbst verständigen, bewegen sich vor einem Horizont von Bezügen, die nicht nur nicht *zugleich*, sondern im Ganzen *gar nicht* überblickt, erfasst und expliziert werden können. Sprachliche Bestimmtheit und Verständlichkeit gehen mit sprachlich erzeugter Unbestimmtheit einher.

Hinter jedem sprachlich durchleuchteten Horizont liegen weitere Sphären, in die das Licht ihrer Aufklarung nicht dringt.

Man darf die Indeterminiertheit der Welt nicht an der falschen Stelle suchen. Kein kausales Nichtbestimmtsein macht die Freiheit unseres Denkens und Handelns aus, sondern die Unbestimmtheit unseres Bestimmtseins durch Gründe. Da es keine Umgehung der Verständlichkeit unserer Gedanken und Absichten gibt, die uns unabhängig von ihren verwinkelten Wegen sagen könnte, wohin es mit ihnen geht, und da jede Produktion von Bestimmtheit zugleich eine Produktion von Unbestimmtheit ist, bleibt die Welt des Handelns in wesentlichen Hinsichten eine ebenso unbestimmte und unbestimmbare. Kultur ist eben das: im Unbestimmten eine Bestimmung zu finden, die neue Unbestimmtheit erzeugt, die zu neuer Bestimmtheit führt, und so fort – ad infinitum. Das Indefinite ist das Infinite. (Vgl. Seel 2009, 174–189)

Demokratie

Die durch Sprache ermöglichte Rationalität und Freiheit kann unterschiedlich ausgeübt, ausgelegt und ausgezeichnet werden. Darum ist Sprachkritik eine natürliche Begleiterin der Sprache.

Herders die »Demokratie« einer »lebendigen« Sprache einklagender Aphorismus richtet sich an Sprachkritiker, Sprachtheoretiker und Zensoren, die den Spielraum der Sprache einzuengen versuchen. Er signalisiert, dass Sprache auf Gewaltenteilung angewiesen ist. Keine ihrer grundlegenden Dimensionen darf die andere dominieren, wenn ihre Kraft zu einer zivilisierenden Welterschließung nicht erlahmen soll. Diese Balance ist stets gefährdet, weswegen Widerstand gegen eine »tyrannische« Sprachpolitik jederzeit angesagt ist.

Eine von Herder inspirierte Theorie der Sprache behauptet weder, dass Sprache als solche Demokratie sei, noch dass sie von sich aus auf eine egalitäre gesellschaftliche Ordnung ausgerichtet wäre. Ein Garant für eine durch Gewaltenteilung und Gleichberechtigung allgemein gewährte Freiheit ist Sprache nicht.

Ein Motor von Demokratie und Demokratisierung aber ist Sprache durchaus. Ihr deliberativer Gebrauch macht das Herzstück einer demokratischen Lebensform aus. Deren Händel müssen öffentlich ausgetragen werden. Eine robuste Demokratie ist auf eine in Herders Sinn lebendige Sprache angewiesen, in der ihre Mächte in wechselnden Rollen miteinander interagieren und einander ins Wort fallen können.

Die in Sprache ausgetragene soziale und politische Freiheit kommt zum Erliegen, wo das Spiel ihrer polaren Kräfte zum Erliegen kommt.

Demokratie und Sprache stehen immer auf der Kippe: Demokratie, weil sie nur durch zugelassene Opposition besteht, aber auch, weil sie verfällt, sobald der Widerstreit von

Macht und Gegenmacht keine Zustimmung mehr erhält; Sprache, weil sie sich nur im Widerspiel ihrer Funktionen erhält, aber auch, weil sie erlahmt, sobald das Kräfteverhältnis ihrer Mächte und Gegenmächte außer Balance gerät.

Das literarische Schreiben hat Roland Barthes als eine Macht beschrieben, die ein außer Balance geratenes Machtgefüge zu unterwandern vermag: »Nur das Schreiben kann sich schließlich ohne *Ursprungsort* entfalten; es allein kann jede rhetorische Regel, jedes Gattungsgesetz, jede Arroganz des Systems unterlaufen: Das Schreiben ist *atopisch*; in Bezug auf den Krieg der Sprachen, den es nicht beseitigt, sondern *verlagert*, nimmt es Lese- und Schreibpraktiken vorweg, in denen das Begehren zirkuliert und nicht die Herrschaft.« (Barthes 2006, 128)

Unschuldig ist Sprache nie. Auch unter den besten denkbaren Umständen ihres Gebrauchs wäre sie nicht so »behaglich«, wie es sich Herder für die Umgangssprache gewünscht hat. Noch einmal Herta Müller, der ich bereits am Ende von I.6 die Rolle einer Kassandra zugemutet habe: »[I]ch glaube, Wörter können alles. Die können schikanieren und die können schonen und die können einen besetzen und leerräumen. So was haben die Wörter schon. Potentiell haben und können sie alles. Sie sind latent zu allem fähig. Wir entscheiden, im Zwang oder freier Wahl – je nachdem, wie das Leben oder Schreiben läuft. Das Mißlingen ist uns genauso verfügbar wie das Gelingen.« (Müller 2010, 51)

Da Wörter »alles können« und in ihrer Verwendung viele der Unterschiede zwischen rücksichtsvollen und entwürdigenden Umgangsformen liegen, bleibt Misstrauen ein unverzichtbares Merkmal des Vertrauens in sie.

Auch bei dem Widerstand gegen missachtende und verletzende Formen der Rede geht es um Macht und Gegenmacht innerhalb der Sprache. Anders als bei den generellen Polaritäten des sprachlichen Geschehens und ihrer *metaphorisch* als Demokratie verstandenen Relationen, geht es einer praktischen Sprachkritik *buchstäblich* um soziale und politische Machtverhältnisse, wie sie sich in sprachlichen Gebrauchsweisen manifestieren – Verhältnisse, die durch sprachliche Praktiken sei es erhalten, sei es forciert, sei es konterkariert, sei es aufgebrochen werden.

»Der Sprachgebrauch herrscht«, wie Herder sagt, »und ist nur schwer zu bändigen«. Ihn nicht bändigen zu wollen aber bedeutet nicht, ihm überall einen beliebigen Lauf zu lassen. Denn der Sprachgebrauch herrscht weder von allein noch herrscht er unbesehen. Zusammen mit den Veränderungen der Lebensverhältnisse, die er durchwirkt und von denen er durchwirkt ist, befindet er sich, wenn auch oft auf leisen Sohlen, in ständiger Bewegung, die in kritischen Bereichen ein ums andere Mal neu austariert werden muss.

Prägungen durch die Sprache durch Arten des Sprechens umzuprägen, ist ein legitimer Teil der Gegenmacht, die Sprecherinnen und Sprecher, allein oder gemeinsam, gegen die Macht der Vorgaben des Sprachsystems und des Zeitgeists ausüben können. Nicht umsonst ist die Art der Pluralität und Diversität von Sprachen ein Seismograph dessen, wie es um den Respekt gegenüber Pluralität und Diversität in gegebenen Lebens- und Gesellschaftsformen steht.

Die innere Diversität der Sprache gehört zu ihrer Verfassung. Sie kann geschätzt oder verachtet, eingeschränkt oder ausgelebt, aber sie kann ihr nicht ausgetrieben werden.

Sprachen im Ganzen unterliegen keiner Regie, so sehr die Potentaten dieser Welt sich dies wünschen mögen.

Sprache von ihren Ambivalenzen zu befreien wäre, abgesehen davon, dass es vergeblich wäre, keine Befreiung.

Eine wahre oder reine Sprache kann es nicht geben; in ihr wäre die Differenz von Wahr und Falsch, Gelingen und Misslingen gelöscht, und damit alles, wozu sie die Sprechenden befähigt.

Sprache kennt – wie die Demokratie – keinen einen Idealzustand; das ist ihr bester Zustand.

Siglen

Davidson

WMb = Was Metaphern bedeuten

Frege

SB = Über Sinn und Bedeutung

DG = Der Gedanke

Habermas

EPL = Exkurs zur Einebnung des Gattungsunterschiedes zwischen Philosophie und Literatur

TkH = Theorie des kommunikativen Handelns

Heidegger

BH = Brief über den Humanismus

SZ = Sein und Zeit

UzS = Unterwegs zur Sprache

Herder

NL = Über die neuere deutsche Literatur

US = Über den Ursprung der Sprache

Humboldt, W. v.

VS = Ueber die Verschiedenheiten des menschlichen Sprachbaues und ihren Einfluss auf die geistige Entwicklung des Menschengeschlechts

Gadamer
WM = Wahrheit und Methode

Merleau-Ponty
PW = Phänomenologie der Wahrnehmung

Searle
AB = Ausdruck und Bedeutung

Taylor
ST = Das sprachbegabte Tier

Wittgenstein
PU = Philosophische Untersuchungen
PU II = Philosophische Untersuchungen, Teil II
T = Tractatus logico-philosophicus
BB = Eine philosophische Betrachtung (Das Braune Buch)
PG = Philosophische Grammatik
PP = Bemerkungen über die Philosophie der Psychologie
ÜG = Über Gewißheit
VB = Vermischte Bemerkungen
VG = Vorlesungen und Gespräche
Z = Zettel

Literatur

Adorno, T. W. (1969), Zu Subjekt und Objekt, in: Ders., Stichworte. Kritische Modelle II, Frankfurt/M., 151–168.

Adorno, T. W. (1970), Negative Dialektik, Frankfurt/M.

Adorno, T. W. (1973), Minima Moralia, Frankfurt/M.

Adorno, T. W. (2021), Fragen der Dialektik (1963/64), Berlin.

Agamben, G. (2003), Idee der Prosa, übers. v. D. Leupold u. C.-C. Härle, Frankfurt/M.

Apel, K. O. (1980), Die Idee der Sprache in der Tradition des Humanismus von Dante bis Vico, 3. Aufl., Bonn.

Arendt, H. (1970), Macht und Gewalt, übers. v. G. Uellenberg, München.

Arendt, H. (1981), Vita activa oder vom tätigen Leben, München.

Aristoteles (1980), Rhetorik, übers. v. F. G. Sivecke, München.

Aristoteles (1982), Poetik, gr.-dt., übers. v. M. Fuhrmann, Stuttgart.

Aristoteles (2015), Hermeneutik, gr.-dt., übers. v. H. Weidemann, Berlin-Boston.

Austin, J. L. (1979), Zur Theorie der Sprechakte (How to do Things with Words), übers. v. E. v. Savigny, Stuttgart.

Backhaus, E. (2022), Der menschliche Blick. Über den Zusammenhang von Wahrnehmen und Handeln, Frankfurt/M. https://doi.org/10.21248/gups.68924

Bacon, F. (1990), Neues Organon, lat. u. dt., Teilband 1, übers. v. R. Hoffmann u. G. Korf, Hamburg.

Barthes, R. (2006), Der Krieg der Sprachen, in: Ders., Das Rauschen der Sprache, übers. v. D. Hornig, Frankfurt/M., 124–128.

Baumgarten, A. G. (2009), Ästhetik, lat.-dt., hg. u. übers. v. D. Mirbach, 2 Bde., Hamburg.

Benjamin, W. (1972), Die Aufgabe des Übersetzers, in: Ders., Gesammelte Schriften, hg. v. R. Tiedemann u. H. Schweppenhäuser, Bd. IV, Frankfurt/M., 9–21.

Benjamin, W. (1977a), Über die Sprache überhaupt und die Sprache des Menschen, in: Ders., Gesammelte Schriften, hg. v. R. Tiedemann u. H. Schweppenhäuser, Bd. II.1, Frankfurt/M., 140–157.

Benjamin, W. (1977b), Lehre vom Ähnlichen, in: Ders., Gesammelte Schriften, hg. v. R. Tiedemann u. H. Schweppenhäuser, Bd. II.1, Frankfurt/M., 204–210.

Benjamin, W. (1977c), Über das mimetische Vermögen, in: Ders., Gesammelte Schriften, hg. v. R. Tiedemann u. H. Schweppenhäuser, Bd. II.1, Frankfurt/M., Bd. II.1, 210–213.

Benjamin, W. (1985), Reflexionen zu Humboldt, in: Ders., Gesammelte Schriften, hg. v. R. Tiedemann u. H. Schweppenhäuser, Bd. VI, Frankfurt/M., 26–27.

Berlin, I. (2006), Zwei Freiheitsbegriffe, in: Ders., Freiheit. Vier Versuche, Frankfurt/M., 197–256.

Bertram, G. W. (2006), Die Sprache und das Ganze. Entwurf einer antireduktionistischen Sprachphilosophie, Weilerswist.

Bertram, G. W. / Lauer, D. / Liptow, J. / Seel, M. (2008), In der Welt der Sprache. Konsequenzen des semantischen Holismus, Frankfurt/M.

Blumenberg, H. (1966), Sprachsituation und immanente Poetik, in: W. Iser (Hg.), Immanente Ästhetik – ästhetische Reflexion. Lyrik als Paradigma der Moderne, München, 145–155.

Blumenberg, H. (1979), Ausblick auf eine Theorie der Unbegrifflichkeit, in: Ders., Schiffbruch mit Zuschauer. Paradigma einer Daseinsmetapher, Frankfurt/M., 75–93.

Blumenberg, H. (1998), Paradigmen zu einer Metaphorologie, Frankfurt/M.

Blumenberg, H. (2019), Die nackte Wahrheit, Berlin.

Brandom, R. B. (1994), Making it Explicit. Reasoning, Representing and Discoursive Commitment, Cambridge/Mass.-London.

Brandom, R. B. (1999), Von der Begriffsanalyse zu einer systematischen Metaphysik. Ein Interview mit Susanna Schellenberg, in: Deutsche Zeitschrift für Philosophie 47, 1005–1020.

Brandom, R. B. (2001), Begründen und Begreifen. Eine Einführung in den Inferentialismus, übers. v. E. Gilmer, Darmstadt.

Brandom, R. B. (2009), Reason in Philosophy. Animating Ideas, Cambridge / Mass.-London.

Brandom, R. B. (2016), Zur Versöhnung zweier Helden: Habermas und Hegel, in: P. Hogh / S. Deines (Hg.), Sprache und Kritische Theorie, Frankfurt/M., 253–274.

Brinkmann, R. D. (1975), Im Voyageurs Apt. 311 East Street, Austin, Teil 3, Reinbek, 78 f.

Calvino, I. (1984), Kybernetik und Gespenster, übers. v. S. Schopp, München.

Calvino, I. (2004), Wenn ein Reisender in einer Winternacht, übers. v. B. Kroeber.

Cassirer, E. (1956), Wesen und Wirkung des Symbolbegriffs, Darmstadt.

Chandler, R. (2010), The Long Good-Bye, New York.

Chandler, R. (1972), Der lange Abschied, übers. v. P. Fischer, Berlin.

Chandler, R. (1975), Der lange Abschied, übers. v. H. Wollschläger, Zürich.

Chomsky, N. (1981), Regeln und Repräsentationen, übers. v. H. Leuniger, Frankfurt/M.

Conant, J. (2021), Wittgensteins Kritik am additiven Verständnis des sprachlichen Zeichens, in: Deutsche Zeitschrift für Philosophie 69, 1–24.

Condillac, E.B. de (2006), Versuch über den Ursprung der menschlichen Erkenntnis, übers. v. A. Oppenheimer, Würzburg.

Coseriu, E. (2007), Textlinguistik. Eine Einführung, hg. v. J. Albrecht, Tübingen.

Davidson, D. (1986a), Kommunikation und Konvention, in: Ders., Wahrheit und Interpretation, übers. v. J. Schulte, Frankfurt/M., 372–393.

Davidson, D. (1986b), Was Metaphern bedeuten, in: Ders., Wahrheit und Interpretation, übers. v. J. Schulte, Frankfurt/M., 343–371.

Davidson, D. (1990), Geistige Ereignisse, in: Ders., Handlung und Ereignis, übers. v. J. Schulte, Frankfurt/M., 291–317.

Davidson, D. (2004a), Vernünftige Tiere, in: Ders, Subjektiv, intersubjektiv, objektiv, übers. v. J. Schulte, Frankfurt/M., 167–185.

Davidson, D. (2004b), Drei Spielarten des Wissens, in: Ders, Subjektiv, intersubjektiv, objektiv, übers. v. J. Schulte, Frankfurt/M., 339–363.

Davidson, D. (2004c), Die Entstehung des Denkens, in: Ders, Subjektiv, intersubjektiv, objektiv, übers. v. J. Schulte, Frankfurt/M., 211–229.

Davidson, D. (2008a), Durch die Sprache sehen, in: Ders., Wahrheit, Sprache und Geschichte, übers. v. J. Schulte, Frankfurt/M., 206–228.

Davidson, D. (2008b), Die Sprache der Literatur, in: Ders., Wahrheit, Sprache und Geschichte, übers. v. J. Schulte, Frankfurt/M., 262–284.

Davidson, D. (2008c), Eine hübsche Unordnung von Epitaphen, in: Ders., Wahrheit, Sprache und Geschichte, übers. v. J. Schulte, Berlin, 151–180.

Davidson, D. (2008d), Der soziale Aspekt der Sprache, in: Ders., Wahrheit, Sprache und Geschichte, übers. v. J. Schulte, Berlin, 181–205.

Derrida, J. (2001a), Signatur Ereignis Kontext, übers. v. W. Rappl u. D. Travner, in: Ders., Limited Inc., Wien, 15–45.

Derrida, J. (2001b), Limited Inc abc …, in: Ders., Limited Inc., übers. v. W. Rappl u. D. Travner, Wien, 53–168.

Dewey, J. (1980), Kunst als Erfahrung, übers. v. C. Velten, G. v. Hofe u. D. Sulzer, Frankfurt/M.

Dummett, M. (1982), Wahrheit, übers. v. J. Schulte, Stuttgart.

Dummett, M. (1990), Eine hübsche Unordnung von Epitaphen. Bemerkungen zu Davidson und Hacking, übers. v. J. Schulte, in: E. Picardi / J. Schulte (Hg.), Die Wahrheit der Interpretation. Beiträge zur Philosophie Donald Davidsons, Frankfurt/M., 248–278.

Dummett, M. (1993), The Seas of Language, Oxford.

Fichte, J. G. (1970), Grundlage der gesamten Wissenschaftslehre (1794), Hamburg.

Figueiredo, F. F. (2019), Können Zwecke als Grundlage für eine Bedeutungstheorie dienen?, in: Deutsche Zeitschrift für Philosophie 67, 764–788.

Fodor, J. (1975), The Language of Thought, Cambridge / Mass.

Forst, R. (2015), Noumenale Macht, in: Ders., Normativität und Macht, Berlin, 58–81.

Foucault, M. (1974a), Die Ordnung des Diskurses, übers. v. W. Seitter, München.

Foucault, M. (1974b), Die Ordnung der Dinge. Eine Archäologie der Humanwissenschaften, übers. v. U. Köppen, Frankfurt/M.

Foucault, M. (1974c), Von der Subversion des Wissens, übers. v. W. Seitter, München.

Foucault, M. (1977), Der Wille zum Wissen, übers. v. U. Raulff u. W. Seitter, Frankfurt/M.

Foucault, M. (1981), Archäologie des Wissens, übers. v. U. Köppen, Frankfurt/M.

Foucault, M. (1988), Das Wahrsprechen des Anderen, übers. v. U. Reuter u. L. Wolfstetter, Frankfurt/M.

Foucault, M. (1992), Was ist Kritik?, übers. v. W. Seitter, Berlin.

Foucault, M. (2005a), Was ist Aufklärung?, übers. v. H.-D. Gondek, in: Ders., Schriften in vier Bänden. Dits et Ecrits, Bd. IV, Frankfurt/M., 687–707.

Foucault, M. (2005b), Die Ethik der Sorge um sich als Praxis der Freiheit, übers. v. H. Kocyba, in: Ders., Schriften in vier Bänden. Dits et Ecrits, Bd. IV, Frankfurt/M., 875–902.

Frege, G. (1975a), Über Sinn und Bedeutung, in: Ders., Funktion, Begriff, Bedeutung, hg. v. G. Patzig, Göttingen, 40–65.

Frege, G. (1975b), Begriff und Gegenstand, in: Ders., Funktion, Begriff, Bedeutung, hg. v. G. Patzig, Göttingen, 66–80.

Frege, G. (1975c), Funktion und Begriff, in: Ders., Funktion, Begriff, Bedeutung, hg. v. G. Patzig, Göttingen, 17–39.

Frege, G. (1976), Der Gedanke. Eine logische Untersuchung, in: Ders., Logische Untersuchungen, hg. v. G. Patzig, Göttingen, 30–53.

Frege, G. (2001a), Logik, in: Ders., Schriften zur Logik und Sprachphilosophie, hg. v. G. Gabriel, Hamburg, 35–73.

Frege, G. (2001b), Einleitung in die Logik, in: Ders., Schriften zur Logik und Sprachphilosophie, hg. v. G. Gabriel, Hamburg, 74–91.

Gabriel, G. (2001), Logik und Sprachphilosophie bei Frege. Zum Verhältnis von Gebrauchssprache, Dichtung und Wissenschaft, in: Gottlob Frege, Schriften zur Logik und Sprachphilosophie. Aus dem Nachlaß, XI–XXX.

Gabriel, G. (2019), Präzision und Prägnanz. Logische, rhetorische und literarische Erkenntnisformen, Paderborn.

Gadamer, H.-G. (1975), Wahrheit und Methode. Grundzüge der philosophischen Hermeneutik, 4. Aufl., Tübingen.

Gadamer, H.-G. (1993a), Wie weit schreibt die Sprache das Denken vor?, in: Ders., Wahrheit und Methode. Ergänzungen. Register, Tübingen, 199–206.

Gadamer, H.-G. (1993b), Zwischen Phänomenologie und Dialektik. Versuch einer Selbstkritik, in: Ders., Wahrheit und Methode. Ergänzungen. Register, Tübingen, 3–23.

Gehring, P. (2019), Über die Körperkraft der Sprache. Studien zum Sprechakt, Frankfurt/M.

Goethe, J.W. (1969), Ein Gleiches [Wandrers Nachtlied II], in: Ders., Werke in 14 Bänden, hg. u. kommentiert v. E. Trunz, Bd. I, Hamburg, 142.

Goldie, P. (2012), The Mess Inside. Narrative, Emotion, and the Mind, Oxford.

Grice, H. P. (1979a), Intendieren, Meinen, Bedeuten, in: G. Meggle (Hg.), Handlung, Kommunikation, Bedeutung, Frankfurt/M., 2–15.

Grice, H. P. (1979b), Sprecher-Bedeutung und Intentionen, in: G. Meggle (Hg.), Handlung, Kommunikation, Bedeutung, Frankfurt/M., 16–51.

Grice, H.P. (1979c), Logik und Konversation, in: G. Meggle (Hg.), Handlung, Kommunikation, Bedeutung, Frankfurt/M., 243–265.

Habermas, J. (1970), Erkenntnis und Interesse, in: Ders., Technik und Wissenschaft als ›Ideologie‹, Frankfurt/M., 146–168.

Habermas, J. (1981), Theorie des kommunikativen Handelns, 2 Bde., Frankfurt/M.

Habermas, J. (1984), Vorstudien und Ergänzungen zur Theorie des kommunikativen Handelns, Frankfurt/M.

Habermas, J. (1985), Der philosophische Diskurs der Moderne. Zwölf Vorlesungen, Frankfurt/M.

Habermas, J. (1985), Exkurs zur Einebnung des Gattungsunterschiedes zwischen Philosophie und Literatur, in: Ders., Der philosophische Diskurs der Moderne. Zwölf Vorlesungen, Frankfurt/M., 219–247.

Habermas, J. (1988), Philosophie und Wissenschaft als Literatur?, in: Ders., Nachmetaphysisches Denken, Frankfurt/M., 242–263.

Habermas, J. (1992), Faktizität und Geltung. Beiträge zur Diskurstheorie des Rechts und des demokratischen Rechtsstaats, Frankfurt/M.

Habermas, J. (1999a), Hermeneutische und analytische Philosophie, in: Ders., Wahrheit und Rechtfertigung. Philosophische Aufsätze, Frankfurt/M., 65–101.

Habermas, J. (1999b), Rationalität der Verständigung. Sprechakttheoretische Erläuterung zum Begriff der kommunikativen Rationalität, in: Ders., Wahrheit und Rechtfertigung. Philosophische Aufsätze, Frankfurt/M., 102–137.

Habermas, J. (2004), Fundamentalismus und Terror, in: Ders., Der gespaltene Westen, Frankfurt/M., 11–31.

Habermas, J. (2005), Kommunikatives Handeln und detranszendentalisierte Vernunft, in: Ders., Zwischen Naturalismus und Religion. Philosophische Aufsätze, Frankfurt/M.

Habermas, J. (2019), Auch eine Geschichte der Philosophie, 2 Bde., Berlin.

Habermas, J. (2021), Rückblick eines Autors, in: Deutsche Zeitschrift für Philosophie 69, 229–240.

Hamacher, W. (2018), Sprachgerechtigkeit, Frankfurt/M.

Hamann, J. G. (1968), Aesthetica in nuce, in: Ders., Sokratische Denkwürdigkeiten – Aesthetica in nuce, Stuttgart, 75–147.

Hamann, J. G. (2014), Kreuzzüge eines Philologen, Berlin.

Handke, P. (1968), Der Hausierer, Frankfurt/M.

Hegel, G. W. F. (1970a), Vorlesungen über die Ästhetik I–III, in: Ders., Werke in zwanzig Bänden, hg. v. E. Moldenhauer u. K. M. Michel, Bde. XIII–XV, Frankfurt/M.

Hegel, G. W. F. (1970b), Enzyklopädie der philosophischen Wissenschaften I–III, in: Ders., Werke in zwanzig Bänden, hg. v. E. Moldenhauer u. K. M. Michel, Frankfurt/M. 1970, Bde. VIII–X, Frankfurt/M.

Hegel, G. W. F. (1970c), Grundlinien der Philosophie des Rechts, in: Ders., Werke in zwanzig Bänden, hg. v. E. Moldenhauer u. K. M. Michel, Bd. VII, Frankfurt/M.

Heidegger, M. (1978), Brief über den »Humanismus«, in: Ders., Wegmarken, 2. Aufl., Frankfurt/M., 311–360.

Heidegger, M. (1979), Sein und Zeit, Tübingen. 1979.

Heidegger, M. (1959), Unterwegs zur Sprache, Pfullingen.

Herder, J. G. (1985a), Über den Ursprung der Sprache, in: Ders., Frühe Schriften 1764–1772, hg. v. U. Gaier, 695–810.

Herder, J. G. (1985b), Über die neuere deutsche Literatur, in: Ders., Frühe Schriften 1764–1772, hg. v. U. Gaier, 161–649.

Hetzel, A. (2011), Die Wirksamkeit der Rede. Zur Aktualität klassischer Rhetorik für die moderne Sprachphilosophie, Bielefeld.

Hobbes, T. (1984), Leviathan oder Stoff, Form und Gewalt eines kirchlichen und bürgerlichen Staates, übers. v. W. Euchner, Frankfurt/M.

Hogh, P. (2015), Kommunikation und Ausdruck. Sprachphilosophie nach Adorno, Weilerswist.

Humboldt, W. v. (1963a), Ueber die Verschiedenheiten des menschlichen Sprachbaues und ihren Einfluss auf die geistige Entwicklung des Menschengeschlechts, in: Ders., Werke in fünf Bänden, hg. v. A. Flitner u. K. Giel, Bd. III: Schriften zur Sprachphilosophie, 368–756.

Humboldt, W. v. (1963b), Ueber die Buchstabenschrift und ihren Zusammenhang mit dem Sprachbau, in: Ders., Werke in fünf Bänden, hg. v. A. Flitner u. K. Giel, Bd. III: Schriften zur Sprachphilosophie, 82–112.

Humboldt, W. v. (1973), Über Denken und Sprechen, in: Ders., Schriften zur Sprache, hg. v. M. Böhler, Stuttgart, 3–5.

Jacobson, R. (1979), Linguistik und Poetik, in: Ders., Poetik. Ausgewählte Aufsätze 1921–1971, übers. v. T. Schelbert, 83–121.

Johnson, M. / Lakoff, G. (1980), Metaphors We Live by, Chicago.

Jung, M. / Schlette, M. (2918), Stimmigkeit als Geltungsanspruch. Die Triade der Artikulation, in: Deutsche Zeitschrift für Philosophie 66, 587–606.

Kant, I. (1968), Kritik der reinen Vernunft, in: Ders., Werke in zwölf Bänden, hg. v. W. Weischedel, Bde. III–IV, Frankfurt/M.
Kripke, S. A. (1987), Wittgenstein über Regeln und Privatsprache, übers. v. H. Pape, Frankfurt/M.
Langer, S. K. (1984), Philosophie auf neuem Wege. Das Symbol im Denken, im Ritus und in der Kunst, übers. v. A. Löwith, Frankfurt/M.
Lauer, D. (2014), Offenheit zur Welt. Die Auflösung des Dualismus von Begriff und Anschauung, in: C. Barth / D. Lauer (Hg.), Die Philosophie John McDowells. Ein Handbuch, Münster, 37–62.
Liptow, J. (2013), Pragmatistische Bedeutungstheorien und das Prinzip der Autonomie der Bedeutung, in: M. Hartmann / J. Liptow / M. Willaschek, Die Gegenwart des Pragmatismus, Berlin, 166–192.
Liptow, J. (2014), Externalismus – Die Auflösung des Dualismus von Begriff und Welt, in: C. Barth / D. Lauer (Hg.), Die Philosophie John McDowells. Ein Handbuch, Münster, 63–83.
Locke, J. (1981), Versuch über den menschlichen Verstand, übers. v. C. Winckler, Bd. II, Hamburg.
Lukács, G. (1971), Die Theorie des Romans, Ein geschichtsphilosophischer Versuch über die Formen der großen Epik, Neuwied-Berlin, 1971.
Lyotard, J.-F. (1987), Der Widerstreit, übers. v. J. Vogl, München.
Maupertuis, P. L. de (1988), Abhandlung über die verschiedenen Mittel, deren sich die Menschen bedient haben, um ihre Vorstellungen auszudrücken, in: Ders., Sprachphilosophische Schriften. hg. u. übers. v. W. Franzen, Hamburg, 33–52.
McDowell, J. (2001), Geist und Welt, übers. v. T. Blume, H. Bräuer u. G. Klass, Frankfurt/M.
McDowell, J. (2009a), Experiencing the World, in: Ders., The Engaged Intellect. Philosophical Essays, Cambridge / Mass.-London, 243–256.
McDowell, J. (2009b), Naturalism in the Philosophy of Mind,

in: Ders., The Engaged Intellect. Philosophical Essays, Cambridge / Mass.-London, 257–275.

Mendelssohn, M. (1991), Zwey und siebenzigster Brief, 13. December 1759, in: Ders., Gesammelte Schriften. Jubiläumsausgabe, Bd. V.1: Rezensionsartikel in: Briefe, die neueste Literatur betreffend (1759–1765), hg. v. E. J. Engel, Stuttgart, 105–107.

Menke, C. (2008), Kraft. Ein Grundbegriff ästhetischer Anthropologie, Frankfurt/M.

Merleau-Ponty, M. (1965), Phänomenologie der Wahrnehmung, Berlin.

Michaelis, J. D. (1760), Beantwortung der Frage von dem Einfluß der Meinungen eines Volcks in seine Sprache, und der Sprache in die Meinungen, Berlin.

Müller, H. (2009a), Ich glaube nicht an die Sprache. Herta Müller im Gespräch mit Renate Schmidtkunz, Klagenfurt.

Müller, H. (2009b), Atemschaukel, München.

Müller, H. (2010), Lebensangst und Worthunger. Im Gespräch mit Michael Lenz. Leipziger Poetikvorlesung, Berlin.

Neurath, O. (1932), Protokollsätze, in: Erkenntnis 3, 204–214.

Nietzsche, F. (1980), Ueber Wahrheit und Lüge im aussermoralischen Sinne, in: Ders., Sämtliche Werke. hg. v. G. Colli u. M. Montinari, München, 871–890.

Nizan, P. (1978), Antoine Bloyé, Paris.

Novalis (2008), Dialogen und Monolog, in: Ders., Gesammelte Werke, hg. v. J. Balmes, Frankfurt/M., 439–451.

Peirce, C. S. (2000), Elfte Lowell-Vorlesung, in: Ders., Semiotische Schriften, hg. u. übers. v. J. W. Kloesel u. H. Pape, Frankfurt/M., 128–146.

Pinker, S. (1995), The Language Instinct. How the Mind Creates Language, New York.

Platon (1988), Kratylos, in: Ders., Werke in acht Bänden, gr.-dt., übers. v. F. Schleiermacher, hg. v. G. Eigler, Bd. III, bearb. v. D. Kurz, 395–573, Darmstadt.

Platon (1997), Phaidros, übers. u. kommentiert v. E. Heitsch, Göttingen.

Proust, M. (2011), Auf der Suche nach der verlorenen Zeit, Bde. I–VI, übers. v. E. Rechel-Mertens, revidiert v. L. Keller u. S. Laemmel, Frankfurt/M.

Proust, M. (2017), Das Flimmern des Herzens. Aus den französischen Druckbogen übers. v. S. Zweifel, Berlin.

Quine, W. v. O. (1960), Word and Object, Cambridge-Mass.

Ricœur, P. (1986), Die lebendige Metapher, übers. v. R. Rochlitz, München.

Ridley, A. (2004), The Philosophy of Music. Theme and Variations, Edinburgh.

Rorty, R. (2000), Die Schönheit, die Erhabenheit und die Gemeinschaft der Philosophen, übers. v. C. Krüger u. J. Blasius, Frankfurt/M.

Rousseau, J.-J. (1971), Über den Ursprung der Ungleichheit unter den Menschen, in: Ders., Schriften zur Kulturkritik, hg. u. übers. v. K. Wiegand, 61–269, Hamburg.

Rousseau, J.-J. (1989), Essay über den Ursprung der Sprachen, worin auch über Melodie und musikalische Nachahmung gesprochen wird, in: Ders., Musik und Sprache. Ausgewählte Schriften, hg. u. übers. v. D. u. P. Gülke, Leipzig, 99–168.

Saussure, F. de (1967), Grundlagen der allgemeinen Sprachwissenschaft, übers. v. H. Lommel, Berlin.

Schlegel, F. (1972a), Über das Studium der griechischen Poesie, in: Ders., Schriften zur Literatur, hg. v. W. Rasch, München, 84–192.

Schlegel, F. (1972b), Gespräch über die Poesie, in: Ders., Schriften zur Literatur, hg. v. W. Rasch, München, 279–331.

Schlegel, F. (1972c), Athenäums-Fragmente, in: Ders., Schriften zur Literatur, hg. v. W. Rasch, München, 25–83.

Schleiermacher, F. (1977), Hermeneutik und Kritik, hg. v. M. Frank, Frankfurt/M.

Schleiermacher, F. (2022), Über die verschiedenen Methoden des Übersetzens, hg. v. E. Edl u. W. Matz, Berlin.
Schmidt, A. (1970), KAFF auch Mare Crisium, Frankfurt/M.-Hamburg.
Schmidt, A., Der sanfte Unmensch (Einhundert Jahre »Nachsommer«) in: Ders., Bargfelder Ausgabe II. Dialoge 2. Bd. I, Zürich 1990, 61–85.
Schuff, J. (2019), Ästhetisches Verstehen. Zugänge zur Kunst nach Wittgenstein und Cavell.
Searle, J. R. (1971), Sprechakte. Ein sprachphilosophischer Essay, übers. v. R. u. R. Wiggershaus, Frankfurt/M.
Searle, J. R. (1977), Reiterating the Differences. A Reply to Derrida, in: S. Weber (Hg.), Glyph 1, Baltimore, 198–208.
Searle, J. R. (1982), Ausdruck und Bedeutung, übers. v. A. Kemmerling, Frankfurt/M.
Searle, J. R. (1983), Intentionality. An Essay in the Philosophy of Mind, London.
Seel, M. (2002a), Für einen Holismus ohne Ganzes, in: Ders., Sich bestimmen lassen, Frankfurt/M., 89–100.
Seel, M. (2002b), Sich bestimmen lassen. Ein revidierter Begriff von Selbstbestimmung, in: Ders., Sich bestimmen lassen, Frankfurt/M., 279–298.
Seel, M. (2002c), Über Richtigkeit und Wahrheit. Erläuterungen zum Begriff der Welterschließung, in: Ders., Sich bestimmen lassen, Frankfurt/M., 45–67.
Seel, M. (2002d), Am Beispiel der Metapher. Zum Verhältnis von buchstäblicher und figürlicher Rede, in: Ders., Sich bestimmen lassen, Frankfurt/M., 11–44.
Seel, M. (2006), Teilnahme und Beobachtung. Zu den Grundlagen der Freiheit, in: Ders., Paradoxien der Erfüllung. Philosophische Essays, Frankfurt/M., 130–156.
Seel, M. (2007a), Platons Apologie der Literatur. Eine kurze Lektüre des *Phaidros*, in: Ders., Die Macht des Erscheinens. Texte zur Ästhetik, Frankfurt/M., 131–142.

Seel, M. (2007b), Form als eine Organisation der Zeit, in: Ders., Die Macht des Erscheinens. Texte zur Ästhetik, Frankfurt/M., 39–55.

Seel, M. (2009), Theorien, Frankfurt/M.

Seel, M. (2014a), Kenntnis und Erkenntnis. Zur Bestimmtheit in Sprache, Welt und Wahrnehmung, in: Ders., Aktive Passivität. Über den Spielraum des Denkens, Handelns und anderer Künste, 43–71.

Seel, M. (2014b), Perspektivität und Objektivität. Überlegungen mit Rücksicht auf Robert Brandom, in: Ders., Aktive Passivität. Über den Spielraum des Denkens, Handelns und anderer Künste, 71–89.

Seel, M. (2015), Erscheinendes Gelingen. Über das Kunstschöne, in: M. Krüger (Hg.), Was ist noch schön in den Künsten?, Göttingen, 85–102.

Seel, M. (2016), Das Potential der Sprache. Adorno – Habermas – Brandom, in: P. Hogh / S. Deines (Hg.), Sprache und Kritische Theorie, Frankfurt/M., 275–295.

Seel, M. (2018), Variationen der Negativität konstellativen Denkens, in: T. Khurana / D. Quadflieg / F. Raimondi / J. Rebentisch / D. Setton (Hg.), Negativität. Kunst, Recht, Politik, Berlin, 424–434.

Süßmilch, J. P. (1766), Versuch eines Beweises, daß die erste Sprache ihren Ursprung nicht vom Menschen, sondern allein vom Schöpfer erhalten habe, Reprint Winchester.

Sulzer, J. G. (2014), Kurzer Begriff aller Wissenschaften. Erste (1745) und zweite (1759) Auflage, hg. v. H. Adler, Basel.

Svarbova, M. (2017), Swimming Pool, Malmö.

Taylor, C. (1985), Theories of Meaning, in: Ders., Agency and Language, Cambridge et. al., 248–292.

Taylor, C. (1995), The Importance of Herder, in: Ders., Philosophical Arguments, Cambridge / Mass.-London, 79–99.

Taylor, C. (2016), The Language Animal. The Full Shape of the Human Linguistic Capacity, Cambridge / Mass.-London.

Taylor, C. (2017), Das sprachbegabte Tier. Grundzüge des menschlichen Sprachvermögens, übers. v. J. Schulte, Darmstadt.

Tränkle, S. (2022), Nichtidentität und Unbegrifflichkeit. Philosophische Sprachkritik nach Adorno und Blumenberg, Frankfurt/M.

Valéry, P. (1973), Eupalinos oder der Architekt, übers. v. R.M. Rilke, Frankfurt/M.

Vico, G., (2009), Prinzipien einer neuen Wissenschaft über die gemeinsame Natur der Völker, übers. v. V. Hösle u. C. Jermann, Hamburg.

Warburton, W. (1980), Versuch über die Hieroglyphen der Ägypter, übers. v. J.C. Schmidt, Frankfurt/M.-Berlin-Wien.

Wellmer, A. (2004), Sprachphilosophie. Eine Vorlesung, Frankfurt/M.

Wellmer, A. (2009), Versuch über Musik und Sprache, München 2009.

Williams, W.C. (1989), Die Worte, die Worte, die Worte. Gedichte, engl.-dt., übers. v. H.M. Enzensberger, Frankfurt/M.

Wittgenstein, L. (2003), Philosophische Untersuchungen, Frankfurt/M.

Wittgenstein, L. (1984), Philosophische Untersuchungen, Teil II, in: Werkausgabe Bd. I, 487–580.

Wittgenstein, L. (1984), Logisch-philosophische Abhandlung / Tractatus logico-philosophicus, in: Werkausgabe Bd. I, Frankfurt/M., 7–85.

Wittgenstein, L. (1984), Philosophische Grammatik, in: Werkausgabe Bd. IV, Frankfurt/M.

Wittgenstein, L. (1984), Bemerkungen über die Philosophie der Psychologie, in: Werkausgabe Bd. VII, Frankfurt/M.

Wittgenstein, L. (1984), Über Gewißheit, in: Werkausgabe Bd. VIII, Frankfurt/M., 113–257.
Wittgenstein, L. (1984), Zettel, in: Werkausgabe Bd. VIII, Frankfurt/M., 259–443.
Wittgenstein, L. (1984), Vermischte Bemerkungen, in: Werkausgabe Bd. VIII, Frankfurt/M., 445–573.
Wittgenstein, L. (1980), Das Blaue Buch / Eine philosophische Betrachtung (Das Braune Buch), Frankfurt/M.
Wittgenstein, L. (2000), Vorlesungen und Gespräche über Ästhetik, Psychoanalyse und religiösen Glauben, Frankfurt/M.

Personenregister

Martin Seel
Nichtrechthabenwollen
Gedankenspiele

Müssen Philosophierende jederzeit recht haben wollen? Nein, antwortet Martin Seel: Sie müssen es nicht, wenn sie Gedankenspiele spielen. Wie das geht, führt dieses Buch in drei Runden vor. Die erste erkundet Wege, dem Zwang zum Rechthabenwollen zu entkommen. Die zweite überlässt sich diesen Abwegen in einem Feuerwerk von Gedanken und Bildern. Die dritte erzählt davon, wie der Autor jemand geworden ist, der nicht mit sich im Reinen sein möchte. Auf dem schmalen Grat zwischen Philosophie und Literatur entwickelt sich so ein zugleich philosophischer und literarischer Versuch über das Verhältnis beider Schreibarten und ihrer Stellung zum übrigen Leben.

160 Seiten, gebunden

Weitere Informationen finden Sie auf
www.fischerverlage.de

AZ 10-397223/1